エヴァ・ホフマン

シュテットル

ポーランド・ユダヤ人の世界

小原雅俊訳

みすず書房

SHTETL

The Life and Death of a Small Town and the World of Polish Jews

by

Eva Hoffman

First Published by Houghton Mifflin, 1997

シュテットル――ポーランド・ユダヤ人の世界　目次

あの時代を
他者たちの助けがあって生きのびた
マリアとボリスへ

そしてボリスの思い出に
一九九五年死去

本書は米国のテレビ番組「フロントライン」シリーズにおいて一九九六年四月に放映されたマリアン・マジンスキのドキュメンタリー「シュテットル」にも教示を受けた。

謝辞

まずドキュメンタリー・フィルム「シュテットル Shtetl」のマリアン・マジンスキ監督と米国のテレビ番組「フロントライン」ならびに同映画の共同制作者、放映したボストンのテレビ局WGBHに感謝したい。本書は、このドキュメンタリーがもとになって生まれたものであり、ある意味で地理的、テーマ的に同じ領域にわたっている。とりわけ、たとえ番組の内容と異なることがあったとしても、私の文章が時に独自の形態をとることに賛同してくれたマジンスキ氏の好意を価値あるものと考えている。マジンスキ氏はさまざまな情報と欠かすことのできない史料を、とくにブランスク〔「Brańsk」厳密には「ブラィンスク」と発音されるが、日本語の表記では「ブランスク」とした〕の『イズコル書』のポーランド語訳を、惜しみなく提供してくれた。私が本書の執筆に取りかかり、書き続ける気になったのには彼の情熱と後押しが大きかった。WGBH局のマリー・キャンベルはこの企ての最初の時期に私に大きな援助の手を差し伸べてくれた。

こうした本の情報収集ならびに執筆においては、筆者の成功は多くの人々の好意と協力の賜物である。かつての、そして現在のブランスクの住民にはとくに感謝したい。彼らは自分の時間と思索と記憶をかくも惜しみなく私のために割いてくれたのである。ポーランド側の資料に関して、本書全体にズビグニェフ・ロマニュクの先駆的研究の痕跡が見て取れる。それは文中ではっきりと強調されているが、私を自宅に招待し、心から歓待してくれた氏とその妻ヨランタ・ロマニュクに是非とも感謝したい。イレナ・ヤブウォノフスカとヤニナ・ヴォインスカへのインタビューは私にとってこの上なく貴重なものであった。また、ブランスクにユダヤ人墓地ができるように多くの時間と労力を費やしたミェチスワフ・コジェニェフスキのことも是非触れておきたい。彼が述べたさまざまな意見は貴重で示唆に富むものであった。ヘレナ・ウーチヴォとヴァンダ・ラパチンスカはワルシャワの宿を提供し、私に辛抱強くつきあってくれた。絶えず私を力づけてくれた二人のユーモアのセンスと友情に感謝したい。

ボルティモアではジャック・ルービンが、氏にとって困難な時期であったにもかかわらず、根気強く自らの歴史を思い起こし、大変退屈なことと疑いない数多くの私の質問に答えてくれた。彼の妻の、同じくブランスクの住民であったソニャ・ルービンは私の詮索好きを大目に見、数多くの貴重な指摘をしてくれた。ミニー・シャピロとブルマ・シャピロとの雑談は私に多くのものを与えてくれた。また、とりわけ重要な資料の収集に際して、私のために割いてくれた時間と支援の気持に対して、ルービン・ロイ・コッブにとくに心から感謝したい。また自分のきわめて珍しい、大変貴重な写真を私に使わせてくれたエヴェリン・イテルド・シルヴァーボードの好意にも感謝している。

本書の執筆のあらゆる段階で私を助けてくれたヨアンナ・ミクリク・コーレンに感謝している。ポーランド人・ユダヤ人関係史の彼女の知識は私にとって変わらぬ情報源であったし、適切な資料を発見し、情報の山をかき分けて前に進む才能が私を裏切ることは一度としてなかった。

多くの友人たちとの雑談は、テーマに関する私の知識を豊かにしてくれた。ニューヨークでは、その忍耐心が決して尽きぬことを信じながら、また留保なしにその知性に頼りながら、マルタ・ペトルセヴィチにさまざまな歴史上の問題を質問した。ロンドンでは、フェリクス・シャフが私と有益かつことのほか才気煥発な話し合いを持ってくれた。彼は、その驚くべき記憶力と数か国語に及ぶ能弁さによって私のために、戦前のポーランドのユダヤ人の世界をよみがえらせてくれた。彼の洞察と道徳的感覚は私の著作を豊かなものにしてくれた。

また、私にとってかけがえのない図版を探し出し、利用可能にしてくれた好意に対してビャウィストクのトマシュ・ヴィシニェフスキ、クラクフ・チャルトルィスキ家博物館のドロタ・デッツ、ワルシャワのユダヤ歴史研究所のウルシュラ・フクスにも感謝したい。ニューヨークのYIVO研究所のマレク・ウェブとクリスティーナ・フィッシャーは私のために惜しみなく時間を割き、助言を与えてくれた。

最後に、ヒュートン・ミフリン社のスティーヴ・フレーザーにはこの企画への確信と配慮、そして執筆の全段階で私を支えてくださる際に示された知性に衷心より感謝したい。彼の助手レノラ・トダロは、助けになっただけでなく、好意的で、親切であった。またジョージ・ボーチャードと彼の献身的な協力者たちにも、その決して過たぬ、つねに節度をわきまえた援助に感謝している。

序文

もはやあの小さな町はない。
靴屋が詩人で、
時計修理工が哲学者、床屋が吟遊詩人だった町々はない。

もはやあの小さな町はない。
聖書の歌とポーランド人の歌、スラヴ人の嘆きを風がつなげ、
年老いたユダヤ人が果樹園のさくらんぼの木陰で、
エルサレムの聖なる壁を嘆き悲しんだ
町々はない。

もはやあの小さな町はない。影となって永遠に消え去った。
そしてわれらが言葉と言葉の間にこの影が横たわる。
幾百年の苦しみを糧に暮らしてきた二つの民族が、
兄弟同然に親しくなり、再び結び合うときまで。

（アントニ・スウォニムスキ「ユダヤ人の村々のためのエレジー」）

ポーランドのユダヤ人たちのあとに何が残っただろうか。ほとんどの場合、かすかな痕跡やこだま、いくつかの記念碑、そして悔い、激しい怒り、罪悪感、さらに拒絶感もある。ポーランドには今日、数千のユダヤ人が暮らしているが、彼らが住んでいた小さな町はその固有の文化および社会関係ともども、第二次世界大戦中に完全に破壊されてしまった。損害がきわめて甚大かつきわめて全体的であったために、消え失せた世界を思い起こす行為は痛々しい、今なお激烈な情動に満ちている。

ポーランドの風景に一面にちりばめられ、そこでは時にユダヤ人住民が明らかな少数派であったが、時には多数派をなしていた、数多くのポーランドのシュテットル、これらの村や町におけるほど、この破壊が徹底的であったところは他にない。これらの村は今もなお存在している。それらの多くは今なお美しく、強い地理的な望郷の念ももっともと思われるほどだ。また、戦後の貧しさと社会主義時代の建築のせいでしばしば寒々しい姿に変貌を遂げた町も見出される。いくつかのシナゴーグはまだ立っている。そのうちのいくつかは放置され、見捨てられて今にも崩れそうになっており、あるものは保存され、修復を施されて、過去の威厳を取り戻している。村境の外には、雑草と野生の灌木が傾いた墓石の上に一面につるを伸ばした、小さなユダヤ人墓地を見つけることができる。ユダヤ人がナチスによって駆り集められ、射殺された雑木林をポーランド人農夫が私に教えてくれる。何か所かには非業の死を遂げたユダヤ人のためのささやかな記念碑が建てられた。これら、あちこちにある不可思議な遺物は、何らかの消滅した古い文明を想起させる。しかし、かつてここに存在した、生命が脈動したユダヤ人の世界はもはやない。小さな商店や屋台、ひしめきあう人々、荷馬車や馬、イディッシュ語やヘブライ語で発せられる響きはもはやない。あるポーランドの詩人が書いたように、ユダヤ人は「生の現場で逮捕されてしまった」のである。この生はほとんど突然の不在という帳《とばり》の向こう側に感じ取ることができる。時に私たちは、その帳を越えるかに思えるのだが、それは不可能だ。

ホロコースト後の記憶の中で、ポーランドは特別の位置を占めている。他ならぬここに、戦前、世界で暮らすユダヤ人の大多数が住んでいたのであり、他でもないここで、ヨーロッパのユダヤ人の絶滅が起こったからだ。戦争勃発時、ポーランドには三百万人のユダヤ人が住んでいた。戦後に残ったのは、二十四万人から三十万人の間であった。ナチスの強制収容所の大部分はポーランドに建設された。しばしば、ナチスは根絶計画を立てるに際してポーランド人の共謀を期待していた、と言われる。こうした言明は幾度となく現れては、納得のいく仕方で論駁されてきた。それよりもはるかに信じるに足るのは、輸送上の観点からポーランドに置かれたという説である。ほかならぬポーランドに、絶滅の標的にされた人々の大多数が暮らしていたからである。

大惨事から五十年が経ち、おそらくポーランド・ユダヤ人の過去ほど激しい論争を呼んでいる過去はないであろう。ポーランドにおけるホロコーストとポーランド人とユダヤ人の関係の歴史全体がなおも戦場であり、そこでは三つの異なる、時に激しく対立しあう集合的記憶——ユダヤ人の記憶、ポーランド人の記憶、西欧の記憶——がぶつかり合っているのである。

戦後のユダヤ人の記憶の中では、多くのホロコーストを生き延びた人々、ならびにその子孫の胸の中では、ポーランドは暗黒の中心として、地獄の主たるシンボルとして姿を現す。人間の心理は連想をよりどころにしている。ホロコーストがまさにそこで起こったがゆえに、これほど多くの人々がそこで拷問を受け、殺害されたがゆえに、ポーランドは焦土と化し、汚れた土地と化したのである。最も生々しい記憶は苦痛の記憶だ。胸に最も深く突き刺さっているのは拒絶と裏切りの破片である。個人的なレベルでは、ポーランド人の無関心あるいは犯罪的活動に関する報告が、ある意味でいかなる誇張も不可能な領域で誇張されていることはめったにない。しかし、全体として考えると、ポーランドを民族虐殺と結びつけることには、一種の偏った記憶が含まれ、それがもっぱらポーランド人の防御的姿勢と憤激を強めるのである。

不幸なことに、ホロコーストに対する戦争直後の時期のポーランド人の反応は、ホロコーストを生き延びることができたユダヤ人の怒りと苦痛を強めただけであった。身の毛のよだつような暴力と殺人の行為が起きたのはそこでであった。しかしまた、初期の記念式典と資料収集整理の短い期間の後には、より広範な病的な沈黙が訪れた。戦後の数十年間には、ホロコーストの独特の歴史や戦前のポーランド文化についてのユダヤ的観点、それどころかユダヤ人自体が、触れることのできない、そして次第に忘れ去られたテーマとなっていった。健忘症は部分的には、記憶されるために必要であったものの本質を極端に乱すことによって、無理解と心理的麻痺状態と罪悪感によって引き起こされたことは疑いない。しかし、この記憶の抑圧を現場で大いに幇助したのが共産主義者による歴史の偽造であり、そしてまた彼らの保護のもとで、多くの政治的に激論を呼びそうな問題を論じることが抑えつけられてきたという事実であった。こうした問題のひとつが、戦時中のユダヤ人の運命とともに、ユダヤ人絶滅の証人であり、時には積極的にそれに加わったポーランド人の役割である。さらにナチスとの戦いにおける共産主義者でないポーランド人のレジスタンスの役割もまたタブーのテーマであった。こうした歴史の歪曲の理由はさまざまであったが、それはつねに、共産主義者のより大きな計画の一部であったし、そしてその計画にとって、ポーランド人、チェコ人、ハンガリー人等々の民族的カテゴリーにホロコーストのユダヤ人犠牲者を組み込むことは好都合であった。これらの抑圧されたテーマが一九八九年に鉄のカーテンが取り払われるやいなや、再び公の場で取り上げられるようになったのは決して偶然ではなかった。ポーランドでは、苦痛に満ちた、反ユダヤ主義に関するなおも不完全な論争が開始された。しかしながらそれ以前の黙殺と否認は、ユダヤ人の悲劇をかつての同郷人の意識から抹消しようとしたことに対する欲求不満を大いに強めることになった。

西ヨーロッパの人々がとってきた立場はさらに多くの不満と誤解を生み出した。というのも西ヨーロッパでは、第二次世界大戦中にポーランドで起こった出来事についての知識はそもそも単純化されており、そのうえ、共産主義のプロパガンダによって曇らされていたからである。かてて加えて、ポーランドの暗いイメージは時と変化によって修正される代わりに、冷戦によって固定化してしまった。鉄のカーテンは減縮の暴力であり、減縮のための暴力であった。その境界線の裏側の国々は以前にもまして強く「他者」の範疇に、澱んだ一枚岩的な圧政の世界に追いやられたのである。西ヨーロッパ社会は、例えば西ドイツで生じていた雰囲気と世論の修正に気づいてはいたが、その一方、現実的な存在としてのポーランドは静止した抽象的なものであった。西ドイツは新たな民主主義と経済発展のおかげで「仲間のひとり」として認知されたが、ポーランドと残りの東ヨーロッパはなおいっそうなじみのないものに、そしてそれゆえに、西ヨーロッパによる投影に左右されやすくなった。その結果、ドイツの反ユダヤ主義について、あたかもそれが国民性であるかのように語ることは、あるいはドイツ民族とナチズムの現象を混同することはますます流行遅れになっていく一方、ポーランド人の反ユダヤ主義については、あたかもその姿勢がポーランド人の性格の本質的で変わることのない特徴であるかのように語ることができた。それがまた、大げさな非難と戦争中の生存のための闘い、そして莫大な損害についての世界の健忘症に対するポーランド人の憤激を大きくした。この相容れない解釈は、偏見と敵意の轍《わだち》を深めたのであった。

以下の頁での私の論証は、激しい論争を呼んだダニエル・ゴルトハーゲンの著作『ヒトラーの熱心な死刑執行人たち』に収められた命題の一種の対位法をなすと言えるであろう。しかし、私の本は決して彼の著作に対する回答を意図したものではない。ゴルトハーゲンはナチスの反ユダヤ主義がドイツの反ユダヤ主義の歴史に深い根を持っていたことを示そうと試みながら、実際には、ナチズムはドイツ人の精神構造とは何の関係もないし、とりわけ政治的な政策の結果であるホロコーストの責任は決して普通のドイツ人にはないという広く受け入れられたリベラルな意見になったものを修正しているのである。本書は私が逆歪曲とみなしていることがらに、すなわち、普通のポーランド人が彼らの生まれつきの反ユダヤ主義のために当然のこととしてジェノサイドに加わる傾向を持っていたし、それどころか今日ですらポーランド人は、最大の疑いの目で見られなければならないか、あるいは彼らの国の中のユダヤ人の運命に対する罪を非難されなければならないという考えに反論する試みである。私の意図は誰かを免罪することでも非難することでもなく、このイメージをせめて複雑なものにし、史実に基づいたものにすることである。

家族の知識は、抽象的な歴史を具体的なものにするのに役立ちうる。しかも私は、私自身の家族の話から、戦争が引き起こした不条理な状況の中で、どんなに恐ろしく込み入った事態が起こりえたかが分かる。私の両親はこの時期を、戦争の前はポーランド領であったが、その後すぐにソ連邦の共和国になったウクライナの中で生き延びた。幾度となく、彼らをナチス当局の手に引き渡すかも知れない敵対的な地元の農民から逃げなくてはならなかった。しかし、私の両親はまた、食べ物と一時的な住処を与えた人々によって繰り返し助けられた。そしてまた、ある農夫は自分と息子たちを死の危険にさらすことを十分承知しながら、ほぼ二年間私の両親をかくまった。私の家族史のもう一方の恐ろしい側面は、同じユダヤ人の裏切りの行為の結果、命を落とした二人の親戚にまつわるものであった。このユダヤ人は、それによって自分自身は確実に生き延びることができると期待して、彼らの隠れ家にドイツ人を連れて行ったのだった。

なぜ私がこのような痛ましい事実を書くかというと、それは、戦争中にポーランドで起こったことを理解しようとするならば、私たちは個々の記憶の内側からそれぞれの人の事情と行動の恐るべき複雑さを認めることから始めなければならないと考えているからに過ぎない。ポーランド人のナチスの残虐行為への関与の事例は許すことができない、あるいはうまく言い抜けることができないというのに、これらの最も痛ましい現象ですら、完全な全体像の一部であると考えないとすれば、それは不当な歪曲であろう。

ポーランドは戦争の混乱が及んだ地域の中で、おそらく最大の苦難に見舞われ、ほとんど耐えがたい緊張状態が支配した地域であった。この国は最初に、二つの強大国、ドイツとソ連邦の侵略を受けた。ポーランド人は六年間、両方の侵略国に対する強力な地下抵抗運動に携わった。ソ連邦の征服はポーランド人とユダヤ人との間に新たな敵意を生み出した。ユダヤ人がしばしばソ連邦を、彼ら自身が十分理解できる理由から、ポーランドの伝統的な敵国の軍隊を歓迎したからであった。ナチスによるポーランド占領は、当時一般的であった野蛮な基準からしても、例外的に残酷なものであった。ナチス当局のヒエラルキーの中では、ポーランド人は、劣等民族の順番の中でその前にはユダヤ人とジプシーがいるだけであり、全面的従属を予定され、またナチスの計画では、最終的絶滅を予定されていた。したがって、ポーランド人がほとんど絶望的な闘いをしていたとすれば、ユダヤ人はその真っ只中で、ユダヤ人の側にはまったく勝ち目がないまま、みな殺しにされていったのである。

この時期、ポーランド人住民の一部がはるかに無防備な同郷人に対してなされた恐ろしい行為を見て見ぬふりをする傾向があったことは否めない。ポーランド人の中には、自分のユダヤ人の隣人が駆り集められるのを冷やかに、それどころか、満足げに眺めている者もいた。ユダヤ人を密告した者、あるいはナチス当局の手に引き渡した者もいた。しかし、ソ連邦の中で、というよりは占領下のポーランドの中で生き延びたユダヤ人はみな、個々のポーランド人と、ユダヤ人支援を目的として設立された組織の援助のおかげで生き延びたのである。それは巨大な危険を冒して差しのべられた援助であった。なぜならユダヤ人をかくまえば、死刑になったからである。当時の測り知れない恐怖が引き起こしたストレスのもとでは、臆病も勇気も誇張され、一方、卑劣さも慈悲深さも新たな段階に達したのであった。

＊＊＊

ホロコーストの影は長い。しかもそれは過去にも未来にも射している。戦前のポーランド人とユダヤ人の過去に関する私たちの解釈は、最後にやってくるものをよく知っているために遡って重荷を負うことになった。東ヨーロッパのユダヤ人の子孫の中には、父母や祖父母の失われた世界を想像力の中で風変わりな「かつての世界」として理想化し、隔離した人たちがいた。また他の者たちはポーランドの過去全体を、ひとえに破局の序章と予告として暗い色で眺めている。

遡及的な修正は理解できる。どの物語の意味も結末次第だからである。ポーランドのユダヤ人の物語も私たちの心の中で、あれほど多くの人たちにとって終幕となったものによって作り上げられたものである。とはいえ、歴史は物語とすっかり同じではない。歴史は最初から予想した結末へと導く、あるいは少なくとも物語の形にぴったりの結末を考え出すことができる作者によって作り出されるものではない。歴史はそれほど論理的に、あるいは目的をもって展開はせず、ポーランドのユダヤ人の歴史も不可避的に悲劇的な結末へと導く物語などではなかった。絶滅の前には多様な、活気あふれる生活があった数世紀にわたる集団生活と共存が存在していたのである。大なり小なり繁栄の時期、激しい敵意と、人々を活気づける協力のエピソード、紛争と平和の幕間であった。

もし、この過去からその多様性を剝ぎ取るならば、とてつもなく興味深い遺産と理解、ならびに自己認識の豊かな源泉を絶つことになる。なにはともあれ、およそ六百年間ポーランドは、ユダヤ人の生活の、世界で最も重要な中心地のひとつだったのである。ユダヤ人は早くも十一世紀に初めて入植し始め、十四世紀には大量にやって来るようになった。十七世紀末には、世界のユダヤ人のほぼ四分の三がポーランド・リトアニア民族共同体の中に住んでいた。十八世紀のポーランド分割以前には、ユダヤ人はポーランド人口の約一〇パーセントになり、国内最大のマイノリティであった。第二次世界大戦前には、その数はおそらく一三パーセントにまで増加したものと思われる。ポーランド・ユダヤ人は驚嘆すべき宗教機関、政治運動、世俗文学と独特の生活様式を作り出した。現代では、ポーランド・ユダヤ人は、ヨーロッパとアメリカ合衆国のディアスポラの文化に決定的な影響を及ぼしたイディッシュ語文化とヘブライ語文化を誕生させたのであった。

以上のことはどれも、ポーランドの歴史の大部分を通じてユダヤ人がきわめて目につく、社会的に重要な存在であったことを意味している。彼らは、無視することのできない選挙民であったし、ポーランド人自身にとっての挑戦とすらなりえた。この点では、ポーランド人とユダヤ人の関係の性質は例外的なものであった。ユダヤ人が通常わずかな数のマイノリティであり（現代ドイツでは人口の二パーセント以下）、そのために、たいていは想像上の「他者」であった西ヨーロッパ諸国とは異なり、ポーランドでは、ユダヤ人共同体は彼ら自身の権利と問題と権限を持った正真正銘の民族的マイノリティであった。今日では私たちはすでに、「他者性」のイメージ、私たちがよそ者を認知する際の先入見とファンタジー、投射からなる無意識の階層の分析には習熟している。そうした閾値下の仮定と元型は、私たちが互いをどのように見、扱うかにきわめて現実的な影響力を持ちうるし、また持っている。しかし、ポーランド人とユダヤ人の関係のような、何世紀にもわたり、しかも複雑な集団間の関係においては、経済競争と実際的な忠誠、政治および政治的提携といった具体的現実もまたきわめて大きな役割を果たした。

実際、ポーランド人とユダヤ人の共存の物語は、多文化主義という用語が現れる以前の長い実験とみなすことができるかも知れない。西側の想像では、西ヨーロッパは一貫して規範と基準であったとされ、一方東ヨーロッパは、しばしば後進地域、あるいは少なくとも発展の遅れた地域と考えられてきた。東ヨーロッパが経済発展ならびに純粋な政治力の点でしばしば西側に後れをとってきたことは確かである。しかしながら歴史判断の基準は、価値基準が変化するにつれてたちまち変わるものである。進歩は、通常、私たちの先を行くものとみなされており、今日から見ると、東ヨーロッパ史の局面は今日の状況を先取りしているように見え始めているし、それどころか、現代の発展した社会が苦闘しているいくつかのジレンマの先触れになろうとし始めている。このことはとりわけ多元主義と民族共存の問題についてあてはまる。ポーランドの実験はこの面ではきわめて興味深い先例とみなされうる。なぜならまさにポーランドはその歴史の多くの時期を通じて、真の多文化社会だったからである。十六世紀のポーランド・リトアニア共同体の勢力の絶頂期には、ポーランド領内には数多くのドイツ人、イタリア人、スコットランド人、アルメニア人およびその他のマイノリティが存在したし、ある時期には、民族学的にみたポーランド人は国内の人口の半分以下であった。

しかしながら、ユダヤ人マイノリティは通常、最も数が多く、最も重要な存在であった。数世紀以上ものあいだ、ポーランド人とユダヤ人のあいだで実験はさまざまな試行錯誤の段階を経験してきた。現代に先立つ時期には、ポーランド人は宗教的少数派に対して、私たち自身のポストモダンの基準からしても驚くほど寛大な態度をとっていた。ポーランドの新しいユダヤ人共同体は宗教的、民衆的偏見にも晒されたが、同時に、法律と特権によって大きく守られていた。ユダヤ人がポーランドを他のさらに敵対的な場所からの避難所と考え、「ポーランド」という語が異郷の地の「ここで休め」という意味のヘブライ語であるポリン（polin）と同義語だと信じていた時代が、とりわけルネサンス期にあった。言い換えれば、そういうポーランドは一種の「約束の地」であった。しかしながらこの幸福な状態がつねに続いていたわけではない。十七世紀半ばからポーランドの経済的、政治的繁栄が傾き出すと、ポーランド人とユダヤ人の関係は悪化し、相互不信と経済競争がこの関係を特徴づけることになった。二十世紀の二つの戦争の間の時期には、ユダヤ人の政治文化と文学的教養のまれに見る開花とともに、思想的な、時にきわめて攻撃的な反ユダヤ主義の爆発を目の当たりにした。

二つの民族間の正しい関係という問題は、ポーランドの歴史全体を通して続いている議論のテーマであったし、民族的境界線の両側で提案された回答はさまざまであった。ポーランド人とユダヤ人の思想家の中には、この二つの集団は精神および外観において互いに根本的に異なっており、彼らがとりうる最善の解決策は敬意に満ちた分離だ、と考える者もいた。同じくどちらの側にもいた同化政策論者は、二つの集団間の緊張を一掃する唯一の解決策として文化的融合を、それどころか改宗さえも提案した。しかしまた、ユダヤ人のポーランド人社会へのある程度の統合を、すべての人の精神的自立に結びつけようとした啓蒙主義期の思想家もいた。ポーランドのために戦ったユダヤ人愛国者もいたし、ユダヤ人の遺産を欠かすことのできない、豊かさをもたらす民族的アイデンティティの要素だと考えたポーランド・ロマン派の人々もいた。

つまり、単純ではない物語なのである。多文化の実験が完全に「正し」かったり、全面的に成功であったりしたことはめったにないが、それが完全に失敗したと判断することはできない。とりわけ、もっと最近の経験から、こうした実験が今日ですらいかに困難であるかを知っているだけになおさらである。そして、この経験に照らして見れば、ポーランド人とユダヤ人のあいだで起こった紛争のいくつかは、もっぱら反ユダヤ主義の範疇で理解するよりも、多数派・少数派の関係の観点から理解することができるかもしれない。

＊＊＊

シュテットル shtetl――イディッシュ語の shtot すなわち「町、都市」の指小語――は、この多文化の実験が最も本質的であり、最も検証されることのなかった場所であった。ポーランドのユダヤ人共同体が均質であったことは一度もなかった。ポーランドのユダヤ人のあいだには階級制度に相当するものがあっただけでなく、政治的党派や宗教的信念の相違もあった。早くからユダヤ人商人がおり、ユダヤ人職人がおり、ユダヤ人王室顧問がいた。時代が下ると、ハシド〔一八六―一八八頁参照〕と正統派ユダヤ人と世俗的ユダヤ人がおり、金持ちの実業家と同化した知的職業人がいた。イディッシュ語の作家がおり、ポーランド語を選びとった詩人がいた。そして何よりもまず、大都市のユダヤ人とシュテットルのユダヤ人とがいた。

ユダヤ人の、とりわけシュテットルを一度も目にしたことのない戦後のユダヤ人の想像力の中では、シュテットルは喪失の場所となり、メタファーとなった。それはしばしば、精神性とも苦難とも定義づけられたユダヤ人の最大の真正性の舞台と考えられた。ある人たちには、「シュテットル」という語は奇妙な黒い衣装をまとった人々、あるいはシャガール風の曲がりくねった街路と藁葺き屋根の上で演奏するバイオリン弾きの感動的で温かいイメージを呼び起こす。またある者にとっては、ポグロムと農民たちの粗野なふるまいを意味する。しかしシュテットルは、それが存在しているあいだはユートピアでもディストピアでもなく、緊密で不思議な、驚くほど弾力的な社会構造であった。二十世紀に至るまでシュテットルは、東ヨーロッパの農村的風景の中にはめ込まれたその深く宗教的で、深く伝統的な性格を保ってきた。全員が参加する具体的な毎日の儀式も、すべての人を導く一見永遠に見える真理と価値も、敬虔さが秩序を定めていた。シュテットルの主たる長所は、そこの住民にとっては、おそらく、その共同体の規模が小さく、密接にからみ合った、安心感を与える親密なものであったことかもしれない。この片田舎の飛び地では、誰も頼りなさや疎外といった現代病を患わなくともよかった。しかし落ち着きのない、好奇心の強い人たちにとっては、つまり大都会、あるいはさらに遠くの土地へ出て行った人々、また知的反逆者と外部の注釈者たちにとっては、シュテットルは孤立し、迷信深く、あらゆる進歩的な傾向に抵抗しているように思えた。残酷な破壊の前の時期には、シュテットルは何百年にもわたるほとんど全面的な停滞ののち、すでに避けがたい近代化の趨勢に屈しつつあり、ことの自然の成り行きで、何か新しい、予測しがたいものに徐々に道を譲っていたのかも知れない。

しかしながら、「シュテットル」という語は特殊にユダヤ的な現象だけでなく、ユダヤ人が地元の住民と一緒に暮らしていた場所にも当てはまることを忘れてはならない。ポーランドのシュテットルは通常、貧しい伝統主義者と肌合いの違う下位文化、すなわち正統派ユダヤ人と前近代的な農民という二つから成っていた。道徳的・精神的な面では、二つの社会は双方の選択のもとで互いに完全に分離していた。それにもかかわらず、両社会は物理的にきわめて近接して、望むと望まざるとにかかわらず、親密さを保って暮していた。シュテットルでは多元主義は、イデオロギーではなく日々の暮らしであった。小さな市の立つ広場のある町で馬を商い、ブロークンなポーランド語を話していたユダヤ人、それがシュテットルだった。次第に若干のイディッシュ語の単語とユダヤ人の知恵を聞き覚えていったポーランド人、それもシュテットルだった。ポーランド人の結婚式で演奏したユダヤ人の楽団、自分のユダヤ人財産管理人から財政上の助言と借款を得ていた貴族たち——これらはどれも、それがシュテットルの文化であった独特の実り豊かな混合体を作りあげていったのである。これは、双方の偏見と絆がもっとも顕著に見られた場所、ポーランド人の農民が、否定的なステレオタイプにもかかわらず、ユダヤ人の隣人に対する偽りのない愛情を育むことができた場所であった。逆に不正や裏切りといった行為が最も人を傷つけた場所でもあった。なぜならそうした行為を犯したのは親しくつきあっていた人々だったからである。

第二次世界大戦中のポーランド人とユダヤ人の関係の例として、シュテットルは、最も極端なシナリオを提供した。村や町はユダヤ人もポーランド人も最も危険にさらされ、無防備だった場所であり、継続中の政治紛争が最も激烈な場所であった。そこに住んでいたユダヤ人が自らの隣人から最も直接的な残虐行為と、そしてまた最も直接的な寛大な行為を体験した場所であった。ホロコーストの暗い年月には、シュテットルは通常のモラルが試され、時に非人間的な情況によってゆがめられた、典型的な例となった。

＊　＊　＊

なぜ、このことを記憶に留めておく必要があるのか。何のために、どのようにしてか。ホロコーストの後にやってきた時期、私たちは、記憶を神聖なものとして保ち続ける義務を負った。実際、この記憶は、もし正しく理解しているならば――神聖なものである。しかしながら、能動的に理解することなしにたんに空読みし、気にかけているだけならば、決して忘れるな、という命令は決まり文句になり、道徳的というよりは儀礼的な行為への誘いになりかねない。また、私たちがどのように記憶しているか、その過程にどれだけ多くの努力と知性、および想像力の圧力をかけるかも重要である。ポーランド人の側では戦争時代の過去に関する大きな落とし穴は、一方では健忘症（記憶喪失）であり、もう一方では意図的な、偏った記憶の利用である。しかしながら、ホロコーストから何十年も経た今、私たちの中のホロコーストを生き延びてはいない人々にとって、ユダヤ人の記憶の一種の自動作用《オートマティズム》という危険があることを認めなくてはならない。それは、よく考えてみようともしないで悲劇的物語を繰り返したり、その権利もないのに自分を殉教者とみなしたり、より両義的な過去を回想しなくとも、あるいは厄介なほど不確かな未来を首を長くして待たなくてもよいようにするために、最も恐ろしい時点にこだわり続ける、といったたぐいのものである。

　この点で、私たちに課せられた仕事は、記憶することだけではなく、精力的に記憶すること――調査し、解読し、私たちの記憶の領域を拡大することである。しかも、ここで問題になっているのは、過去だけでなく、現在でもある。ポーランドでは集合意識の中の、ポーランド人自身が「白いしみ」と呼んでいる空白は、有害で気がかりな問題を生じさせた。この数年間にポーランドでは、ユダヤ人の歴史と文化への関心の復活とともに、反ユダヤ主義のレトリックが復活した。それがとりわけ陰険なのは現実の対象を持たないことにある。共産党の抑圧から解放されたとき、あたかも戦前の先入見が時代錯誤——なぜなら未加工のまま——の姿で、再びパンドラの箱から顔を出したかのようであった。このパンドラの箱の中身、すなわちポーランド人の魂《プシケー》を苦しめている悪魔と亡霊に緊急に立ち向かい、調査を行うべきである。

ポーランド人とポーランド・ユダヤ人の子孫がじかに接しているアメリカ合衆国では、過去の幻影は、二つの集団間で続くいまだに激しい情動を呼び覚ます対話に大きな影響を及ぼしている。ある意味でこの対話は、全体としての多文化間の討論のとりわけ痛ましい事例である。それはもしかすると、その対話の激しさの点で、民族間の対話の危険も可能性も提供しているのかもしれない。

最悪のケースでは、ポーランド人とユダヤ人の対話は倫理戦争の形態をとり、告発と逆告発、大仰な言い回しと打消しのエスカレーションの中で行われた。こうした論争のポーランド人側の参加者は、ユダヤ人の言うことすべての中に自国とその理想に対する攻撃を見た。一方、論争相手のユダヤ人は過去全体を、迫害者と犠牲者との闘争《アゴーン》とみなす。しばらくすると、両方の立場が硬化する。なぜなら、どちら側も激しくなる相手側の攻撃に応じ、倫理的な要塞を守るために吊り上げ橋を引き上げるからである。

このような異文化間の接触の形態は残念ながらあまりにもよく知られているものである。しかし疑念と不満というパターンは、私たちが真の研究対象に目を向けるのを許さないばかりでなく、多文化間の関係についての有害な思考パターンを永続させるものである。たとえそれが多数派集団と少数派集団の関係であったとしても、である。ポーランド人とユダヤ人の歴史は、決してポーランド人側の純粋な善意の物語などではないが、野蛮なポーランド人の力と受け身のユダヤ人の無力さとの一方的な戦いの歴史でもない。相手側からしても、過去は、ポーランド人の受難とユダヤ人のわがままについての物語ではなかった。また、ユダヤ人のポーランドへの愛着ならびにユダヤ人の歴史的事件への参加の多様な形態を、忠誠心のなさ、あるいは愛国心の単なる欠如に単純化することはできない。いずれにせよ、世界の他の集団と地域の観察から、私たちはすでに、「ポーランド人」や「ユダヤ人」といったカテゴリーは大き過ぎて非現実的で誤解を生じさせるだけであることを知っている。もし、困難な歴史に関する異文化文化間の議論を少しでも実りあるものにしようとするなら、両者とも単純化に固執するのではなく、まず問題が複雑なものであることを認めなければならない。

こうした論戦では、理想的には、論争の双方の当事者は、自己分析を伴った告発を行い、自らの歴史について「相手側と」十分かつ率直に話し合えるぐらいに、自分が対等で、強いと感じるようになるべきである。このような対話では、多数派の文化は言うまでもなく、歴史を通じて支配的な側であったこと、あるいは不正を犯してきたことを認めねばならない。しかしながら、もし少数派の集団が多数派を永遠の倫理的な人質に取り続けたり、かつての無力さを自らの道徳的優位の証拠と受け取ったりすれば、対話は継続されえないであろう。また、いつであれ、事実を否定することによって偏見に対抗するのは非生産的である。「ポーランド人はみな反ユダヤ主義者だ」と主張するユダヤ人対話者に、「ポーランドには反ユダヤ主義は一度たりともなかった」と、同じように馬鹿げた主張で応じてみても何の役にも立たない。逆もまたしかりである。つまり、「ユダヤ人はポーランドの国益を害した。なぜなら同化しようとしなかったのだから」というポーランド人の命題を、ユダヤ人の分離はポーランドの反ユダヤ主義の結果でしかなかった、と論駁してみても役に立たない。なぜなら真実ではないからである。論敵に、相手側の弱点を露呈させたという満足を与えないためだけでも、こうした戦術に訴えるのは、心をそそりはするけれども、あまりにも陳腐である。しかしながら――論争中の――共通の過去をよりよく理解しようとするならば、私たちは「内向き」と「外向き」の自己提示のための二重基準を撤廃し、両集団間の恥ずべき問題にさえも、いわば、議論が及ぶようにさせなければならない。こうした危険を犯すことができること、それは尊厳の大半を守ることであるばかりでなく、自分自身の歴史と今をより多面的に知覚し始めることとである。もし、この対話のポーランド人側の参加者が不合理な偏見を認め、一方でユダヤ人が分離の気風は高い代償を払わねばならないことを認めるならば、それはより徹底した自己探究の始まりになりうるであろう。その意味で、私たちがいかに記憶するかは、私たち自身のためだけでなく、非業の死を遂げた人々のためにもきわめて重要なのである。

責任も同じく記憶から始まるのである。

＊＊＊

あらゆる記憶の行為は、ある程度、想像力から生まれるものだ。私たちにはもはや、ショアについても長く多様な過去についても「全真実」を再構築することはできないからである。しかし、ひとつのことだけは確かだ。すなわち、真実と過去は、ノスタルジーか恨みかが示唆するイメージよりもはるかに横断的であり、重層的であり、多面的なものだ。本書は、党派的立場をとり過ぎず、ステレオタイプにとらわれない過去へのまなざしのささやかな試みである。何よりもまず、ブランスクという名のポーランドのシュテットルの歴史である。ベラルーシとの国境近くに位置するブランスクは戦前、約四千六百人の住民を数え、うち半数以上がユダヤ人であった。現在そこにはユダヤ人はいない。したがって本書は記憶の書であり、記憶をめぐる書物——というよりは記憶の多数の層を論じた書物である。より直接的なレベルでは本書はまずもって数多くの調査と出会いから生まれた。部分的にはそれは本書のもととなったドキュメンタリー・フィルム「シュテットル Shtetl」をつくったマリアン・マジンスキ（Marian Marzyński）の調査である。ポーランドの中でユダヤ人の子供として戦争を生き延びたマジンスキにとって、ブランスクで起こったことを発見する試みは——フィルムの中で暗示しているように——自らの過去を耐えられる距離から調査する方法であった。彼の一大拡大家族のメンバーは、ブランスクによく似たシュテットルに住んでいた。その大半は戦争中に非業の死を遂げた。従って彼のフィルムは、個人的な知識の空白を埋める必要から生まれたものである。しかし、その空白は個人的なものであるだけでなく、公的なものでもあった。戦争中に、ポーランドの人里離れた小さな町で何が起こったかは、しばしばいまだによく分かっておらず、いまだ記録されていないのである。マジンスキのドキュメンタリー・フィルムは、ある意味で、時間との競争であり、今なお私たちとシュテットルの生と死とをつなぐ顔と姿を、それらが永久に消えうせてしまう前にフィルムに定着させる試みなのである。

マリアン・マジンスキの旅は、順番に、別のまったく異なる二種類の調査企画に影響された。そのひとつはブランスクの若い歴史家ズビグニェフ・ロマニュク――彼の町の失われたユダヤ人の遺産に魅了され、その町の考古学者、古文書研究家になった人――の企画である。彼との出会いについては本文の中で述べている。しかしながら、前述したフィルムのための刺激となり、ある程度はインスピレーションとなったそもそもの調査に取り組んだのは、本書を執筆し始める前に亡くなった人である。それは、母親がブランスクの出身であったシカゴのユダヤ系アメリカ人、ネイサン・カプランであった。自らの歴史の連続性を絶たれた他の多くの人々と同じく、カプランもまたどちらかといえば晩年になって自らの祖先の出自に興味を持った。しかし、多くの人たちと違って、カプランは――マジンスキのフィルムの中では、ことのほか温和で節度のある人間という印象を与えるが――一種の獰猛さに近い執念でもって調査に取りかかった。ズビグニェフ・ロマニュクがアメリカのユダヤ人向けの定期刊行物に載せた広告をたまたま目にしたあと、彼は若いポーランド人に手紙を出したのだった。かくして、数百頁に及ぶ、やがて疑いもなく強い友情へと変わる二人の書簡の往復が始まったのである。

最初から二人は、恰好のパートナーのように思われた。なぜなら二人とも、細部の価値を大切にし、その意味を理解していたからである。カプランは何もかも知りたがった。ブランスクのどこにシナゴーグがあったか、町を貫流する川が春には氾濫したか、彼の母の時代にはユダヤ人の家の内部はどんな様子だったか。人々は何を食べ、どんな服装をしていたか。ロマニュクは根気強く、事実に即して説明した。それはまるで、初老期のアメリカ人が、かつて母親が暮らしていた秘密に満ちた、手の届かない世界を若いポーランド人が書き物で彼に伝えてくれることを望んでやまないかのようであった。ロマニュクもまた、ユダヤ人の風物に強い関心を抱いていたにもかかわらず、一度も見たことがないユダヤ人の信仰、習慣、儀式についてカプランに質問を浴びせた。二人の手紙は歴史の巨大な断絶の生きた例証である。カプランは母親が若い頃を過ごした場所についてほとんど何も知らなかったし、一方、その場所で暮らしていたロマニュクは、そこのかつてのユダヤ人住民に一度も会ったことがなかった。しかし、フィルムの中で描かれた二人の人間の文通と出会いは、不和を蒔くよりは癒しをもたらす対話の、新たな分裂の創出ではなく、真の相互理解のための対話の最良の可能性の例証である。

本書の執筆中、私を衝き動かしたのは、歴史学的な企図ばかりでなく、個人的な企図でもあった。私の両親は戦前、ブランスクからさほど遠くない小さな町に住んでいた。私は戦後の共産主義の時代に、クラクフの、大都会の世俗的な環境で成長を遂げたとは言え、シュテットルの雰囲気の中の何かが、そこの住民の精神的気質と道徳的態度や人間的な身振りと情感豊かな言語の中の何かが、両親の言葉と人格を通じて私の精神の中に浸透したと思っている。それゆえ、シュテットルの暮らしの事実と本質を探索しながら、私はある程度は、同時に私自身の歴史とその精神的本質をも探索していたのであった。

シュテットルの生活とそこに住んでいた人々を本当に理解するためには、より深く過去に遡り、このシュテットルが生み出された歴史的文脈について何かしら知る必要があると私は感じていた。ユダヤ人とポーランド人の歴史の概観の素描を試みるに当たって私は、ここ数十年間にポーランドと西ヨーロッパで取り組まれ、次第に増えている研究成果を利用した。私は、長い休眠状態にあった分野を生き返らせている、そしてその著作を自由に、ありがたく利用させてもらった多くの歴史家や研究者、思想家たちに多くを負っている。巻末の典拠リストには、原文をそのまま引用させていただいた論文を挙げてある。過去に関する予備知識を得た著作、あるいはポーランド・ユダヤ人の歴史の研究者にとって有益と思われるその他の著作は参考文献目録に収めた。

そして最後に、ブランスクという小さな町そのものに感謝したい。また物理的に存在することによって、そして物言わぬ石と田舎道を通じて、私たちに何かを明かそうとしてくれている興味の尽きない痕跡にも。これらの影にも語らせることができるのは、想像力を働かせ、記憶を甦らせる努力を通じてのみである。

第一章　ポーランド・ユダヤ人の世界――歴史的背景

ブランスク――それはワルシャワの東およそ一八〇キロメートル、最近までは旧ソ連邦との、現在では、あまりはっきりしていないが、ベラルーシとの国境のすぐそばに位置する小さな町である。私はそこにたどり着くためにワルシャワで急行列車に乗り込み、シェピェトヴォ（Szepietowo）の町の小さな最寄り駅で降りた。そこで、周辺のガイドをしてくれることになっている郷土史研究家のズビグニェフ・ロマニュクに会うのである。私が着いたのは真冬だったから、私たちは深い、ギシギシと音を立てる雪の中を互いに歩み寄る。ズビグニェフは金髪の、幅の広い誠実な顔をした、がっちりした体格の青年であった。私たちが彼の小さなポーランド・フィアットに乗り込むと、彼は「シェピェトヴォは、トレブリンカ強制収容所に送り込まれたユダヤ人用の集合地点でした」と言った。心地よいたたずまいの駅舎からは、たちまちその罪のない外貌が消え失せる。突然、ここで繰り広げられたに違いない光景が思い浮かぶ。しかし、車を乗り入れて行く田園風景は、私には別の過去の層と結びつく。ひんやりとした空気、きらきら光る、固く締まった平らな雪の中の何かが私に子供時代のポーランドの冬を思い出させる。そして、ズビグニェフの小型車に乗って通り過ぎる田舎の平坦な風景には、どこか日本の絵巻にも似た驚くほどの晴朗さがあった。地平線まで続く無垢の白さの平坦な地表、装飾書体で書かれた看板のような直立した伸張性のある裸木の幹、朽ち木、先の尖った枝がついた、褐色のずんぐりした柳の木の幹の結構な広がりのある筆づかい、白の上に白《ホワイトオンホワイト》の乗ったカバノキ、威厳たっぷりのポプラの行列——自然の美に重ねられた《スーパーインポーズ》人間の痕跡の美。さらに先には、じれったいほど近いのに、冬には近づけないビャウォヴィエジャ・プシチャ〔ビャウォヴィエシュ原生林〕——世界のあらゆる地に残されたものの中で最も広大な原生林、詩と伝説の源、ヨーロッパバイソンと隠遁者、そして陰謀団の住処がある。

たちどころに風景は私の脳裏に二組の意味の連想を呼び起こす。それをどう両立させればよいか、そこで起こったことでこの土地を非難するのをどう抑えればよいか。そのうえ私は、隣に座っている若いポーランド人にはこの畑地はさらにもう一組の別の象徴と結びついていることを承知している。歴史上、この国境地帯は戦争やさまざまな外国勢力による占領、そしてのちにソ連邦に生まれ変わったロシアとの激戦の舞台であった。もしかするとまさにそれゆえに、この東部地方の周縁地域は、しばしばあいまいな国境線に抗する堅固な堡塁になったのかもしれない。ズビグニェフは、私たちが途中通過する町や村は、ほんの少し東側にあるベラルーシ人の住民の方が多いためにどちらかといえばロシアに対する忠誠心のほうが強い町々とは違って、愛国的な「ポーランド性」の砦だったと私に言う。ここではときおり、ポーランド人とベラルーシ人のあいだで激しい衝突が起こった。また、とても信じられないことに思われるが、ここでは非共産党系の地下抵抗軍の兵士が森に身を潜め、五〇年代に至るまで、共産党員などに対する血の復讐を行っていたのである。

しかしさしあたり政治のことはさておくとして、あるいはそれを超えたところに風景があり、車が先に進むのにつれて、そこの住民で、この風景の幻想的で叙情的な魅力に無感覚でいられた人は一人もいないであろうし、畑地の斜面とリズミカルに波打つ畑は、もともとどこからここにやって来たかにかかわりなく、この地域の住民の気分と気質に影響を与えずにはおかなかっただろうと想像する。実際、彼らはいろんなところからやって来たのだった。ここはベラルーシ人、リトアニア人、ドイツ人、そしてそれより少し早い時期にはアルメニア人の住民が入り混じり、交差した地域であった。もちろんユダヤ人も、である。戦争勃発のときまで、この東部地域はユダヤ人の暮らしで溢れかえっていたのである。最も近い大都会ビャウィストクは両大戦間期には人口の五〇パーセント以上がユダヤ人で、ユダヤ人人口が最も増加した時期、ポーランド全体では一三・五パーセントだったのに対して、この地域全体では一七パーセント以上がユダヤ人であった。この東部のユダヤ人のあいだにはまた地元の誇りがあった。ワルシャワのユダヤ人あるいはクラクフ近郊出身のガリツィア・ユダヤ人は自分たちが文化的に優っていると考えることができたのに対して、東部の地方出身のユダヤ人は自分たちがポーランドのユダヤ人の正真正銘のイディッシュの魂だと感じていたのである。

それはさておき、まもなくブランスクだった。ズビグニェフの説明では彼の町は――この判然としないと同時にはっきりし過ぎている地域に典型的な町で――実にポーランド的であり、同時に民族的にきわめて多様なところだった。町は、ゆるやかに流れる、鏡のようなヌジェツ（Nurzec）川に沿って、長く細く帯状に延びている。この川は冬には凍結し、夏には流れて混じり合い、平坦な広々とした湿地帯を作り上げる。近年、ブランスクは典型的な平凡さと櫛削られていない魅力がポーランドの田舎町のイラストに描かれた絵葉書のようである。高い堤防の上に川全体を見おろす中央広場がある。そこの目玉は戦後、ほとんど瓦礫から再建された、クリーム色がかった黄色のバロック様式のファサードがある大きなローマ・カトリック教会である。近くに、地方機関や生活必需品を売る数軒の商店が入った戦後の陰鬱な灰色のコンクリート製の建物。川を離れると、それに代わって低くて長い木造の田舎家の通りが現れる。その多くは戦後建てられたものだが、何世紀も変わっていない農家風だ。その中により古いあばら家が数軒あり、そのうちの何軒かはあまりにもちっぽけで、地面にめり込んでいるために、そこには子供より背丈のある者が住めないのではないかという気がする。これらのほとんど田舎道と言っていい一本の通りに面して、ドームとたまねぎ形丸屋根の尖塔が一つの、小さくて青いロシア正教会の教会がそびえている。ブランスクには、この教会を利用しているわずかな数のベラルーシ人がまだ住んでいるのである。かつてのユダヤ人地区にはほとんど何も残ってない。ユダヤ人の交易と商業の中枢、まさしくブロードウェイがあった長々としたビンドゥガ通りがある。またここには、中央シナゴーグの管理人が、ドイツ人によって家族もろとも炎上する建物に投げ込まれるまで住んでいたおもちゃサイズの小さな家もある。このシナゴーグの痕跡も、かつてここに立っていたほかの五つのシナゴーグの痕跡もない。商店もなければ、少年たちが学んでいた「ヘデル」〔六四頁参照〕もない。ブランスクのかなりの部分同様、これらすべても戦争中に、ユダヤ人地区が標的であったかなかったか定かでないドイツ空軍の、一見、これと言った動機のない一九三九年の爆撃中に破壊されてしまった。

＊＊＊

町の地理とそのいくつかの歴史への私の案内人がズビグニェフである。ズビグニェフ、あるいは愛称形のズヴィシェク——友人たちは彼をこう呼んでいる——はブランスク生まれの人で、主に独学の自称「年代記作者」である。年齢は三十代初めで、その物腰は飾り気がなく率直そのもので、時にどぎまぎさせられるほどだ。すぐに感傷的になる人間でもなければ、謎解きに没頭する人間でもない。しかしながら彼は、過去に対する第六感のようなものに恵まれているらしい。子供時代から周りの風景を見つめながら、そこに人間の歴史の痕跡を発見していた。土中からさまざまな人工遺物——紀元前二〇〇〇年までさかのぼる花崗岩ののこぎりのかけらや時が磨き上げた矢尻——を掘り出してきた。のちには、二十代になって、ずっと最近のものではあるが、彼にとってはなじみのないもの、すなわち、かつてブランスクのユダヤ人共同体のものであった遺物に気づき始めたのであった。ズヴィシェクは戦前、彼の町の一般市民の半分以上を占めていた、このもう一つの集団のことをほとんど何も知らなかったが、彼の中の歴史家が、不思議な、ヘブライ語の文字が刻みつけられた、およそふさわしくない場所で次々と出くわす大きな墓石《マツェヴァ》にとくに好奇心をそそられたのだった。そのうちのいくつかは、路上で見つけた。というのも、ナチスが、神聖さを剝奪するための意思表示として墓石を歩道に敷くように命じたために、敷石として残ったのであった。ある時ズヴィシェクは、戦時中、ドイツ軍司令部になっていた教区の建物の前の新しい敷石の下に隠されていたこうした墓石をたくさん発見した。現在、教区を取り仕切っている司祭は、歩道を掘り起して下から石を掘り出すのを許可した。ズヴィシェクは、農場の建物の中でも墓石を発見した。その意味を知らないか、あるいは無感覚な農民たちがナイフと鎌を研ぐのに使っていたのだった。今もはっきり定義づけるのを嫌がっている衝動に駆られて、ズヴィシェクは、ある友人の助けをかりてこれらの石を濫用された地位から回復させ、墓石に彫られた文字が見えるように洗浄し、修復し始めた。その後その墓石を、他の何人かの若者たちと共に、ブランスクのすぐ外側の、木々に囲まれた、戦前はユダヤ人墓地があった場所に運んだ。その時までに彼は、碑文の中に含まれた歴史にすっかり好奇心を刺激され、ぜひとも単語と銘文を解読したいと思うようになっていた。彼はそのために大変な苦労を重ねて、教科書と辞書を使ってヘブライ語を少しばかり独学で習得したのだった。

こうしたことは言うまでもなく、尋常ならぬ行為であった。ズヴィシェクにこのように一風変わった苦労をさせる外的な誘因は何もなかったし、秘めた私利私欲や報酬の期待もなかった。それにもかかわらず、自らがその埋もれた過去を発掘してきたユダヤ人に対する特別な感傷は一切ないと言う。自分は気質からしても好みからしても歴史家であるに過ぎないと言う。古文書をほじくり返し、奇異な事実や雄弁な数字を明るみに出すのが大好きなのである。彼は厳密さを好む。無味乾燥なデータ——統計とか日付とか出生・結婚登録簿の情報——の考証を通じて過去を調査するのが好きだ。消え失せたブランスクのユダヤ人に対する彼の姿勢が同じくらい公平であるようにと強く願っているのである。「歴史の前では誰もが対等です」——あなたがこの歴史に献身的に取り組んでいるのにはこの特殊な歴史がもつ悲劇的な本質が役割を果たしているのか、と私がたずねたとき、彼はこう答えたのだった。もし何らかのもっと個人的なものが入り混じった動機、たとえば隠された罪悪感とかノスタルジー、死んだ人たちに対して象徴的な償いをしたいという願望、あるいは大惨事との関連で邪な威光を手にしたいという願望が彼にあるとしたら、それはうまくカムフラージュされている。

おそらく、公平さを保とうとするズヴィシェクの試みには、彼が明るみに出そうとしている事柄を取り巻く困難な文脈を考えると、ある程度のナイーブさが必要であろう。そして私は、たとえば彼の記念墓地創設のような復原のための持続的な努力には、より象徴的なレベルで、失われたものを回復し、傷つけられたものを修復しようとする、少なくとも若干の閾値下の衝動がなくては、最後まで続けることができるかどうかと、次第に訝るようになるであろう。しかし、もしかすると彼の公平さは、彼の世代の人たちにとっても自然なことなのかも知れない。結局のところズヴィシェクはユダヤ人を誰一人知らずに、また彼らについていくらも耳にすることなく育ったのである。もちろん、彼がこのポーランド史の重要な部分について学校で習わなかったからといって、それは彼が育った教育制度の信用を失墜させるものではあれ、いかなる点でも彼を咎めることはできない。それにもかかわらず私は、この情報の完全な空白のことを考えると、彼の口調がどれほどありきたりなものであれ、このような地表のすぐ下に横たわる、今なお厄介な過去の層を掘り起こす作業が、彼にとって少なくともしばらくは、異様なものに思えたに違いないと考えずにはいられない。彼が掘り起こした情報は、身近な世界の一部ではあれ、まったく知られていないものであった。しかし、ズヴィシェク自身の説明では、彼のユダヤ人に対する関係は、ほとんど苛立たしいぐらい合理的で、このテーマに魅せられた他の多くの人たちを衝き動かしているエキゾティシズムへの陶酔や理想化、あるいは強迫観念的な衝動によっては傷つけられていないように見える。ズブィシェクは知りたいのである、すなわち事実を知りたいのである。ブランスクのユダヤ人について知りたいのだ。なぜなら、ユダヤ人は彼の町の遺産の一部だからだ。どちらかというと無味乾燥なものではあれ、彼は綿密に調べたユダヤ人の歴史についての論文を、自ら創刊したブランスクに関するジャーナルに発表していったのである。

今日ではしばしば、ポーランドにおけるユダヤ人の歴史の守護者は、こうしたズブィシェクのような人たちである。若い研究者の中核は——そのほとんどは非ユダヤ人だ——ヘブライ語を学び、ユダヤ人に関する学位論文を書いている。彼らの大部分は、おそらく、怪しげなノスタルジーあるいは吟味されてはいない罪悪感に駆られているのであろうが、しかし彼らの研究の中には、大きな、嘘偽りない好奇心の核が存在していることは確かである。ユダヤ人が姿を消すとともに、ポーランドはそのきわめて重要な特徴を失い、歴史家にとってユダヤ人について学ぶことは、より完全な「ポーランド性」を再発見する機会なのである。

私が初めてブランスクのポーランド人とユダヤ人の関係の歴史を丹念に調べ出したのは、他ならぬズブィシェクの論文を通してであった。この町のユダヤ人の活動に関する最初の記録が現れるのは、ようやく十七世紀になってからである。その後、製粉所の所有権をめぐるとあるユダヤ人と非ユダヤ人の紛争に関するそれとない言及が残っている。紛争の結末は明らかでない。その後の数十年間はほんのわずかな情報の痕跡すらなく、ぽつんぽつんとした事実が文書記録のようなものになるのは、ようやく十八世紀に入ってからである。

しかしこれは、この物語ののちの時代に起こったことである。一握りのユダヤ人入植者がブランスクにたどり着く時までに、ポーランドにはすでに数世紀前からユダヤ人が住んでいた。ある意味で、彼らがポーランドのユダヤ人だった。この最初にやって来た人たちが誰であり、どのような人たちであったか、どんな期待や希望、慣習や不安を携えてやって来たのかを想像してみようと思えば、言うまでもなく、さらに遠い昔にさかのぼって、彼らの起源、彼らがたどった道筋、さらには彼らを形づくった諸条件を再構成する試みに取り組まねばならない。

＊＊＊

起源は、よくあることだが、正確な現写法には従わない。しかしちらつく灯火のようにならら想像することはできる。ユダヤ人はヨーロッパの原型的な「他者」ではあったが、完全に不在であったことも、なじみがなかったことも一度もなかった。書かれたヨーロッパ史が存在するあいだはほぼ、ユダヤ人の商人や学者や放浪者についての言及が散見された。これらの言及の大部分は、西ヨーロッパ起源のものである。しかし、おそらく東ヨーロッパにもまた、遠くバビロニア離散にまで遡るユダヤ人入植地が存在していた。それらについては、ほとんど神話的なものに思えるくらい風変わりな一つの例外を除いていくらも知られていない。その例外とは、七世紀から十世紀まで、現在のウクライナとロシアの森林・ステップ地帯に存在したハザール帝国である。もし、民族を組織するための二者択一的なモデルの歴史を書くのであれば、いくつかのアイデアを得るために、ハザール人に目を向けるとよい。幾多の思索と伝説のもとになった彼らの一風変わった版図は多民族国家で、そこでは、学者たちが目下確かめているところであるが、支配層の大部分がユダヤ教徒、あるいはイスラムの支配に抵抗するためにユダヤ教に改宗した人々であった。十世紀前半にハザール族の首都を訪れたアラブ人の訪問者は次のように書き留めている。「町には七人の裁判官がいて、ユダヤ教、キリスト教およびイスラム教の三つの主要宗教用にそれぞれ二人ずつ、そして「異教徒」用が七人目だった」。アラビア語の史料からは、ハザール帝国には三万人以上のユダヤ人が住んでいたことが推定される。

ユダヤ人は放浪を強制されなかった時ですら、中世ヨーロッパにおける典型的な旅人であった。この一大交易の時代に、ユダヤ人商人はヨーロッパ大陸を横断して、さまざまな種類の商品と貨幣を運んだ。もしかすると、ポーランドのような統一体が存在するより前に、すでに東方からの商人が「ポラニェ族」すなわち「野の民」が居住していた平坦な土地へと向かい、ガラス製品か毛皮か琥珀を運んだのかもしれない。十世紀にポラニェ族が自らの国家を強固なものにし始めた頃までには、スペインやその他の国々からやって来たユダヤ商人が、新しい市場を求めてポーランド領内を横断していたのであった。

どうやらユダヤ人は、それまでにすでに大陸全体についての知識を共有していたようである。彼らのヨーロッパ概念は、他の誰とも違っていた。彼らは独自の暦と時間の計測法同様、彼ら自身の地理学というカテゴリーをも有していた。ユダヤ人の命名法の中では、ヨーロッパはアシュケナズ(Aszkenaz)、すなわち今日のドイツとフランスから成る地域とセファルド(Sefard)、すなわちイベリア半島とイタリア、北アフリカを含む地域、そしてルス(Rus)、すなわちドイツ領土の東に位置するスラヴ語圏に分かれていた。

商人がキャラバンを組み、その途上でさまざまな言語の言葉を聞き覚えながら、見も知らぬ土地を通って行くとき、地理学の知識は実際に役立てられた。自分たちのあいだでは、ドイツとイタリア、南フランスのユダヤ人は、当時ラアズ（laaz）と呼ばれていた言語で話す一方、東ヨーロッパのユダヤ人はスラヴ語諸方言がもとになったクナアニム（knaanim）と呼ばれた言語を用いていた。離散して、ばらばらになったイスラエル人の息子たちは、互いに頻繁に接触し、交流した。たとえば、（最初イスラム教国に出現したが）本拠地をフランク族の領土の中に置いていたユダヤ人集団であるラダニチは、ハザール族の領土に定期的に出入りしていた。この出会いの結果、少なくともハザール族のひとつの氏族がラダニチ版ユダヤ教に改宗した。ひょっとすると、「ジト zhid/Żyd」（ユダヤ人）という用語を東ヨーロッパに持ち込んだのは、ほかならぬラダニチであったかも知れない。

十世紀半ば、ハザール族はキエフ・ルーシ帝国によって追放された。この帝国にも約八千人のユダヤ人が住んでいた。キエフ自体にも、おそらくユダヤ人街に続いていたであろう「ユダヤ門」、すなわち「ブラマ・ジドフスカ」が存在していた。十二世紀までに西ヨーロッパのユダヤ学の中心地で学んでいたルーシのユダヤ人に関する言及が見出される。

ポーランドにユダヤ人がいたことを示すぼんやりした形跡は次第に集積されて、いっそう確かな痕跡になり始めるのである。十一世紀半ばまでに西ヨーロッパの旅行家によって書かれた記録は、クラクフにユダヤ人共同体が存在したことや、ポーランド全土に散らばった他の小規模な共同体が存在したことを示唆している。これら初期の入植者の中にはその起源が東ヨーロッパのアシュケナジム（前頁の「アシュケナズ」に定住したユダヤ人の総称）以前のユダヤ人に遡る者がいたことも考えられる。

彼らはそこからハンガリー、あるいはその後の時期には、プラハを経由してポーランドに移ったかも知れない。たとえば一〇九六年にはおそらく小さなユダヤ人集団が第一回十字軍のときに発生したポグロムを逃れてプラハからクラクフに移り住んだものと思われる。他の多くの人たちはアドリア海沿岸にあった古いユダヤ人共同体からスラヴ人の領地に向かったのであろう。

しかしながら、ポーランドの初期の圧倒的な数のユダヤ人移住者は、ドイツ人とサクソン族の国からやって来た。この移住者の中には迫害あるいは激しい偏見を逃れて来た者がいたかも知れないし、稼ぎのチャンスを探していた者もいたかも知れない。彼らはアシュケナジムで、すでに発展を遂げたタルムード学〔一二一頁参照〕の伝統と、十世紀あるいは十一世紀頃にドイツ語の方言から現れたイディッシュ語を携えてやって来た。この新来者たちはどちらかと言えばすぐに新しい国の中で自分の道を切り拓いていったのに違いない。早くも十一世紀半ばまでには両替に従事する、あるいは諸侯ならびに王の貨幣鋳造所の管理に当たるポーランドのユダヤ人について耳にするからである。この時代に由来するさらに魅力的な文化遺物の中には、ポーランドの君主の名前がヘブライ文字で入っている数枚の貨幣がある。残存している一通の文書は、あるユダヤ人をヴロツワフ近郊の村の所有者に任命している証書であり、これは、その地域ではユダヤ人が土地所有を禁じられていなかったことを証している。

これらの移住者たちはいったいどのように見られ、迎えられていたのであろうか。この早い時期のポーランドの諸侯はおそらく、交易と商業に熟練したユダヤ人は自分たちの国土の経済的繁栄を支えてくれると考えたかも知れない。いずれにせよ、この時期に由来する数少ない証拠の断片は、中世の

ユダヤ人貨幣鋳造人によって作られ，ヘブライ語の銘刻が入った 11 世紀と 12 世紀のポーランドの硬貨（ユダヤ歴史研究所，ワルシャワ）

ポーランドでは、ユダヤ人は寛大に扱われただけでなく、少なくとも一定の社会のレベルにおいては歓迎されていたことを示唆している。この印象を裏づけているのが、ヴィエルコポルスカ、すなわち「大ポーランド地方」に適用されていた公的な対ユダヤ人政策を定めている最初の文書である。カリシュ身分法として知られているこの文書は、一二六四年にボレスワフ敬虔侯が署名したもので、多くの点で驚くべき法律となっている。多くの条項と規定からなる本文は小さな被支配集団が感じる脆さや要求を示し、今日の基準に照らしても洗練されたものになっている。この身分法は多くの項目において、当時、ヨーロッパ諸国で広く知られた「ユダヤ人の特権」を認可していた他の文書に類似している。法令はユダヤ人にセルヴィ・カメレ（*servi camerae*）、すなわち「国庫の奴隷」の地位を授けており、これはユダヤ人が共同体として侯や王に直属し、共同体税と個人税を納めることになっていたことを意味した。それは新たな入植者に生命と財産、ならびにシナゴーグと墓地の全面的な保護を保証していた。さらにまた、彼らに自らの職業に従事する自由を与え、法廷での彼らに対する差別を禁じた。しかしボレスワフ敬虔侯は、これらの基本的権利への署名に留まらず、ユダヤ人が被っていた現実の偏見と不平等を正し、それらを法律の力で阻止、もしくは対抗する広範囲な試みにも取り組んだ。中世ヨーロッパで最もよく見られたユダヤ人迫害の形態のひとつはいわゆる「血の中傷」で、ユダヤ人は儀式のためにキリスト教徒の子供の血を用いているという告発であった。それに応えて、ボレスワフ敬虔侯は、ユダヤ人を「血の中傷」で侮辱してはならないと明記した。「なぜなら、彼らの律法はいかなる血を用いることも禁じている」からであった。それどころか王は、おそらくこれはカリシュ身分法の項目の中で最も驚嘆すべきものであろうが、こうした罪でユダヤ人を偽って告発するあらゆるキリスト教徒は、告発が真実であった場合にそのユダヤ人が受けていたのと同じ罰を受けなければならない、としたのであった。要するに身分法は、ユダヤ人にポーランドの法廷における対等の処遇を保証しようとして、例えば、ユダヤ人の宣誓はトーラーに対してなされるべきであると明記した。それはドイツのような国々で行われていた風習とは著しい違いがあった。ドイツでは宣誓をするユダヤ人はさまざまな屈辱に晒された。たとえば、片足を持ち上げて三脚台の上に立つか、豚の皮の上に立って宣誓しなければならなった。さらに、身分法の別の条項は、ユダヤ人にキリスト教徒を歓待する意志がなければ、それを強要してはならないこと、また、夜中に襲われたユダヤ人を助けられなかったキリスト教徒は罰金を払わねばならないと述べていた。

それゆえポーランド人とユダヤ人の共存の公式の実験は、かのはるか昔の時代に、今日マイノリティの権利の模範的言明として役立つと思われる一連の法律とともに始まったのである。カリシュ身分法の著者が、当時ありふれたことであった、ユダヤ人に対する偏見を意識していたことは明らかであるが、彼が導入しようと願ったのは寛容と市民的平等の規範であった。どのような理由からにせよ、もしかすると部分的には経済的な理由からであったかも知れないが、まぎれもなく王は自らの国土に住む小さな集団の外国人に、安全で住み心地がよいと感じてほしかったように思われるのである。

もちろん、私たち自身の経験から分かるように、政治的文書の中で述べられた誠意と、人々の生活の日常的、大衆的な現実とのあいだにはしばしば食い違いがあるものである。しかしながら、公法は、それ自体重要性がないわけではない一連の規範や気分、社会的風潮を規定する。困った事態になったり、紛争が生じたりした場合には説明を求める権利があることを分かっているのは、人々の基本的な安心感にとってきわめて重要なことである。おそらく、ある特定の集団に権利と保護の尊厳があると分かっているのは、他の人々を理解するうえで大きな違いがある。

ポーランド王国の初期におけるユダヤ人の経験の真の基本構造、ユダヤ人が感じた異質さの度合い、そしてまたユダヤ人が持っているとみなされた異質さの度合い——こうしたことは、時の隔たりのゆえに、さらに再現がむずかしい。しかしながら、何本かの連結線を描けるようにするくっきりした、透けて見える細部が十分にあり、また立ち現れるイメージは他のものと同じく、そのありきたりさゆえに注目に値する。

中世ポーランドのユダヤ人は、社会的風景のむしろ普通の一部のように思われていたし、一方、彼らとキリスト教徒の関係には多くの自然な接触とそれどころか親密な交際すら含まれていた。実際、西ヨーロッパからの訪問者にとって、ユダヤ人が日々のポーランド人の生活の中に大きく組み込まれているのは驚きだった。私たちに分かる限り、おのずから特定の街路や地区に集まる傾向はあったとしても、ユダヤ人はポーランドの都市のあらゆる地域にいかなる隔離も受けずに暮らしていた。彼らは普通に、かなりたくさんの服を身に着けていたし、彼らの服装の華やかさや豊かさはむしろ裕福度によって決まったのであって、他の差別や禁止令によってではなかった。カトリック教会はときおり、ユダヤ人をある一定の地区に制限し、服装のきまりを課そうとしたが、こうした禁止命令はめったに守られたことがなかった。（西ヨーロッパではユダヤ人は、きわめて特徴的なものを一点——しばしばそれは黄色い色をしていて、ずっと後の、はるかに陰険な記号体系の予兆であった——身に着けることを求められた）。

異文化間接触のより見苦しい面については、通常、この側面が記録され、そのように記憶に留められたのだが、早くも十四世紀と十五世紀の史料の中に、ポーランド人の居酒屋で酒を飲み、賭博をしているユダヤ人や、ポーランド人の隣人と殴り合いをするユダヤ人、あるいは馬泥棒の一味に加わるユダヤ人についての言及がかいま見られる。公道でユダヤ人を襲撃するポーランド人の噂を耳にするが、しかしまた、ポーランド人に襲いかかるユダヤ人についても伝え聞く。信用に関するより建設的な側面について言えば、ユダヤ人の借金の保証人になる非ユダヤ人がおり、その逆もいた。また、ユダヤ人を弁護したり、さまざまな政党間の紛争を仲裁したポーランド人の都市職員、それどころかカトリックの司教の例すらあった。ポーランドにおける法的な代議制は理論でも実践でも差別をしないように見えた。ユダヤ人同士の内紛では、彼ら自身の法廷と仲裁手段を用いることができた。しかし、ポーランドの裁判所に訴えることを選ぶ場合には、そこでユダヤ人弁護士に代理を務めてもらうことができたようである。他方、もしキリスト教徒がユダヤ人を裁判所に訴えた場合には、訴えを裏づけるユダヤ人の証人を見つけ出さなくてはならなかった。

ポーランドのユダヤ人共同体は一度としてその内部で完全に均質であったこともなければ、外の世界への見解が完全に一致していたこともなかった。早い時期には、内紛の緊迫は、時には単なる権力闘争が原因であったように思われる。たとえば、一群のユダヤ人が別のポグロムを逃れたあと、ボヘミアからクラクフにやってきた時には、たちまち「ポーランド」ラビと「チェコ」ラビ、ならびにその支持者たちのあいだで勢力争いが勃発したが、この闘いは、「地元の」ポーランド・ユダヤ人の勝利に終わった。

職業階層制もまた早い時期に発達した。新たなユダヤ人移住者はさまざまな職業に従事した。職人であり、小売商であり、貿易業者であり、金貸しであった。家屋と土地を所有する者もいた。少数の者は富を手にし、何世代ものあいだに家業を創業・拡大し、国際的規模の貿易業者になっていった。多くのユダヤ人が、貨幣鋳造所の経営に当たり、あるいは小貴族のために財産を管理するなど王室や諸侯のために働いた。ことによると彼らは貴族に雇われていたのかもしれない。彼らは初期の貴族社会が必要としたある程度の財源を所有していたからであるが、ユダヤ人がそうした地位にとって魅力的な候補者だったからかも知れない。なぜなら、彼らは残りの住民よりも多少よい教育を受けていたからである。ポーランドにやって来たユダヤ人は、なかんずく、何世紀にもわたる離散のあいだ、自らのアイデンティティを維持するのに役立ってきた、すでに大昔からの、聖書と書かれた言葉に対する崇敬を中心にした、きわめて精緻な学問の伝統を携えていたのであった。中世初期でさえ、少なくともヘブライ語の書物を有するポーランドのユダヤ人の家庭はあったが、ポーランド人住民は、貴族を除けば、完全に文盲であった。

逆説的なことだが、初期のポーランド社会におけるポーランド人とユダヤ人の関係のこの一見したゆとりは、ポーランドの先進性ではなく、その相対的な（一般的な理解では）後進性のせいだったかも知れない。中世ポーランドは、皇帝の権力や宗教的権力の中心地からは遠く離れており、したがって、ひょっとすると、さらに中央集権的に統率された道徳律と行動規範からは遠いところに位置していたのかも知れない。ひとつには、ポーランドは神聖ローマ帝国の庇護を受けなかったし、この早い時期にはローマ・カトリック教会の権威にも完全には従っていなかった。ポーランド諸侯がキリスト教を受け入れたのはようやく九六六年のことで、ポーランドの森や原野では、新しい崇拝とともに、異教崇拝が十二世紀に至ってもなお続いた。カトリックの聖職者でさえ、時には、宗教的義務を決して厳格には果たしていなかった。たとえば、ポーランドの司教は十字軍への参加を一貫して拒否した。しかも、ポーランド教会はローマ教会の不興を買っていた。ユダヤ人を残りの住民から切り離しておくことや、要求したユダヤ人の服装規制を厳守すると保証できなかったためであった。

同時に、ポーランドのユダヤ人共同体は、ラビ権力の古い中心地から遠く離れた周辺部の国で暮らしていたために、自らの宗教上の戒律をきちんと守らなくなっていた。西ヨーロッパから訪れたラビたちには、ポーランドのユダヤ人は教養と敬虔さが足りない粗野な連中に思われた。ヘブライ語をまったく知らないというほどの無知ぶりの者もいた。トーラーの精神と字句のどちらも厳格には守っていなかった者もいた。祝日にダンスをするユダヤ人の娘たちも見うけられた。ユダヤ人屠殺業者は、清浄な肉を作る技術を持っていなかった。

ラビ職の高官たちにとって、こうした現象は間違いなく憂慮すべきものであった。しかし、まさにこの、宗教が押しつける厳しい規律のゆるみがキリスト教徒とユダヤ人に、他の国々に存在した硬直した障壁なしに一緒に暮らすことを可能にしたのかもしれない。この相変わらず流動的で、中央集権化されていない国――いまだ一枚岩的なキリスト教国家とは名乗っていなかった国家の中では、個人的な自己規定の一定の流動性を保持し、それゆえに集団的アイデンティティの境界を超えるのがより容易であったのかも知れない。

ポーランドは十四世紀半ば、カジミェシュ大王の責任のもとで独立王国として合体し始めた。この君主はユダヤ人の民間伝承上の人物となり「ユダヤ人に優しかった王様」として記憶されている。この王の治世の数十年間に、ポーランドは再び大勢のユダヤ人難民を受け入れた。その多くは、百年戦争の惨禍、黒死病、そして飢饉が新たな反ユダヤの残虐行為のうねりを生じさせる結果になった西ヨーロッパから逃れてきた人々であった。これらの災厄を免れたポーランドは、ユダヤ人だけでなく他の移民、とりわけオランダと北ドイツからの移民をも進んで受け入れた。カジミェシュ大王はユダヤ人について、カリシュ身分法の中で述べられた特権を確認し、それをポーランド国家全体へと拡大した。さらにまた王は、ポーランドの都市化という一大事業に対し、ユダヤ人の援助を積極的に求めた。カジミェシュ大王は「木でできたポーランドを発見し、煉瓦でできたポーランドを残した」と言われたが、ユダヤ人はこの変化に大いに貢献したのであった。

さらにまた、幾人かの批判者によって、度が過ぎるどころか、はしたないとさえ考えられているカジミェシュ大王のユダヤ人に対する親切な態度は、この王の個人的な感情が動機になっていると言われていた。王には熱愛していたエステルカというユダヤ人の愛人がいて、二人のあいだには四人の子がいたようである。息子二人はカトリックとして育ち、娘二人は母親の信仰を守った。この話の歴史的な真偽を確定することは不可能に思われるが、それが事実であるにせよ作り話であるにせよ、エステルカの物語はのちに、ユダヤ人とキリスト教徒の作家たちによって等しく、さまざまな目的で用いられたポーランドの象徴的な伝説のようなものとなった。カジミェシュ王を褒め称えるために、あるいは彼を非難するために。ポーランド人とユダヤ人の自然な姻戚関係、歴史的「結婚」を強調するために、あるいは国家に、それどころか王の寝室にまで浸透することができた狡猾なよそ者の危険な、誘惑的な能力を指摘するために。

もちろん、こうした相容れない立場の違いはすでに中世ポーランドではっきりと見られた。この国の外国人に対する受容力と法の寛大さと並んで、初期のポーランドには、近代以前のヨーロッパ全体と同じように、ユダヤ人に対する偏見の強い圧迫があった。しかしながら、このような不愉快な現象のニュアンスを過度に厳密に調べるのは、非常に重要にも、あるいは不適切にも見えるかも知れないとしても、「偏見」の一般的範疇の範囲内でさえ、感情と予断と反応というくつかの要素を区別することが必要であるのはありうることだ。ユダヤ人はまずもって、よそ者として認識されてきたし、少なくとも彼らに対して向けられた無意識的な敵意の中には、おそらく特定の、強い意味での反ユダヤ主義としてよりは、「反・他者性」として理解されるべきものがあるであろう。なぜこの偏見の基本形を人間精神から分離させるのが難しいのかは、おそらくある意味で、謎に満ちていると同時に自明である。人間の心理は同一化抜きには存在しえないことは明らかである。私たちは、まずもって私たちと他者との類似点と結びつきによって家族や部族や集団あるいは民族の一員であると感じることによって、自己規定している。またこのような同一化は、私たちのより素朴な心理過程の中では、拒絶と対比の戦略によって、すなわち私たちの種族や集団、民族をすべての外部の人から区別することによって、ほとんど不可避的に成し遂げられている、あるいは少なくとも同時に起こっているように思われる。この素朴な見解では、「私たちに似ている」ことはよいことであり、「似ていない」ことは明らかに「よくない」ことである。「よくない」ことは別のニュアンスを持ちうる。古代ギリシア語では「外国人」のために用いられた語は、「夷人《バルバロイ》」であった。この二つの語は、日本語と中国語では同義語でもある。別の時代、そして別の文化では、外国人は、部分的には彼らの社会的地位に応じて、気味の悪い人、あるいは卑しむべき人、あるいは滑稽な人として知覚されていた。初期の民衆の想像力の中ではよそ者は、困惑や謝罪なしに侮辱し、笑いものにしてかまわなかった。あらゆる国と言語圏に由来するよく見られる偏見を集めた分厚い目録を編纂することもできるであろうし、この目録は、多くの共通のテーマを発見してくれるに違いない。たとえば、イギリス人は反アイルランド感情の歴史的な語彙を持っているが、それは時にポーランドの反ユダヤ的な民間伝承を髣髴とさせるものである。

ことポーランドに関しては、ユダヤ人はある程度までは、他の外国人と同じく日常会話に現れる疑念の対象であった。アルメニア人とスコットランド人、イタリア人はユダヤ人同様、ことわざや里謡の中で、嫌なにおいがするものを食べ、奇妙な話し方をする人々として嘲られていた。彼らはみな度の過ぎた抜け目なさ（あのわけの分からない言葉を話しながら、何を企んでいるやら分かったものじゃない！）と、貧しい、お人好しのポーランド人から搾り取るために陰険な才智を用いている咎で非難されていた。こうした型どおりの偏見の表現はどれほど有意なものであったろうか。私たちはこれまで、それはつねに、より深い、危険な感情の流れと照応していると考えがちであったが、必ずそうであるかどうかは明らかでない。とくに、正しい言語使用の習慣を持たない人々のあいだでは、侮辱の語彙は、このようなステレオタイプ化した語彙の対象そのものに対する寛大な、いやそれどころか親しみのこもった姿勢とさえ共存することができる。言葉は、緊張を和らげたり、あるいはエキゾチックなよそ者の風変わりな風習に接した際のひどく愉快な気分を表現したりするのに用いることができるからである。

しかしながら、こうした一連の姿勢の範囲の中では、中世ヨーロッパのユダヤ人が特殊なケースであったことは否定できない。何しろ、彼らは外国人であっただけではない。さらに重大なことに、彼らは異なる宗教的信念を持っており、そのことは宗教的な世界では最も基本的で、道徳的に論議を呼びそうな差異であった。今日では、私たちの大部分にとって、全面的な信仰を有する心を想像するのは難しいが、中世のキリスト教徒にとって彼らの信仰は、疑念を差し挟む余地のない絶対的なものであり、現実の構造および意味と同義であった。宗教は彼らの生活に秩序と意味を与え、死ぬまで守る必要のあるものであった。この哲学的枠組みでは、他の信仰に対する寛容はまったく重んじられなかった。実際、そうした寛大さは、不実できわめて胡乱《うろん》なものに思われた。ユダヤ人は、キリスト教徒の目には不信心者であり、彼らの宗教を非難することは道徳的に許されるばかりでなく、必要とさえされた。

カトリック信仰がポーランドにさらに深く根を下ろし、教会が徐々にその封土と化すにつれて、このような立場がますます頻繁に見られるようになり、ますますはっきりと口にされるようになった。ヨーロッパの他の場所と同じように、聖職者は、ポーランド社会のイデオロギー的に最も反ユダヤ主義的な部分となり、そのユダヤ恐怖症を遠慮なく口にし、いくつかのまさしく悪意に満ちた文書を生み出したのであった。世俗のキリスト教徒もまた、ときおりユダヤ的な祈り方に異議を唱えた。中世のポーランドの詩歌や物語は、独唱の歌や体を揺する身振り、安息日のシナゴーグから漏れてくる「金切声の」騒音をあからさまな不快感を込めて記述している。教会の説教は、聖餅冒瀆とさまざまな方法によるキリスト教に対する侮辱の廉でユダヤ人を非難した。こうした非難を禁じる明確な法規があったにもかかわらず、聖職者はしばしば、ユダヤ人は血の中傷を犯しているとほのめかすのを恥じなかった。一四〇七年には、説教壇で述べられた、真意を隠したこうしたほのめかしのせいで、クラクフでは暴動になり、猛り狂った群衆が町のユダヤ人地区に火を放ち、略奪し、おそらく何人かの住民を殺害したに違いなかった（しかしながら、こうした物理的な攻撃はまれであり、そうした攻撃が起こったときには、君主たちは犯人を厳しく叱責し、可能なときには罰を科していたことは述べておく必要がある）。

中世の民衆的な移動舞台《ページェント》やカトリックの教訓劇では、ユダヤ人はしばしば、ブロークンなポーランド語を話し、金銭的利益のためならどんな屈辱をも厭わず受け入れる怯えた臆病者として描き出されていた。これらの属性は、心理学的には、まだ特質とはみなされておらず、むしろステレオタイプな、あるいは寓意的な姿によって象徴化されたものであった。しかし、心理学の立場からすると、これらの民衆的な見世物の中で、ポーランド人が抑制したいと願っていた、あるいは自分についての自分自身の観念から放逐したいと願っていたあらゆる好ましくない属性——金銭づくの行動やよく嘘をつくこと、不誠実、臆病——を吸収する役割を、ユダヤ人のカリカチュアがどのように果たしていたかが分かる。このメカニズムは社会的レベルでも比喩的なレベルでも機能していた。ポーランドの社会的配置の中でユダヤ人は、ポーランド人の優先と排除の制度が作り出した空白を埋めていた。彼らはポーランド人が蔑んでいた活動に、商業と交易と金融業に携わっていたのである。想像の中でも道徳の領域でもユダヤ人の姿は拒絶空間を満たしていた。ポーランド人の価値体系は、一方では騎士的であり、他方では田舎風であった。貴族は社交儀礼の遵守と自由への愛、そして妥協のない勇気を誇っていた。社会領域のもう一方の端では、自然と田園生活が好きな、実直な田舎者であった。ユダヤ人は反対に、抜け目のない、都会的な根無し草とみなされていた。

よそ者に対する嘲り、見知らぬものに対する恐怖、異なるものの不承認——これらはまだ不寛容という自意識がなかったメンタリティの特徴であるが、私たちが不寛容に対して意識過剰になっている今日では、しばしば多くのメンタリティの気づかれていない側面が残っている。今日のポリティカル・コレクトネスの時代においてさえ、未知のものに対する恐怖に打ち克つためには、あるいは私たち全員が自身の中にあるのを認めることが許せない気がかりな属性をあまりに性急に他人のせいにするように促す私たち自身の投影のメカニズムを理解するためには、自省のためのかなりの力量を要する。

信仰の時代には、宗教的な反ユダヤ主義は、ヨーロッパ中で一般的だった雰囲気の一部であった。それどころか、ヨーロッパで支配的だった世界観であった。それにもかかわらず、ポーランドのカトリック教会がこのイデオロギーにさらに厳密に従い始めていた時期でさえ、ユダヤ人共同体のために相対的に安全な雰囲気を作り出し、発展と繁栄を可能にしたこの国では、相反する力が働いていたように思われる。中世が終りに近づき、そしてルネサンス時代が始まったとき、ポーランドは、ユダヤ人が他の国々を追放されたときに移住してくる場所であり続けた。移民と自然増加を通じて、ユダヤ人は次第に少なからぬ職業的達成と全体としての経済力、そして不確定のものであったとはいえ、例外的な社会的地位を持つ王国最大のマイノリティになっていった。私たちはこの表面上の矛盾を、仮にそれが実際に、そもそも矛盾であるとして、どのように調和させているのであろうか。

ポーランド人の姿勢に見られる差違は部分的には階級理論の用語で、あるいは、あまり時代錯誤に陥らないようにするなら、カースト論の用語で理解できるかもしれない。ポーランド人とユダヤ人の物語の最初から、長い連続する物語を通してずっと高まっていくことを運命づけられていたある種の緊張がポーランド社会の内部に認められるようになる。主たる境界線は、エリート層ともっと力の弱い集団、あるいはほとんど完全に無力な集団のあいだを走っていた。ユダヤ人に対する積極的な親しさでなければ、少なくとも脅されたものではない率直な態度を最もよくとれるように思われたのは、ポーランドの上層社会であった。中世末期とルネサンスを通じて、ポーランド諸王はユダヤ人の入植と国の商業の発展への参加を奨励し続けた。王たちはまた、引き続き王宮でユダヤ人を貨幣鋳造人や医師、学者、また顧問団として雇い続けた。

「丘の上の宿屋の一場面」ミハウ・スタホヴィチ（1762-1825）画．宿屋は伝統的にユダヤ人によって賃借・経営されていた．ここの参集者はポーランド人で，背後の宿屋の主人はユダヤ人．（国立博物館，ワルシャワ）

そしてまた、ポーランドのユダヤ人の生活の発展にとってまさに中心的な役割を果たしたのが、大貴族と中小貴族であった。ポーランドの貴族、つまりシュラフタは（彼らは自らをそう呼んでいたが）、西ヨーロッパの国々の貴族とはまったく性格が異なる大人数のきわめて強力な身分であった。ポーランドの大貴族がその権力を君主から得ていたというよりは独立した氏族集団から出現したものであり、自らの自律性を断固として守ったことは、きわめて重大な帰結を伴うことになった。「シュラフタ」という用語は、あらゆるタイプの貴族を包括するようになった。その中には小さな軍隊を率い、事実上、独立公国として統治していた広大な領地を所有した大貴族《マグナート》から、地方の大邸宅に住む中間地主層、さらにはしばしば農場経営にあたる貴族にすぎないが、貴族の称号あるいは家系を主張する零細シュラフタまで含まれていたのである。

貴族はそもそもの初めからユダヤ人実業家と経済的同盟を結び、ユダヤ人を所領地の管理人、製粉所と宿屋の賃借人として雇い、融資家として役立つことを要求し、ときおり、彼らと提携した。土地建物をユダヤ人に賃貸する慣習はきわめて一般的であったために、賃貸借制《アレンダ》として知られる一種の制度になったほどであった。

二つの集団間の同盟が、愛情による結婚というよりははるかに分別による結婚であり、お互いの利益と権益に基づくものであったことは疑いない。しかしながらこの限られた、現実的な関係ですら、貴族側の文化的差異に対するいくらかの寛容を抜きにしては不可能であったろう。もしかすると彼らに宗教的偏狭さが相対的に欠如しているのは、独特で強力な価値体系、ならびにアイデンティティ・モデルから生じたのかも知れない。ポーランド人の貴族は、強制からの完全な解放、因習を無視する能力、自分自身のむら気と良心の命令に従い、自分自身の法と定義であろうとするつむじ曲がりの権利を誇りにしていた。裕福であろうが貧しかろうが、シュラフタは何よりもまず自らのプライドを誇りとしていた。ひょっとすると、この深く根づいた自由意志主義《リバテアリアニズム》と傲慢な自信が、恐れずにユダヤ人と取引するのに必要な手段を貴族に与えたのかも知れない。シュラフタは自分自身の同一性が脅かされていると感じることなく、したがって、ユダヤ的な生活様式を馴致し、抑制する必要なしに、この「他者たち」と対峙することができたのである。

シュラフタとユダヤ人との同盟がいかに限定的なものであったとはいえ、他の社会層の少なからぬ不安を呼び起こした。憤懣がとくに強かったのは、ユダヤ人商人を直接の競争相手とみなしていたポーランド人の都市民〔初期には主にドイツ系〕だった。彼らはおそらく高いレベルでユダヤ人が優遇を受けているに違いないと繰り返し不平を鳴らした。貴族は〔今日、言われるところの〕積極的差別是《アファーマティブ・》正措置《アクション》を実施して、ユダヤ人を農民やポーランド人の商人よりも優遇している、そして、ユダヤ人の寵臣はその特権と地位の点で他の人たちより上位に置かれていると、しきりに非難した。「わが国では、賃借人がユダヤ人であり、医者がユダヤ人で、商人がユダヤ人だ。粉挽きと書記と最も忠実な使用人も、彼らがあらゆることがらに優位を勝ち取ってからというもの、ユダヤ人だ」と、ある十四世紀の都市民階級出身の作家は不平を鳴らしたものである。「中産階級」〔＝都市民〕の見解では、総じて、ユダヤ人はしばしばもっぱら自分自身の利益のことだけを考え、土着のポーランド人——対照的に、彼らは勤勉で、誠実で、人生で多くのことを成し遂げるには正直すぎる——を犠牲にして自らの富と成功を勝ち取った危険な競争相手と考えていた。都市民の物書きたちは徐々に、ポーランドにおけるかなり大量の世俗の反ユダヤ主義文献を生み出していった。とはいえポーランドでは、この種の著作の数は他の国々におけるよりもはるかに少なかったし、いくつかの場合には、極端に反ユダヤ主義的な文書は検閲に付されたか出版が禁止されたことに注意しておく必要がある。

　ポーランドの社会序列の最下層では、ユダヤ人に対する偏見は理性的なものというよりは、むしろ神話的なものであった。無知文盲で、赤貧の、農奴同然の状況で暮らす農民のあいだでは——ユダヤ人は世故にたけた「他者」というよりは神秘的な異質さという点で認知されており、彼らに関する感情には迷信的な畏敬と畏怖が加味されていた。農民の伝承では、ユダヤ人は超自然的な力を授かっており、謎めいた、奇妙な風習を持っていると思われていた。民間信仰のひとつによれば、ユダヤ人はみな盲目で生まれ、視力を回復するために血を必要とした（同じような信仰はマゾフシェ地方の住民にも当てはまる。彼らもまた盲目で生まれ、ようやく数週間後に目が見え始めると考えられていた）。しかしながらユダヤ人は、同時に、農民の生活の中の現実の人間であり、しばしば彼らと複雑な関係で結ばれていた。この早い時期の農村の隣人関係に関する文書はほとんどないが、税金と地代の取立人の役目を務めていたユダヤ人の財産管理人は、農民の特別な怨嗟を呼び起こしていたことが分かっている。ユダヤ人は農民から、実際の姿である仲介者としてよりも、直接の搾取者と思われていたからである。

しかしながら、ユダヤ人に対するポーランド人の姿勢の、さらに言えば、他の民族間の関係の根源的な逆説を解消しようとするときには、私たちはおそらく、社会的な序列だけでなく、経験の層、あるいは規模の点からも考える必要があろう。結局のところ、完全に首尾一貫した、均質的な見解を持っているのは私たちの中のごく一部だけだからである。私たちはある日は隣人が好きだが、次の日にはその人を蔑んでいるかも知れないし、あるいは好いていないながら、同時に蔑んでいるかも知れない。ある人間集団の全員に対してまったくいわれのない親愛の情を抱く一方で、別の集団を密かに憎んでいるかも知れないのである。しかし普通の環境では、私たちは集団的な憎悪、もしくは愛情の結果を最後まで追跡することはめったにない。どんな個人の心理の中にも、節度のある、文明化した感情の層と、下層流や暗流、できれば明るみに出したくない動因と情動——どちらかといえばあまりはっきりとは耳にしたくない不鮮明な言語音——の層が存在する。また、どの社会にも、攻撃性や不合理な集団的思考、あるいはヘイト・スピーチの隠れた層が存在する。しかし、それらはいつも全面的な憤怒に発展するわけではない。下生えがいつでも藪火事になるわけではない。平和な時期には、ポーランドのユダヤ人は敵意や屈辱の不断の脅威のもとにあると感じていたわけではないことを示唆する証拠は多数存在する。より広範な社会の反ユダヤ主義の思想的潮流がどんなものであっても、ユダヤ人は通常、公民として容認されていた、あるいは少なくとも寛大な無関心でもって遇されていたのであった。

民族間の関係、あるいは異文化間の関係に関するきわめて重要な、繰り返し立ち現れる問いは次のようなものである。民衆の中に広まっている明確な対象を欠く無定形の偏見が、ある時期には眠っているのはなぜか、また他の時期には際限のない憎悪、あるいは暴力行為に発展するのはなぜか、という問いである。その答えは確かに複雑であり、特殊な条件によって大きく左右されることは間違いない。しかし、なにがしかの一般的な推測はできるに違いない。現実の、物質的な環境が集団間の関係で決定的な役割を果たしていることは疑いない。異なる顧客層の成員は、その利害が一致すれば、あるいはせめて衝突し合わなければ、たぶん友好的な関係に留まるであろう。こうした利害があまりに鋭く対立するようになると、おそらく、潜在する緊張が衝突へと変わることがより多くなる。ポーランド人とユダヤ人の関係の中の調和、あるいは不和の程度は、両集団の経済的、政治的利害の一致、あるいは不一致の程度によって異なったのである。

しかし直接的な私利私欲だけでなく、集団的な感情と意見の空気も、人々が生活し、活動しているより広範な政治的布置によって著しく影響されうる。こうしたより大きな構造は紛争の抑制、あるいは封じ込めの枠組みを用意してくれる。ポーランドのユダヤ人にも拡張された法的保護の構成要素になっていたのはある重要な枠組みであった。実際の行動の点からみると、たとえば、激怒したポーランド人の都市民集団は、ユダヤ人街に攻撃を加える前に、それをすればたぶん罰せられるであろうと分かっていたなら、よく考えてみたに違いない。しかし、心理学的なレベルにおいても、何ら罰を受けることとなしにユダヤ人を侮辱することはできないと気づくことによって、ユダヤ人像は微妙に修正されたかも知れない。ポーランド人都市民は外的制約に直面してようやく、反ユダヤ的な恐怖や蔑みは、一種の敬意に近い自制心によって抑えなければならないと悟ったかも知れない。

では、ポーランド人に対するユダヤ人の態度はどうだろうか。私たちは、マイノリティ集団が認識能力を失っていないこと、彼らもまた判断し、他者の特徴を評価していること、たとえ偏見の標的になっていても、彼ら自身はそれを何とも思わないわけではないことを忘れがちである。ユダヤ人が、周りで暮らす人々について確固たる考えを持っていたことは疑いないが、彼らのふだんの見解や考え、先入見は、私たちにとってなかなか手の届かないものである。というのも、世俗的なユダヤ文学は早い時期のものはほとんど現存しないからである。しかしながら、ユダヤ人が、よそ者がユダヤ人地区に居住する権利を禁じ、一定の商業慣行と「秘密」を非ユダヤ人から厳重に守るユダヤ人自身の排他的、独占的な慣行を持っていたことを私たちは知っている。たとえば賃貸借料と小作料に対する統制手段を含んでいたハザカ（chazakah）〔ユダヤ法の私有財産と公共財産、動産と不動産、財の売買等に関する最も重要な原則〕は十八世紀半ばにいたるまで存続した。さらに私たちは、厳しい宗教的不同意が両方の側に働いていたのは当然のことだと思うこともできる。ユダヤ人がキリスト教徒の目には不信心者であったのと同じように、ユダヤ人はキリスト教徒は間違った、惑わされ、神をないがしろにする者たちだと確信していた。相手側が間違っているという信念は、分界線の両方の側できわめて重要で、ますます強固になる精神的障壁を作り出した。ポーランドのユダヤ人共同体がさらに安定し、より強力な宗教機関を作り始めたとき、ポーランドのユダヤ人は習慣をさらに厳格に遵守するようになった。また、食物規定の点だけからしても、キリスト教徒との親しい接触を避け始めた。

そのうえポーランド人は、ユダヤ人にとって徹底した「他者」であり、逆もまた同じであった。もちろん、キリスト教徒とユダヤ人の立場には決定的な不均整があり、そのことがそれぞれの見解と偏見に異なる意味と重みを与えてきた。ユダヤ人は少数民族《マイノリティ》集団であった。彼らにはよくて招待客として、悪ければお情けで受け入れ国の中にとどまっているのだということが分かっていた。市民権もなければ、国家に対する個人の関係を規定する明確な制定法も存在しなかった時代には、ユダヤ人の地位は永続的に不確かなものであった。ポーランドから追い出されるおそれはなかったとはいえ、ユダヤ人には追放と迫害の長い歴史があり、また、実存的な不確実性の根本的な意味を彼らに教え込んでいたことは疑いない、こうした蓄積された出来事の記憶があったのである。

不確実性、そして柔軟性も、である。ディアスポラのユダヤ人の生活の根本的事実は、適応と応化が必要なことであった。ポーランド人に関するユダヤ人の見解は、ある意味では、彼ら自身の共同体の外ではどうでもよいことだった。重要だったのは、これらの「他者たち」をある程度理解し、少なくとも彼らと交渉したり、その愛顧を得たり、彼らの怒りを回避するのに十分な能力であった。

同時に、ユダヤ人は他のマイノリティ集団とは違って、同化したり、周囲の文化の色合いを帯びたり、他の人たちのようになろうとはしなかった。それは何世紀もの流浪と迫害の時期を通じた頑固な人々の、頑なな意志だった。彼らは何よりもまず、自らのアイデンティティを、それに手をつけず、変更を加えることなく守り、先祖伝来の教えに忠実であり続け、連続性の糸を途切れさせずに保つことを願っていた。そのためには、ある程度の自治と精神的なプライヴァシーが必要だったが、まさにそれをポーランドの諸条件が最初からユダヤ人に提供したのである。ポーランドのユダヤ人は、完全に例外的に、出国も同化も強制されていなかったのである。

ポーランドの国家組織は、共存と分離が同時に可能になるようなやり方で発展し続けた。中世後期、ならびにルネサンス期を通して、ポーランド社会は、西ヨーロッパ・モデルほどにはピラミッド状でなく、それよりもいっそう水平的な組織形態が特徴であった。重要なのは、王権神授説がポーランドでは一度として受け入れられなかったし、ポーランドの諸王は絶対的な権力を望んだこともなければ、そうした権力を手にしたこともなかったことである。シュラフタはなおも高度に独立した身分として行動し続けた。その政治はしばしば宮廷政治とは異なっていたし、それどころか、国内でも国外でも自らの願望を達成するための手段——私兵を含めて——を持っていた。この、事実上の権力の分立と権利と自由へのシュラフタの固執は、擬似民主主義制度を早い時期に成立させた。ポーランドは、ヨーロッパ最初の選挙王制と最も早期の形態の立憲民主代議制を有していた。ポーランドの貴族とリトアニアの諸公は一五六九年に締結されたルブリン条約によって、ポーランド王国とリトアニア大公国が選挙王によって一緒に統治される連合国家ではあるものの、二重国家を創出することを決定した。選挙母体はセイム、すなわち議会を組織するために集まった貴族全員からなっていた。一五七二年以後、選挙王は幅広い権限を貴族に保証する誓約に同意しなくてはならなかった。

その後、シュラフタは正真正銘の権力エリートとなっていった。ポーランド社会は他の面でも、この点では大多数のヨーロッパ諸国に似ているが、おそらくカースト制に比せられるであろう、ほとんど互いに独立した領域に分裂していた。シュラフタ同様、都市民と聖職者もまたそれぞれ、自らの法規を持った別個の身分を形成していた。もちろん農民は、言及に値する一切の法や権利を持っていなかったが、物事の自然の秩序と思われていたものの中で定まった位置を守り、満足していることを期待されていた。さまざまな身分の成員は、自らの明確な役割と範囲の中で互いに対処した。都市民は貴族とは異なる礼儀作法、道徳、服装、そして抱負を持つことを要求された。同時に両者とも、与えられたアイデンティティによって制限された範囲内にしっかりととどまることが要求された。社会的な領域を分かつ境界線は、ほとんど踏み越えることのできないものであった。とはいえそれは、相互の関係が敬意に満ちたものでも友好的でさえもなかったということは意味していなかった。

この制度の中で、ますます数が増し、目立つようになっていったユダヤ人は、一定の社会秩序の中に自らの位置を占めるもう一つの身分と見なされてもよいほどだった。それどころか、異なるカーストを隔てる境界線の鮮明さは、差異が我慢できるものに、したがってより威嚇的でないものに感じられたことを意味したと言ってよい。

ポーランド社会に生まれつつあった民主主義的傾向、ならびにシュラフタの個人主義の嗜好は、ポーランドに広がった寛容の雰囲気に寄与し、他の国々からやって来た旅行者はしばしばその雰囲気に嘱目したものであった。民族という点では、ポーランドは著しく雑多な、したがって事実上、多文化の国家になりつつあった。ここには、合法的に定住したアルメニア人の共同体が暮らしており、さらにイタリア人、スコットランド人、ドイツ人、その他の外国人が定住していた。外国人訪問者にとってさらに驚きだったのは、栄華を誇る宗教的多様性であった。西ヨーロッパが宗教を背景とする暴力に苦しんでいた宗教改革期に、ポーランドはあらゆる種類の教義上の反対派にとっての避難所になった。ここに隠れ家を見出していたのが、なかんずくフス派のチェコ兄弟団や再洗礼派、メノー派のような分派であり、一方、アリウス派、あるいは反三位一体派としても知られたポーランド兄弟団は、たとえばキリストの神性を否定した過激な神学的小論文を生み出した。この分派の者は誰も、宗教的信念のゆえに迫害を受けることはなかった。それどころか、一五七三年には、宗教的寛容の原則が(ワルシャワ連盟による)「一般寛容令」の中で正式に謳われた。ルネサンスの影響力の最盛期には、ポーランドは「焚刑のない国家」であることを誇っていた。容認の雰囲気は、エートスになっていった。年代が下ると、歴史的な兆候をほしいままにせんとして、このエートスは、つねに当時の現実を反映しているわけではなかったポーランド的寛容という民族的神話に変化し、根拠のない道徳的優越感を正当化するのに用いられることもあった。

この国のユダヤ人の存在は、西ヨーロッパの基準からすると、なおも明らかに際立ち続けた。一五六三年と七三年のあいだにポーランドの中を旅行したローマ教皇大使のフランチェスコ・ジョヴァンニ・コメンドーニは、ユダヤ人はここで、他のいずこことも同じように、金貸しと高利貸しに従事しているが、ここにはまた「農地を耕し、商売をし、学問、とりわけ天文学と医学に一身を捧げる者も」たくさんいると書いている。土地の人々を凌ぐ莫大な富を手にしたユダヤ人実業家もいた、と旅行者は書き留めている。この旅行者の観察によれば、ユダヤ人は自らを他の人たちから区別する被り物を着けていなかったし、剣を携えている者すらいた。

　ユダヤ人住民は、間違いなく、豊かさの点だけでなく社会的地位の点でも、他とさらに区別されていった。地位の範疇は、ポーランド人社会のそれとは異なっており、厳密に規定されてはいなかったが、それにもかかわらず、はっきりと確かめることができた。村に住むユダヤ人のあいだでは、一部の人たちは、宿屋や製粉所、それどころか村全体の賃借人として雇われていた。しかし、大多数のポーランドのユダヤ人は、大小の都市に住み、商業に携わり、ポーランド人商人と外国人の商人のあいだの、またポーランド人の生産者と買手のあいだの仲介業を仕事としていた。この仲介業者たちは時には外国で商品を買いつけ、それをポーランドで販売していた。その逆も同様だった。それに役立ったのは、疑いもなく、国際的な言語と広範囲な連絡網に等しいものを持っていたことであった。さらにユダヤ人の人口が多かったポーランド東部領では、ユダヤ人は、新規の毛皮製造業や製材業に従事するようになっていった。中には貿易会社を設立し、大金持ちになる者もあった。

　羽が生えたばかりのユダヤ人中産階級は、ポーランド的素地が作り出した空隙を埋めていった。別の外国人旅行者で、ポーランドへのヴェネツィア使節であるピエトロ・ドゥオド（Pietro Duodo）は一五九二年、皮肉っぽくというのでなければ、核心を衝いてこう述べている。「（ポーランドには）多くのルター派とカルヴァン派がいるが、一番多いのはユダヤ人である。なぜなら貴族は商業を恥に思い、農民はあまりに遅れていて、抑圧されており、都市民は怠惰で、ポーランドの商業全体がユダヤ人に握られている。大貴族は彼らに敬意を払っている。彼らのおかげで儲けているからだ。政府も彼らを同様に扱っている。必要になれば、彼らから多額の金を引き出すことができるからだ」

「クレジットの死（すなわち現金の払底）を嘆くさまざまな身分の人々」
作者不詳　16 世紀末．上段左端がユダヤ人．他には正教徒，画家，肉屋，楽師，仕立屋，商人など．（ポーランド科学アカデミー，クラクフ）

もちろん、これら初期のユダヤ人資本家の他に、貧しいユダヤ人も存在した。地味な仕事に精出していた靴職人、大工、鍛冶屋、そして仲介者の役割を果たす零細商人たちであった。物差しのもう一方の端には、大貴族のために働き、その提携のおかげでより高い社会的地位についている人々がいた。それは、まずもって、領地の農園を管理する管理人と会計官であった。ヒエラルヒーの最上段には、直接君主のために働いていた、王冠の従僕という官名を持つユダヤ人たちがいた。宮廷自体がしばしばユダヤ人の医師と書記官を雇った。その他の従僕たちは、必ずしも宮廷との直接的な接触を保っていたわけではなかったが、税金と国境通行税は正式に免除されていたし、外国を旅行する際には、国王の保護を保証する一種のパスポートとして自分の官名を用いることができた。ベツァル（Becal）

の名で知られたある有名な従僕は、王の関税の賃貸をユダヤ人に禁じている法律を無視して、ルテニアとヴォインの領内で王の通行税を徴収する特権と引き換えに多額の金を王に支払った。さらに成功を収めたユダヤ人の中には、やがて自らをシュラフタと同一視し始め、その装束や立居振舞、時にはシュラフタ特有の高慢さまで受け入れた者もいた。

したがってユダヤ人はポーランドでは巧みに事を運ぶためのいくらかの自由をもっており、そこでなおいっそうの富を手に入れる資金を使う方策を見出すことができた。また、彼らが置かれた状況の不確かさがどのようなものであれ、ポーランドのユダヤ人自身は比較的温かい環境の中で暮らしていると思っていたことを示す少なからぬ証拠が存在している。十六世紀末にヘブライ語で書いていたトロキ出身の注釈者イザークは、イギリスとスペイン、フランスの宗教改革の時のカトリックとプロテスタントの互いの残酷な迫害は「ユダヤ人の血を流した」ことに対する、そしてまたそれ以前のユダヤ人迫害と追放に対する懲罰であったと宣言した。対照的に、トロキ出身のイッハク（イザーク）は（もちろんいくらか誇張していることは疑いないが）次のように書いている。「このような行為はこの国では（ポーランドでは）一度も起こらなかった（…）。実際［ユダヤ人に］悪事を働き、害をなす者はここでは責任を問われ、厳しく罰せられる。それどころかここでは、ユダヤ人が幸福かつ平和に暮らすことができる好意的な特権でもって支援している。この国の諸王と高官は（…）雅量と公正の愛好者であり（…）それゆえ神はこの国にかくも大きな権勢と平和を恵み与え、そのために、他の宗教の信者たちが憎まれていると感じることがないし、互いに迫害し合うことがないのである」

＊＊＊

十六世紀はポーランド史上の最盛期であった。当時共和国は、卓越した平和なヨーロッパ国家であり、ユダヤ人住民はその中の重要な集団であった。慣習と道徳の点で、彼らは明らかに特徴のある集団になっていった。服装規定は強制されていなかったにもかかわらず、ポーランドのユダヤ人は、ポーランド貴族の服装をもとにした独自のスタイルを作り出した。男性は、腰で結んだ黒いカフタンに毛皮で縁取りした帽子を被り、一方、女性は黒いワンピースドレスを身に着けていた。もっと裕福な女性たちは真珠の首飾りと他の宝石をつけていた。集団的性格と精神構造の点でも、ユダヤ人は、彼らが誇らかに奉じていた特質と差異を持つ存在であることを意識していた。ポーランド共和国の繁栄と発展が当時、包容力のある態度、および互いの自由と利益を邪魔することなく、ポーランド人とユダヤ人は共存できるという慈悲深い、あるいは少なくとも寛大な前提を生み出すのに役立ったのかも知れない。いずれにせよ、ポーランドの支配者たちはなおも、彼らの領土の中で、いわばユダヤ人は彼ら自身の風習と宗教上の原理を遵守するだけでなく、彼ら自身の政治機関と法体系を作り出す権利を持つという前提に基づいて行動し続けた。この雰囲気のもと、ポーランドのユダヤ人はいたるところでアシュケナジムにとってのモデルとなり、何世紀も続いた共同体と宗教上の構造を発展させ始めた。

この構造の中で最も重要だったのは、ポーランド中のユダヤ人共同体によって取り入れられた自治

ヴィルノ（現在のヴィルニュス）のラビ法廷．1875年．無名の芸術家作のこの版画はユダヤ人の出版物『穂（Kłosy）』の中に初めて掲載された．（ユダヤ歴史研究所，ワルシャワ）

体の形態であった。各共同体は成員のあらゆる問題を監督し、指導するために長老会議、すなわちカハルを選出した。この賢者たちの集まりの中で最重要人物はラビであった。他の人々はその宗教的な知識に基づいて任命された。富およびポーランド人との有用な接触も重要な基準だったが、ユダヤ人共同体の序列と権威の最も重要な体系は、タルムードについての博識と、それに由来すると考えられた一種の明敏さと良識であった。ひとたび任命されると、長老会は絶大な権力を行使した。当時のユダヤ人の世界観では、宗教的な権力と世俗的な権力とのあいだには分離も矛盾も存在しておらず、それゆえ、長老会は両方の権力を授かっていた。税を徴収し、共同体の財源を活用し、法律上、教義上の論争に裁決を下した。長老会は、実際には、人々を犯罪の廉で告発し、処罰できる法廷であった。さらには、離婚を裁定し（あるいはその裁定を取り消し）、人々にその活動に対する精神的な許可を与え、宗教上の罪を犯した者には恐ろしい破門を言い渡すことができた。カハルの決定は、格式張らない討論形式と宗教論争を通じて下され、その裁定は、しばしばタルムード風の警句や声明の形式で言い渡された。長老会の統治は、ある意味で、非常に古い部族専制政治の形態であり、宗教的な世界観と世俗的なそれとがまだ分裂していなかった世界への回帰であった。

これらの地方自治体が人々の私生活と公生活に及ぼした広範な支配は、民衆扇動の余地を少なからず残しており、時にはそれが、共同体自体との紛争に、時には公然たる反乱につながった。とはいえ、カハル制度がユダヤ人の強力な集団的アイデンティティの維持にきわめて重要であったことは疑いない。個々の共同体には自治を可能にし、一方、ポーランド全域のユダヤ人住民には、組織の均一様式をもたらし、時には、統一した全国的な行動の基盤をもたらした。

ポーランドで練り上げられたタルムード教育の制度も、いたるところのアシュケナジムの手本となった。ユダヤ人の教育はほぼ完全に宗教的なものであり、男子のみのためのものであった。女子の教育はヘブライ語とイディッシュ語の個人教授に限られていた。一方、男子は、非常に狭い範囲のものではあれ、きわめて厳密な一連の段階を通して学ぶことになっていた。四歳〔または三歳〕と八歳のあいだ、彼らはヘデル（cheder）、すなわち初等学校にあたる学校に通った。そこで聖書の一部を暗記し、ヘブライ語とイディッシュ語、算数の基礎と善行の原理を学んだ。八歳と十三歳のあいだは生徒たちはタルムードの勉学を続けた。誠実な、あるいは優秀な生徒とみなされた男子は、さらに上級のタルムード研究を行う大学、すなわちイェシヴァ（yeshiva あるいはイェシバ、イェシボト）に通い続けた。十六世紀までにポーランドのイェシヴァ（クラクフ、ポズナン、ルヴフ〔今日のウクライナのリヴィウ〕、ルブリン）は、ヨーロッパのユダヤ人のあいだで有名で、その腕利きの教師たちは世界中から学生を集めた。

したがってポーランドのユダヤ人は、基本的に、自らを十分に民族と見なせるだけの高度に緊密で、自立した集団になっていった。この自立の棹尾を飾ったのは、ディアスポラの歴史における唯一無二の機関、ヴァアド・アルバ・アラツォト（Vaad Arba Aratzot）、すなわち四地方議会の名で知られる一種のユダヤ人の議会の成立であった。合法的に選出されたこのユダヤ人の議会がおよそ二百年間、しかもイスラエル建国のはるか以前に、ヨーロッパに存在したことは広く知られてはいない。今日の意識的な多文化社会の中でさえ、何らかのマイノリティ・グループが自らの立法機関を作り出すことのできる段取りを想像するのは難しい。ユダヤ人議会は、ルネサンス期のポーランドの政治生活の条件の中から生まれたものであり、ある程度はその諸条件を反映し、対応していた。

議会は一五五〇年代に合同し始めた。ユダヤ人が自らの指導者を選ぶ権利をポーランドの諸王が認めた時期のことである。このときからユダヤ人共同体はそれぞれのカハルの代表者たちの地方的、地域的な会議を召集し始めた。しかしながら次第に、ある種の問題や課題は全国的なレベルで解決する方がよりよいことが明らかになり、ポーランドの四地域を代表する四地方議会が組織されたのであった（リトアニアの代表は、別個の代議員団を作っていた）。

ヴァアドは多くの点で、ポーランドの議会《セイム》に似ており、このユダヤ人の機関という構想は、完全に意識的なものではないにせよ、文化借用の実り多い一例であったかも知れない。もし数世紀にわたる密接な関係の後で、この二つの文化が互いにある程度まで影響し合わなかったとしたなら、それは驚くべきことであったろう。セイムの代議員は、ヴァアドの代議員同様、ポーランド中で開かれた地方議会《セイミク》（小議会）で選出された。どちらの議会の中でも、席順と他の手続き上の問題に関する同じような議論がついてまわった。ヴァアドという組織は創設者たちにとってあたりまえのことに思えたに違いない。なぜなら、そのための先例がすでに存在したからである。ポーランドのシュラフタもまた、なかんずく、それがポーランドの立法府に似ていたために、ヴァアドに許可を与えるのがより容易に思えたに違いなかった。さらに奇抜なことに、活発な議論と激烈な論争を好む傾向を含めて、今日でさえ私たちが知っているユダヤ人の政治生活の性格はある程度、ポーランドの政治的雰囲気の中で培養されたと推測することができる。確かにセイミクとセイムは、騒々しい、しばしば無秩序な集まりであり、ビール樽は不可欠の道具立てだった。不和と混乱の真の動因を助長したのは拒否権のルールだった。どんな人でもこの拒否権に基づいて、議会全体の活動を妨げることができた。シュラフタの論争に対する、それどころか無政府状態に対する是認と嗜好は「ポーランドは無政府（あるいは無秩序）で成り立っている」と宣言されたスローガンに示された。

ヴァアドの会議の記録、すなわちピンカス（Pinkas）という大判の帳面の大部分は残念ながら消失した。しかし、この機関の活動を少なからず私たちに理解させてくれるのに足る文書は残った。ヴァアドは、その活動の絶頂期には年に二回召集され、多くの案件を仲裁した。その主な役割は、王国のための税の徴収であった。実際には、このことがユダヤ人自治の範囲を広げたのであった。なぜならそれは、この中央機関によってすべての税が徴収され、支払われており、一方、ポーランド人の役人は、ユダヤ人共同体からの集金には直接関与しないことを意味したからである。しかしヴァアドはまた、他の統治形態も行使した。それはある意味では大規模なカハル統治だった。ヴァアドはラビ職の機関であり、全体としてユダヤ人住民の宗教上、道徳上の監視機関として機能し、その管轄下にあるさまざまな共同体がトーラーの掟を守っていることを確かめ、違反行為を罰し、時には罪を犯した者たちにヘレム、すなわち破門を言い渡した。さらにヴァアドの審議の中には、ある種の外交政策の要素もあった。その基金の一部は聖地で暮らすユダヤ人のための義援金として規則的に割り当てられたし、ドイツのユダヤ人がポーランドのユダヤ人との論争に決着をつけるための会合に取りかかった例もあった。

ヴァアドの厳密な地位をポーランド自体と比較して定義するのは容易でない。最も厳密なのは、ヴァアドをどこかの保護領、もしくは連合州の政府と比較することかも知れない。それは中央の統治権力に対しては責任を負うが、それにもかかわらず、いくらかは内的に真に独立している政体であった。あるいはヴァアドは今までにほとんど似たものがない何か、すなわち完全に自立したマイノリティ文化としてのユダヤ人の地位を表現していたのかも知れない。いずれにせよ、ポーランドの支配者たちは、ヴァアドがユダヤ人共同体を代表する権利を認め、さらに自らの利益のためにヴァアドの権威が効力を持ち続けたほうがよいと考えたようである。このことは、ヴァアドの命令が無視されるといったまれなケースでは、ポーランドの大貴族が介入して、それを守らせた事実が示している。一方、ヴァアドの最も重要でしかも難しい仕事のひとつは、ポーランドの支配権力との関係を維持し、うまく対処することであった。ヴァアドは非公式に、ポーランドの対ユダヤ人政策に影響を及ぼそうとして、地方のセイミクと中央のセイムに外交的手腕に優れた人、あるいはシュタドラニム（sztadlanim）と呼ばれる連絡係を派遣した。このシュタドラニムは地方レベルでも中央レベルでも選出され、ユダヤ人共同体からのメッセージを政府に伝達し、同時にポーランドの政治的雰囲気とユダヤ人の生活に影響を及ぼしかねない政策をこれらの共同体に知らせるうえできわめて重要な役割を担っていた。ポーランドのセイムでヴァアドを代表していたシュタドラニムの長は、きわめて慎重に選ばれ、給料と旅費を受け取っていた。このような影響力のある地位の競争相手はたくさんいたし、セイムの廊下とクロークで口を挿む非公認の競争相手のための特別な警告があったのも驚くに当たらない。こうした影響を及ぼそうとして、地方のシュタドラニムも中央のシュタドラニムもともに、制御しがたいポーランド民主制の中で、それを用いれば何でも成し遂げられる唯一の戦略にしばしば頼った。すなわち彼らにとって有利な裁定と引き換えに「ひそかに」金を手渡したのである。贈収賄は公然の秘密だったし、ユダヤ人だけではなく、セイムを自分たちに有利に動かそうとする他の利益集団も行っていた。ヴァアドの手続きの中で、そうした目的のための資金は正式の予算の一部として割り当てられていた。

ヴァアドの会議は、セイムの会議のように混乱していたことはおそらく一度もなかったに違いない。会議中、舌を滑らかにするためにふんだんにビールがふるまわれなかったことだけからしてもそうだと思われるが、言うまでもなく、このユダヤ人議会は存在していた二百年間に完全に統一された組織であったためしはほとんどなかった。最も頻繁に論議の対象となったのは、金と税負担の各町村への配分であった。十七世紀末期にはポーランドとリトアニアのヴァアドの代議員間の、中央予算への両者の分担金の額に関する紛争があまりにも激しくなり、両共同体とも、非常時や追放といった緊急を要する事態でも別々に行動する決定をしたほどであった。

ポーランドの自信と繁栄の絶頂期に作られたヴァアドは、ポーランド人とユダヤ人の関係のクライマックスでもあった。しかしながら、何世紀ものヴァアドの活動期間は、国の急速な没落につながる、ユダヤ人の身に直接的な影響を及ぼした、ポーランドにとっての災厄の連続の時期と重なった。その最悪の災厄が十七世紀半ばに起こったフミェルニツキの襲撃というポーランド人の想像力の中でもユダヤ人の想像力の中でも暗い伝説の色合いを獲得した出来事であった。ボフダン・フミェルニツキ〔フメリニツキー〕はコサックの頭領で、一六四八年、不満を持ったウクライナ人の農民大衆とコサックの戦士階級とタタールの騎兵を、彼らのポーランド人領主に対して立ち上がるように再結集した。そうした事態になったのには理由がなかったわけではない。ポーランド人が農民を徹底的に搾取し、酷使したからである。ウクライナの歴史記述ではフミェルニツキはポーランド国家の圧政に対して決起した最初の指導者として記憶されている。ポーランド人の記憶の中ではフミェルニツキは悪魔の化身である。彼の指揮のもとで行われた襲撃は無慈悲の極みであったことは間違いない。九年間、止めようのないように思われたフミェルニツキの軍隊は、ポーランドの南東地域一帯で荒れ狂い、その道筋のすべての村や町に火を放ち、略奪し、さらには住民を野蛮な残忍さで強姦し、拷問を加え、惨殺したのであった。ポーランドの広大な地域が荒廃させられた。何十万という人々が殺された。ロシア正教会の信徒であったウクライナ人とコサックがとくに好んで、何の罰も受けることなく攻撃したのは、二つの集団、すなわち貴族とユダヤ人であった。また彼らの襲撃の主たる標的ではなかったとはいえ、カトリックの聖職者もまた迫害の分け前に与った。

ユダヤ人とポーランド人は共通の危機の中で多少なりともうまくいっていたのであろうか。大虐殺の期間の彼らの姿勢は、多くの点で第二次世界大戦中の両者の関係の複雑さを予示するものであったし、かなり時間が経った今ではいっそう容易に、以前の出来事の中に、誰もが陥った苦境の不幸な見本を見てとることができるかも知れない。ユダヤ人もポーランド人も恐ろしい、根本的な脅威に晒されていたが、均等に分配される死に直面してもなお、両者は奇妙に不均等な立場に立っていた。コサックが最も手の込んだ拷問をとっておいたのはポーランドの貴族のためだった。ユダヤ人は通常、しばしばシナゴーグの中で、「ただたんに」生きたまま焼かれたに過ぎなかった。一方、ポーランド人ははるかに恵まれた立場にいた自分を守り、反撃し、手ごわい敵として扱われた。ユダヤ人は概して無防備かつ無力だった。ポーランド人もユダヤ人も侵攻によって膨大な数の人命を失ったが、ユダヤ人は大規模に虐殺された。コサック襲来の際に二〇パーセントから二五パーセントものユダヤ人住民、すなわち七、八万人が大虐殺に遭ったと見積もられている。

しかしながら、ユダヤ人に力や抵抗する能力がまったくなかったわけではない。彼らはいくつかの町で、ポーランド人の軍事的な自衛に加わり、いくつかのケースでは自ら武器をとって、他の者が全員降伏したあとも自分の町のために戦った。ユダヤ人が自衛の手段を持たなかったところでは、ときにはシュラフタがユダヤ人の支援に駆けつけた。いくつかの例では、ユダヤ人の編年史家たちは、ポーランドの貴族がユダヤ人の復讐のための会戦を率いたと述べている。しかしまた、ポーランド人が、自分自身が生き延びることをあてにして、より攻撃を受けやすい隣人たちを見捨てるということも起こった。しかも侵略者はしばしば、ポーランド人とユダヤ人が反目し合うように仕向けたために、団結を維持することは容易なことではなかった。

一六五〇年に記録されたユダヤ人編年史家によるトゥルチン（Turczyn）の町の防衛に関する証言は、侵略者の残忍さがもたらしたありとあらゆる悲痛な衝突を映し出している。この記述は、共通の大義のために、ポーランド人と一緒になり、軍事行動に就くユダヤ人に関する描写から始まる。「およそ六百人の勇敢な兵士、貴族が砦の中にバリケードを築いた」と、シュチェブジェシン（Szczebrzeszyn）出身のメイルは書いている。「およそ二千頭の散り散りになった羊〔ユダヤ人〕が、百発百中の手練の射撃の名手が、彼らのもとに加わった。貴族たちは彼らを受け入れ、両者は互いに助け合う契約を結んで兵力を統合させた。貴族たちは砦の中に配備された。一方、ユダヤ人は弓と矢で武装して胸壁の上で見張りに立った。くすぶる吸殻（コサックとタタール人）が攻撃してきたとき、彼らめがけて矢と炎を浴びせた。ギリシア正教徒（襲撃者）たちは恐れおののいて退却したが、貴族とユダヤ人は追撃し、反逆者たちに強力な一撃を加えた」

しかし、この貴族とユダヤ人の盟約は長くは続かなかった。それは命と引き換えに、まずユダヤ人の全財産を引き渡すように貴族に要求してきた襲撃者たちによって破られた。ユダヤ人は全員の死が避けられないことが分かっていたために、熟議の末に、しぶしぶ同意した。すると、敵の要求はエスカレートした。今度はユダヤ人自体の引渡しを要求し、さもないと砦を焼き払うと脅した。貴族たちはこの最後通牒もまた受け入れて、戦友の身柄を引き渡し、ユダヤ人は即座に虐殺されたのであった。しかしながら、ポーランド人たちの死刑執行の猶予期間は長くは続かなかった。数日のうちに砦は攻略され、彼らもまた、最後の一人まで殺されたのであった。

この出来事全体の道徳的恐怖はここでは明らかすぎるほど明らかである。命そのものを賭けて、同族的な忠誠心が最もむきだしの姿で再び自己主張し、二者択一の筋書の中で、もう一方の人々の裏切りは一見避けがたい選択に変わったのである。しかしながら、自己保存のための忠誠であったにもかかわらず、ユダヤ人の中にはポーランド人と一体感を抱き、苦しみを分かち合った者もいた。虐殺からしばらくして書いたナタン・ハノヴェル（Natan Hannover）は、ユダヤ人が受けた恐ろしい拷問を記録に留めたが、コサックは「ポーランド人に、とりわけ聖職者に同じように振舞った」と書き留めた。別のユダヤ人歴史家、シャブタイ・ハコーエン（Shabbetai HaKohen）にとっては、攻撃する大群は「見下げはてた民族で……下劣で卑しく、信用することができない、愚かしい徒党であった……。いたるところから寄せ集められた小作人と農場経営者が王とその貴族と家来たちに向かって、巨人のように偉大で強力な民族に向かって、手を振り上げたのだ」。

ポーランドにとって災厄は少しも終わらなかった。フミェルニツキの十年間の暴虐の後には、長い、経済的な荒廃をもたらすことになったスウェーデン人の侵入が続き、その後にまたしても破壊され尽くしたポーランドの多くの町と村が残された。その後にトルコとの戦争やポーランドとリトアニアの領土の一部へのロシアの急襲が続いた。これらの人間の手による破壊のただなかで、この国は飢饉と火災と疫病に苦しんだ。

この衰退の時期に、ユダヤ人の立場は大きく悪化した。ユダヤ人共同体は他の人々以上にあらゆる暴力の爆発を伴った惨禍に苦しんだ。そして部分的には戦争の経費を支払うために、彼らに課せられた徴税額はますます大きくなり、支払うのが難しくなっていった。フミェルニツキの大虐殺の後、ヴァアドは、ユダヤ人の犠牲者の救援のために指定された莫大な費用をさらに余分に負担しなければならなかった。いつもはポーランド人の貴族がユダヤ人から金を借りていたが、今や、ユダヤ人が貴族から、それどころか聖職者からも借金をすることがますます多くなっていった。

ポーランドの立場と地位が低下するにつれて、あらゆる種類の差異を快く迎える雰囲気は少なくなっていった。反宗教改革の時期には、カトリック教会は宗教対立のレトリックを強め、自らの力を再び主張し始めた。ポーランドは史上初めて（他の国々よりもはるかに遅れて）、プロテスタントおよびその他の「異端者」への迫害を目の当たりにすることになった。十七世紀の最後の数十年間および十八世紀はじめには、数百人のユダヤ人が血の中傷の廉で告発され、処刑された。同じ時期に、千人以上の女性が魔術の罪で告発され、火あぶりの刑に処せられた。

ユダヤ人に対する世俗の人々の態度もまた、いっそう敵対的なものとなった。この緊迫状態の一因になったのは経済活動の厳しさであった。困窮した都市民は、ユダヤ人商人は不正な競争によってポーランドの都市を破滅させ、ポーランド人の都市住民をむしばんでいると、日常的かつ不当に非難していた。ユダヤ人の宿屋の主人を指さして、酒で農民をだめにしていると主張する者たちもいた。セイミクとセイムは、ユダヤ人が大都市に居住することを禁じる、激烈な言葉で表現された決議を通過させた。しかし、こうした決議はめったに実施に移されることはなく、個々の小君主はなおも、戦争によって無人化した町を復興させるためにユダヤ人商人を招いてユダヤ人に貢献してもらう重要性をよく認識していたのだった。

四地方議会（Sejm Czterech Ziem）は一七六四年に解散された。それは、国家経済が崩壊に向かうにつれて取り組まれたポーランドの一般財制改革の一部であった。ヴァアドの解体とともに、ポーランド・ユダヤ人の黄金時代は終わった。ヴァアドの終焉が時期的にポーランドの黄金時代の終焉と重なり、分割の始まりよりわずか八年早かっただけであることはそれほど驚くべきことではない。そのあいだに、ポーランドは隣接する三つの帝国によって計画的に呑み込まれていったのである。ユダヤ人の運命は、彼らがとどまった国の運命と避けがたく結びついていた。

ヴァアドは、存続しているあいだ、断固とした分離と維持可能な共存との調和の可能性を具現していた。しかし多数派・少数派の関係ではこのきわめてまれにしか達成されない均衡を維持することはけっして容易ではなかった。一つにはユダヤ人の自治はポーランド人の好意に多くを依存していたし、ユダヤ人の観点からすれば、ヴァアドによって象徴された解決法は内に紛争と矛盾の芽を宿していた。ポーランドのユダヤ人の自己充足性が、強さの一形態である一定水準の文化的結合の達成を助けたことは疑いない。ポーランドのユダヤ人は邪魔されることなく自らの慣習を守ることができたために、市民生活と学問の伝統を発展させ、育むことができ、それが彼らを全世界のユダヤ人の中心勢力にしたのであった。

しかしながら、その分離の代価も支払わなければならなかった。というのも、分離はユダヤ人とポーランド人のさらなる親密さを阻んだし、表面的な軽蔑の反応を生み出すのは表面的に過ぎない親密

「死の舞踏」作者不詳　17 世紀後半.
この反ユダヤ主義的（あるいは反異教徒的）な図像に付いた文章の概訳は「卑猥なトルコ人たち，醜いユダヤ人たち，死神はどうしておまえらに怯まないのか．それはユダヤ人の悪臭を気にせず、野蛮な民族と一緒に飛び跳ねる」（シトー会教会，クラクフ）

さだからである。より親密な、あるいは少なくとも持続しているポーランド人とユダヤ人の接触が最も頻繁であった、より上位の社会階層では、両集団の関係は比較的率直で友好的なものであった。カハルを構成する長老たちは、自らの共同体と外部世界との折衝を比較的容易に行うことができたが、「普通の人々」がポーランド人と親しく交わるのをよしとしなかった。食事禁止令は、ユダヤ人がキリスト教徒の家で食事をとることができず、またカトリック教徒もユダヤ教徒もそれぞれの礼拝所に足を踏み入れることなど考えもしなかったことを意味した。

島国根性の危険性は、それが社会的孤立を招くばかりでなく、一種の認知の独我論、あるいはもっと分かりやすく言えば、理解力の偏狭さを生み出すことにある。いくつかのユダヤ人の文書の中では、より広い世界で起こっている出来事は、もっぱらユダヤ人の関心の観点から理解されていた。注釈者たちの中には、たとえばポーランド分割はヴァアドの解散に対する懲罰だと解釈した者もあった。自民族中心主義の極端な例では、ラビ・レヴィ・イツハクは信者に向かって「すべての民族はユダヤ人のために、ユダヤ人の利益のために創造された、なぜなら、時には、何らかの理由で、ユダヤ人にとってこれらの民族から利益が得られるからである。もしいくらかの利益ももたらさないのであれば、そもそも彼らは創造されなかったであろう」と説いたものであった。

ポーランド人とユダヤ人を分かつ距離は、異なる理由からではあれ、両方の側から望まれていたことであった。両民族は、相手に働きかける力は同じではなかったとはいえ、それぞれが優越症候群にとらわれていた。すなわち、ポーランド人の偏見の影響は、ユダヤ人にとって否応なしに、逆の場合よりはるかに有害なものだった。ポーランド人には、ユダヤ人に対して全面的なポーランド性も全面的な人間性も認めるつもりがほとんどなかった。しかしユダヤ人の分離主義もまた能動的な選択ではあったが、同じく当然の帰結が伴った。そのことは、個々のユダヤ人もユダヤ人共同体も自らの異質性を陶冶しており、ポーランド人と契約関係に入るのにやぶさかではなかったが、共通の世界に加わろうとは思わなかったことを意味した。

ユダヤ人に広範な自治を付与することに含意されるポーランド人の考え方は、たとえそれがいかに不可解で不合理なものに思われるにせよ、ユダヤ人は自分自身の法と慣習に従うのを許されるべきある種の外国人なのだというものであった。しかしユダヤ人はまだ、連合国家の中の「異物」とはみなされていなかった。これはもしかすると国家組織がいまだ十分に統一されておらず、そういう考えがおのずとこうした概念を生じさせるほど均質ではなかったためであったかも知れない。ある意味では、ユダヤ人は外国人とみなされていたあいだは、別個のカーストであり、そして彼らを「ポーランド性」の概念で括る必要がないうちは受け入れられていた。しかしながらポーランドが近代的な国民概念に向かって前進し始め、同時に地政学的条件が悪化したとき、ポーランド人とユダヤ人の関係についての議論はさらに複雑な展開を遂げた。

実際に、十八世紀後半には、「ユダヤ人問題」はしっかりと国民的議題の中心的なテーマのひとつに据えられた。その時までに、ユダヤ人はポーランドの生活の永続的かつ重要な要素だと広く認められていた。この時期には数は必ずしも信頼できるものではないが、ユダヤ人はおよそ九十万人を数えた、すなわち全人口の約一〇パーセントにのぼっていたと推定されている。さらに十七世紀からは、ユダヤ人の人口は、ポーランド人のそれよりもはるかに急速に増加した。それは部分的には、東と西への追放と迫害によってポーランドへと追われた移住者が絶え間なく流入したためであった。この数の膨張は早婚の制度（ユダヤ人の娘はしばしば十二歳になるとすでに婚約していた）、ならびに他の住民のあいだで見られたよりも低い乳児死亡率によっても促された。食事と衛生を規制するユダヤ法もまたこの人口増加に貢献したに違いない。

ポーランドが国内問題に対処し、変化を遂げた十八世紀の雰囲気の中で自らの政治的アイデンティティを規定しようとしていたとき、社会構造の中の大きなマイノリティの位置という論点が公的議論の中で新たな重要性を獲得した。この問題についての見解は、全政治領域にわたった。セイムでは議論は保守派の発言が支配したが、知的な論証の基調をつくったのは、世俗的、普遍的な啓蒙主義の理念の影響を受けた進歩的思想家の集団であった。これらの社会哲学者たちは、人間と国民の定義そのものを変えようとした。彼らはその著作の中で、個人の国家に対する関係を支配する原則を規定し、社会の成員が互いに負っている権利と特権と責任、ならびに義務を明確に表現しようと試みた。彼らは宗教的寛容、法の下の平等、経済的自由、そしてすべての人々のための幅広い基盤を持った教育という原則を信奉した。また、少なくとも彼らの中の何人かはこれらの原則の適用範囲をポーランドのユダヤ人に全面的に広げることを唱えたほど、急進的であった。

これらのより大きな趨勢に対するユダヤ人の態度はどうだったのだろうか。国家改革と将来可能になるかも知れない新たな国家の中のユダヤ人の地位に関する議論が勢いを増していったが、こうした問題に対するユダヤ人の見解は割れたままであった。そのことは、時宜よく、フランス革命の時に、三人の著述家のあいだでくり広げられた啓発的な議論から分かる。最初の意見交換は一七八九年、ポーランドの啓蒙思想の主唱者マテウシュ・ブトルィモヴィチ（Mateusz Butrymowicz）とヘウム（Chełm）出身のラビ、ヘルシェル・ユゼフォヴィチ（Herszel Józefowicz）のあいだで行われた。

「ポーランドのユダヤ人を国の有益な公民に改造する方法について」と題したエッセイの中で、当時のセイムの議員であったブトルィモヴィチは自らの論証を「人間は悪人として生まれるのでも善人として生まれるのでもなく、知的な人間として生まれるのでも愚かな人間として生まれるのでもない」し、すべての人間は、教育ならびに環境によって形づくられる、という啓蒙主義のすぐれた前提から開始した。したがって、ユダヤ人をポーランドの公民にする計画は達成可能な目標であったし、ブトルィモヴィチはそれを達成するためのいくつかの手段を提案している。彼は、宗教は個人の良心の問題であると認めていたが、ユダヤ人は休日をキリスト暦に合わせるべきだと考えていた。実際、彼の計算では、ユダヤ人は一年の四分の一を「完全なる無為」のうちに過ごしており、それによって国の貴重な労働力を奪っているとしている。彼はまた、話すことが無理ならば、せめて書くことでポーランド語を使用すること、そして民衆の嘲りを受けないようにするために、他の人たちと同じ服装をすることを勧めた。しかし同時に彼は、ユダヤ人が明確に規定された社会的地位を持たないのはポーランド憲法の重大な欠陥だとみなし、ユダヤ人に都市民の地位を与えることによって誤りを正すよう提案した。そうすればユダヤ人は、ポーランドの裁判所の管轄のもとに置かれるであろう。「ユダヤ人に身分を与え、永遠の放浪者からこれまではそこの客人でしかなかったこの国の公民にすることこそ第一の目標となるべきである」と。

ヘウム出身のラビは、敬意に満ちた謙虚な口調で応じたが、しかしポーランド人によって改造され、教育され、統制されることには強く抗議した。彼は、ユダヤ人は怠けているというブトルィモヴィチの非難に異議を申し立て（彼の計算では、ユダヤ暦には、安息日以外に仕事をしなくてよい休日は十二日しかない）、どうやらブトルィモヴィチが用いたらしい、ユダヤ人の宿屋の主人を「人間の血を吸う蛭」呼ばわりした言い方に憤慨した。驚いたことに、ヘルシェル・ユゼフォヴィチは、第一に、この蛭どもを任命したのは誰か、そこから最も多くの金を引き出しているのは誰かと述べた。ユダヤ人はポーランドの裁判所の管轄のもとに置かれるべきだという提案については、それにはユダヤ人が従わなくてはならない多くの宗教的命令の侵犯を必要とするであろう、と主張した。「われわれは、われわれが常々従っている国の政府の支配を受けることは大変よくわかっている」と書いた。しかしラビは、彼の共同体に、差違と分離を全面的に保ちながら、思うように暮らさせてもらいたいと訴えた。

ヘウム出身のラビは、おそらく大多数のポーランドのユダヤ人を代弁したのであろう。しかし、ポーランドのユダヤ人共同体は、宗教心の点においてすら崩壊しつつあった。その共同体の一部は、また、より広範なヨーロッパの知的趨勢と何世紀間も、その中で暮らしてきた周囲の環境の影響を受けていた。ポーランドのユダヤ人の中には、自らを近代ヨーロッパ文化の一部と考える学生や旅行家がいた。ハスカラの名で知られるユダヤ人の啓蒙主義運動すら存在した。それどころか、ユダヤ人内部の分裂は、時代の基本的な対立のひとつ、すなわちあらゆる信条の宗教的、社会的な伝統主義者とすべての国と背景を起源とする世俗の人間主義の改革者の対立を映し出していた。ポーランドにおけるユダヤ人の役割に関する論争の中で、マスキリムと呼ばれるハスカラの信奉者たちは、ポーランド啓蒙主義を代表する人たちと同盟を結び、ラビの教えを守る正統派ユダヤ人に反対した。

ポーランド人とユダヤ人の対話を開始したハスカラ思想の代表的人物のひとりはスタニスワフ・アウグスト王の宮廷医、ヴィルノ〔今日のリトアニアのヴィルニュス〕出身のサロモンであった。ブトルィモヴィチの三年後に書いたものの中で、ヴィルノ出身のサロモンは、ポーランド人改革者が示したほとんどすべての提案に暗に同意した。サロモンはまた「ユダヤ人改革に係る構想」と題されたエッセイの中で、ユダヤ人共同体はポーランド法の保護を受け、そうすることによっていっそう社会にとって不可欠な一部になるべきであると主張した。熟練した手職ないし他の収入源を持たないユダヤ人は農業に従事するように勧めるべきだと唱えたとはいえ、彼もまたユダヤ人が都市民の身分を得ることを望んだ。ユダヤ人はポーランド語を習得し、衣服に関する習慣を改めるべきだと考えた。ヴィルノ出身のサロモンは、ポーランド人の偏見の徴候に対してブトルィモヴィチよりも神経質だった。「ユダヤ人」という語に添えられたお決まりの「不信心者」という語を用いるのはやめるべきであり、その他の軽蔑的な表現は積極的にやめさせるべきだと主張した。しかしながら彼は、概して愛国的な口調を取り入れ、自らのユダヤ人改革の計画をポーランドの全面的発展への気がかりという文脈で立案した。

「ユダヤ人問題」に関する討論は、いわゆる四年議会（一七八八―九二）のあいだに政治的なクライマックスに達した。この延々と続いた議会会期が取り組んだのは、ポーランド国家の再建、ならびに国の諸機関と社会関係を律する規則の体系化に他ならなかった。焦眉の国家的な問題は、外国の強大国、とりわけその侵略的な意図が不気味にも明白なものになりつつあったロシアから身を守るに足る強力で秩序あるポーランドの創出であった。ユダヤ人に関しては、主たる問題は、彼らが都市に居住し、あらゆる仕事と職業に従事する権利を調整することにあった。これらの問題では、ユダヤ人の現実の地位には相変わらず、実際には文字どおりに守られたことはめったになかったとはいえ、中世以来蓄積されてきた規範や規定の折衷的な寄せ集めが適用されていた。それどころか、ポーランドの諸機関を統治する法律も同じぐらい当てにならなかった。たとえば、王領都市といわゆる私領都市とでは別の方針が適用されていた。貴族所有の村や自らの許可状を持った都市が存在していた。四年議会の時期には、ユダヤ人がかなり大きな割合で地方よりも都市に住んでいた。しかし、法律上、ユダヤ人が都市に居住する権利は制限されていた。彼らはまた、多くの職業から締め出され、土地を所有することも禁じられていた。

四年議会の期間に、さまざまなユダヤ人共同体の代表たち、主にハスカラ支持のユダヤ人が共同で、自由主義の代議員集団とともに、ユダヤ人への全面的な居住権と公民権の承認、ならびにさまざまな職業規制の撤廃を求める多くの請願書を提出した。しかしながら改革派は、セイムの中で日常的に、はるかに多人数の保守派に出し抜かれていた。社会全体の中では、ユダヤ人への全面的な公民権付与の最も激烈な敵となったのは、自らの権利もまた確定していなかった都市民と都市住民であった。都市住民は、ユダヤ人同様、全面的な都市公民特権を持たなかった。また、小さな、相対的に未発達の身分であった都市民はユダヤ人との競争によって直接脅かされていると感じていた。これらの集団間の激しい競争は一七九〇年のワルシャワにおける反ユダヤ暴動の中で噴出した。

セイムは、ことによると世論の一般的な風潮を考慮して、ユダヤ人の地位を、あるいはさらに言えば相対的に公民権を奪われていた他の集団の地位も、大きくは変更しなかった。しかし注目すべきは、ユダヤ人の権利に反対するレトリックはその時点では人種的、あるいは宗教的というよりは、むしろ経済的なものであったことである。社会の一定部分のあいだではユダヤ人は恐れられており、それどころか悪しざまに言われてさえいたが、想像上、彼らが象徴していた危険はその「異質さ」や信仰ではなく、すぐれた経済的力量から来るものと考えられていた。

もし、その後まもなく、分割によってポーランドのすべての決議が現実的意義を失うことにならなかったならば、セイムで優勢だった保守的な雰囲気は別の方向に向かっていたかも知れない。一七九一年、四年議会の審議の終盤に、密かに、非力ながら自由主義的な傾向を持った王と協力していた進歩派が、五月三日憲法として知られている文書を通すために戦略的術策に訴えた。これはヨーロッパで最初の成文憲法であり、革命的な法律の一例として、大陸のいたるところで賞賛された。実際にはこの憲法はそれほど急進的なものではなかったが、自由主義者にとっては、それは、のちに導入することを期待していたなおいっそうの変化の青写真のつもりだった。再審議が待たれている案件の中には、ユダヤ人の身分の問題があった。実際、議論はユダヤ人の代表たちと王の顧問とのあいだですでに再開されていたが、無情にも外的な出来事がまたしても邪魔立てしたのだった。

実際には、分割は国家としてのポーランドを抹消し、一二五年間のポーランドの植民地化と離散《ディアスポラ》に着手しようとしていた。しかし、この痛ましい出来事の直前にさえ、おそらくは啓蒙思想の理念によって鼓吹されたポーランド人とユダヤ人の連帯の例は存在した。そうした機会のひとつは、タデウシュ・コシチュシュコ（Tadeusz Kościuszko）（アメリカ独立戦争の英雄でもあった）が、事実上すでにポーランドを占領していたロシア軍に対する反乱を開始した一七九四年に訪れた。たぐいまれな同胞愛の意思表示のために、コシチュシュコはベレク・ヨセレヴィチが指揮する部隊に入隊するようにユダヤ人に求めた。およそ五百人の志願兵が彼の呼びかけに応じた。ユダヤ連隊の編成を宣言した声明の中で、コシチュシュコは、ユダヤ人とポーランド人の伝統の、古代イスラエルと包囲されたポーランドの類似点を指摘した。彼はダビデ王とその他の旧約聖書の人物たちに言及しつつ、次のように宣言した。「かくも勇壮な者から成る民族は、たとえその数は多からずとも、侵略者にとって恐ろしいものであった。ほんの一握りで東方の強国の最も多勢の軍隊を追い散らした。エルサレムの再建がこの民族の特長のこの上ない輝かしさを理解させてくれる。民は、片手に軍刀を、もう一方の手にこてを握って祖国の城壁を修復し、祖国のために戦ったのだ」

他方、ベレク・ヨセレヴィチはユダヤ人同胞に向かって、自らの軽騎兵連隊の隊列に加わるよう求めつつ、ユダヤ人の修辞法では現代イスラエルの将軍たちの軍事演説以前には滅多に見られない調子でこう演説したのだった。

「愛する兄弟たち、私は永遠の御方、全能の御方に期待しており、私は今や敵を平定する恵まれた時がやってきたことをいささかも疑わない……。私たちが威厳を持って行動し、雄雄しい、勇ましい心を持ちさえすれば私たちには何も必要ない。（……）目を覚ませ、これまで抑圧されてきたポーランドを取り戻す手伝いをするのだ。忠実な兄弟たち、体の中に一滴の血がある限りは、祖国のために戦おうではないか。もし私たちはそれを手にすることができなかったとしても、私たちの子供たちは安全に、自由に暮らすであろうし、野獣のように彷徨うことはないであろう。愛する兄弟たち！　目を覚ませ、獅子のごとくに、そして豹のごとくに」

「コツェクでのベレク・ヨセレヴィチの死」
ヘンルィク・ピッラテ（1832–94）画．ベレク・ヨセレヴィチは1794年，ロシアに対する蜂起の一部としてタデウシュ・コシチュシュコが創設したユダヤ軍団の指揮官．ヨセレヴィチは1809年，ポーランド独立のための別の戦闘で死んだ．（国立博物館，ワルシャワ）

まもなくして二つの民族のあいだに相互の一体感が生まれるさらなる理由すら存在することになった。ポーランド人が彼ら自身の放浪と国内亡命の時代に入ろうとしていたからである。心はひとつであったにもかかわらず、ポーランド人とユダヤ人の軍勢は反乱の中で圧倒的に劣勢であり、その結果、一七九四年十一月四日にワルシャワ近郊の一大会戦は敗北を喫した。すでに数年前から事実上ポーランドを支配していたロシアの女帝エカテリーナ二世は三大帝国がどのようにポーランドを分割するかについて、オーストリアおよびプロイセンと最終的な協定を結んだ。それはこの時期の政治的な大スキャンダルのひとつであったが、ポーランドは当時の三つの強大国によって無慈悲にも呑み込まれたのであった。

ベレク・ヨセレヴィチはポーランドを去ったが、十二年後に、短命であった一八〇七年の憲法のもとで、ユダヤ人を含めてすべての住民が法の下の平等を保証されていたワルシャワ公国に戻った。一八〇九年に再度軍団を編成し、ポーランドのための新たな戦いで戦死した。

もしポーランドが途切れることなく存在し続けていたならば、ポーランド人とユダヤ人の関係がどのような展開を遂げていたかは分からない。分割の前には、この関係の矛盾は緊張の頂点に達しようとしていた。集団間の分離と友好を同時に維持することは、今日の多文化社会から分かるように、手腕を要する綱渡りであり、バランスはもはや保たれていなかった。ポーランド人とユダヤ人の関係が永遠に敵対的なものにならないようにするためには、ポーランドでユダヤ人マイノリティが暮らしていた諸条件が、より大きな公民権の付与と統合の方に向かう必要があった。しかし、どちらの考えも抵抗に出会った。保守的なポーランド人は、ユダヤ人社会が分離したままでいるうちは、同権を受けるべきではないと感じていた。それと同時に、もしユダヤ人がこうした権利を手にしたなら、やがて彼らは国の土着のポーランド人を支配するようになるだろうと恐れていた。宗教的なユダヤ人は、彼らとしては、ポーランドは全面的な忠誠に値する十分な理由を与えなかったと感じていた。それどころか彼らは、統合がユダヤ人の一体性と同一性を失わせるのではないかと危惧していた。

同権が第一原理であり、社会のすべての成員が享受する権利があると感じていたのはリベラルな理論家のみであった。ポーランド人の進歩論者は、国家生活に組み込まれないままの大きなマイノリティが存在することはポーランドの利益に反すると主張した。最も急進的な思想家は、ユダヤ人には忠誠や義務を要求するより先に、誠意を持って、彼らに全面的な公民権が与えられなければならない、と提案した。ハスカラを信奉するユダヤ人は、彼らなりの考え方で、ポーランドのユダヤ人は現代的な諸条件に適応し、彼らが何世紀ものあいだ暮らしてきた社会の中の積極的なメンバーになることを引き受ける必要があると感じていた。これらの思想家は誰も、宗教的な差異あるいは信念をなくしたいとは思わなかったが、彼らは、国と国家に対する公的忠誠心を自分という個人的、文化的、精神的存在と結合させることができると信じていた。

ポーランド人は何をユダヤ人に負い、そしてユダヤ人は何をポーランド人に負っていたのであろうか。彼らの互いの責任は何であったのだろうか。彼らはどのようにして差異と社会的統合を調和させようとしたのであろうか。こうした基本的な問いに関する不一致はしばしば扇動的なものになったし、時に、二つの集団間の相互の離反をもたらした。しかしながらこれらの問いがどちらの側でも、純粋な誇りあるいは純粋な偏見の機能を果たしていたわけではない。それは社会のすべての部分の諸関係の変化と社会契約自体の本質の変化から生じた、論理的に当然の問題であった。さまざまな理由で、分割直前には二つの集団間の軋轢は持ちこたえられないものになっていった。ユダヤ人の追放は誰も考えていなかったことからすると、結局は新たな応化が達成されなければならなかったのかも知れない。しかし、分割とともに、ポーランド人とユダヤ人は三つの異なる大国の法律に支配されることになり、彼らの関係はいっそう複雑で、不幸な、と言ってよい局面に入ったのである。

ブランスクのユダヤ人の歴史が本当に始まったのは、まさにこの瞬間においてであった。

第二章　初　期

　じつに五百年もの間、ブランスクの定期市は、雨が降ろうが雪が降ろうが、戦争になろうが、ポーランドが分割されようが、共産主義になろうが、毎週月曜日に開かれた。早い時期には、それは彩りに満ちた、ごった返した場所で、ポーランド人とユダヤ人だけでなく、当然、近隣の村から生産物を運んで来て、怒鳴り、笑い、握手して契約を固めながら、それを町で作られた商品と交換していたベラルーシ人とアルメニア人、ドイツ人の出会いの場でもあったに違いない。私が子供の頃、ときどき耳にした「魚の頭を売って尻尾を買え」というユダヤ人のことわざはこういう市から生まれたものだ。しかしこの頃では、市場ははるかに平凡な姿を見せる。私がズビグニェフ・ロマニュクと一緒にここにやって来たのは冬らしい一日で、大きな柵をめぐらした一画には数台のトラックと一列の駐車した自動車と、衣料品が風にはためくにわか仕立ての露店が数軒あるだけだった。国境の向こう側からやって来た何人かのウクライナ人が何ともみじめな商品の山を直接地面に並べた。こっちにはシャツの古着、あっちには縁の欠けた皿、釘、履き古しのストッキング、タバコのカートンといった具合だ。

絶望という名の商売。ソビエト帝国は何十年もののちに舞い戻って来た。

市場のもう一方の端では、商売は活況を呈しているとは言えないが、それほど悲惨ではなさそうだ。数頭の幼い汚い仔牛が出品され、品定めをされるために、幌で覆われた長いトラックから外に連れ出された。羊の毛皮コートを着込み、革の長靴を履いた赤ら顔の農民たちがそばに立ち、雪の中で足を温めようとして踏み鳴らしている。私は彼らを複視的に観察する。彼らは無骨そうな男たちで、固まって小さな群れを作り、無駄話を交わしている。それだけのことだ。だが、ホロコースト後の民俗学では、彼らは反ユダヤ主義の寓意とみなされるようになった。とある仕方で彼らをみつめると、その顔にこの本質的な憎悪だけが識別できるだろう。彼らの中の何人かにとっては、ユダヤ人は貪欲と狡猾と市場操作の純粋な類型であったことは疑いない、という仕方でである。そこにはポーランド人のステレオタイプにとっていくらかの真実があるかもしれないこと、すなわち彼らの中の何人かの心の中には反ユダヤ主義が芽生えていることを私は知っている。しかし私は、両方の側に純粋で単純で、時にきわめて危険な還元〔心理学の概念。反応の変化を見る方法〕が存在することも知っている。

時を隔ててみると、この還元は疑いもなく、その純粋さの点で、よりいっそう考えられることだ。定期市がポーランド人とユダヤ人にとっての週に一度の出会いの場であったとき、ポーランド人の農民がユダヤ人の商人と値段のことでやり合っていたとき、そして値段の折り合いがついたとき、そのあと同じポーランド人の農民がユダヤ人の賃借人が経営する宿屋に、リラックスしに出かけたときには、元型《アーキタイプ》は実際の接触によって、二言、三言の短い会話の文言や、一時の陽気さによって修正を受けたかもしれない。「ユダヤ人は抜け目がなくて強欲だ」「ポーランド人は馬鹿で幼稚だ」といった類いの先入観と並んで、現実の人間たちの――多少とも愛想がよく、機知に富み、魅力的で頭が良く、誠実な、あるいは頼りになる男たちや女たちのいささかの自覚もまた一定の役割を果たしたであろう。しかし今は、ユダヤ人とポーランド人に関してはほとんど全面的に抽象的な類型論の中を行き来していて、私たちは過去の知覚を思い出の断片と痕跡、短い文章とわずかな記憶のひらめきとから再構成しなければならないのである。

ズヴィシェクは私がレポーターのような調査を勝手にするのに任せ、一方、私は一群の男たちに近づいていく。すると、彼らは私を丁重に迎えてくれる。ブランスクの本を書いていると話すと、彼らはたちまち私が今現在の政治問題に関心があると想定して、立ちどころに、私の想定上の好奇心を満たそうとせっかちにまくしたてる。「いいですか、連中がまた戻ってくるんですよ。しかし、そうはさせませんよ。西ヨーロッパは助けてくれないが、わしらは降参しませんとも。そうはさせませんよ！」

この早口の意味のないせりふの中の「連中」とは、別の装いで再びポーランドを支配するために戻って来た共産主義者のことを指している。ひょっとすると、敵を、あるいは少なくともそのおかげで私たちが「私たち」であることができる「他者」を持つという永遠の人間的必要を満足させている、さらにもう一つの「連中」のことを指しているのかも知れない。

私はこの男たちが困惑するのを期待して、じつは私が興味があるのはブランスクのユダヤ人の歴史なのですよ、と言う。しかし彼らに困惑した様子はない。

「いろんな人たちがいましたよ」と背の高い農民が割り込む。「いい人たちも悪い人たちもね、どの民族でもそうですが」

男性の中でいちばん若いのが口を挟み、大まじめに、それどころか情熱的に言う。「連中は一緒に仲良く暮らしていましたよ」と夢中になって私の方に体を傾けながら言う。「おやじがそう言っていました。いろんな人がいました。もちろん、いい人もいれば、そうでない人もいました。なかには友人もいましたよ、ええ、もちろん。おやじから聞いて知っています。彼らと商売をしていましたからね」

年輩の背の低い色黒の農民は、私に向かって、農民たちが地位の高い人に対する敬意を示す古風な、階級的色彩がこもった仕方で用いられた「貴女《パニ》」という女性に対する敬称で話しかける。「あなた！」と彼は早口にまくしたてる。「わしは馬鹿だが、ポーランド人のことを――ポーランド人は反ユダヤ主義者だなどということをいったいどんな愚か者が考え出したんですかね。彼らはユダヤ人を助けたのですよ、大いに助けたんです、いったいユダヤ人がそんなふうに助けてくれましたか？　わしは馬鹿だし、ますます馬鹿になっておりますけれど。いったい連中はアウシュヴィッツについて何を言っているんですか、わしらにあそこから出て行けですと？　どういうことですか？」

まだ私が何も質問しないうちに、まず耳にする防御の姿勢。彼の考えでは、この会話はすでに心の中で何度も繰り返されており、彼はもはや自分自身の思い出にではなく、ポーランド人はみな反ユダヤ主義者だという暗黙の非難に反応しているのだ。またこの種の会話では非難には非難でもって答えるのが常であり、過去と現在は彼の頭の中ではすべて混じり合っている。彼が暗に語っているアウシュヴィッツにまつわる出来事というのは、一九八四年に強制収容所のすぐ外に建てられ、その存在がアメリカのユダヤ人グループの激しい抗議を呼び起こした修道院に関するものである。実を言うと、この論争での彼の見地も私には理解できる。数は比較できないが、アウシュヴィッツはユダヤ人の受難の場所であったばかりでなく、ポーランド人の苦難の現場でもあったのである。彼の考えでは、修道院は尊敬の象徴であった。どうしてそれが他人から侮辱と見なされなければならないのだろうか。

「仲良く暮らしていましたよ、もちろん」と別の人が話をより無難な話題に戻しながら割り込んでくる。「父はずっと彼らと商売をやっていました、毎週やって来る友達がいて、親父にいろんな物を売っていました」

「わしはゲットーの中の人たちに食料を持って行ってやりましたよ」と年輩の農民が、後から思いついたとでも言うようにぶっきらぼうに告げる。

「本当ですか？」と私は、好奇心がいや増すのを感じながら訊ねる。

「もちろん。自転車で近づいたんですよ。親父がパンと他のものを持って行くようにわしに命令したものでね」

「それでどうなりました？」

「どうなったかって？　塀越しに人々に食料を手渡してやり、自分の自転車で立ち去りましたよ。わしは十一歳でしかなかったから、誰もわしに気づかなかったんです。それでは、ごきげんよう」と話を締めくくると、きびきびした足取りで立ち去る。そこにあるのは記憶に留められ、時間の中に拘引された一瞬だ。私には見える。まだ子供も同然と言ってよい若い男の子は、自分がしていることの結果を恐れていない。なぜならその時には自分の身に降りかかるかもしれない危険を、おそらくよく理解していないし、自分の普通の身振りがはらんでいる意味が分かっていないからだ。

「彼らは子牛の前四半部を食べるだけで、後四半部は食べなかった」と別の農民が言う。「そこでわしらはその後四半部を彼らから買ったもんです」

感想に終わりはない。しかしそれは何に対応したものなのだろう。遠い昔の現実だろうか。古い世代から聞いた思い出だろうか。それとも、私がぜひとも耳にしたいと願っていることの意味だろうか。そうではない。この男たちは自分自身についての計算され尽くされたイメージを私に示すほど自意識が強いようには思えない。私の印象は、まもなく市場から帰る途中で起きた別の出会いが裏づけてくれる。革の長靴を履いた、背が高くて肉付きの良い、その健康そうな顔からはすでに七十五歳になっているとは思えない別の農民だ。彼は少なくとも、私がユダヤ人だと察したのに違いない。それにもかかわらず、丁重ではあれ、馴れ馴れしい口調で私に向かって話しかけ、古典的な反ユダヤ主義の見解の寄せ集めを私の前で披露する。

そういう人たちに反ユダヤ主義的な物言いで期待されていることを彼は正確に口にする。元型のような口を利く。どんなにユダヤ人がみんなを操り、欺いてきたかを長々と私に説明する。彼らは農民に対して尊大にふるまった。少なくとも戦前のポーランドの指導者、ピウスツキはユダヤ人の扱い方を心得ていたが、ワレサ〔ヴァウェンサ〕は違った、ユダヤ人を手に負えなくさせた。とは言え彼らは、ピウスツキにまで、密かにユダヤ娘を送りつけようとした……。

本当ですか。私は彼の現実検討をしようと思って訊く。ピウスツキに関する彼の推量はあまりのこじつけで、前にはそんな話は噂にも聞いたことがなかったからだ。

もちろんですよ。彼は請け合った。そのあと、気脈が通じているかのような口調で、もし連中が――今回はこの言葉は共産主義者ではなくユダヤ人を指している――ポーランドに戻って来て、再びここで以前のように支配し始めたとしたらまずいことになるだろうと断言する。ええ、そうですとも、彼らのうち少しは戦後ここに戻ってこようとしたけれども、一人は殺され、残りの人たちは脅されて退散しましたよ。

これはこれまで私がポーランド人の口から聞いたものの中で最も恐ろしい言葉だ。しかし彼はそこに立ち、今ではもう間違いなく、私がユダヤ人の女性だと知っているにもかかわらず、私に向かって陽気に話しかけ、自分の秘密を打ち明けるのである。何も恥ずかしいと思っていないことは明らかだ。彼にとっては当然至極に思われる考えを述べているに過ぎないのである。

私は激しい怒りと信じられぬ思いに喉を締めつけられて、しばし声を失うが、ぜひとももっと多くのことを知りたいと思う。そこで彼に、ユダヤ人はどんなふうに農民を騙し、操ったのかと訊ねる。

そりゃ、あんた、と彼は答える。いつもクリスマスの前には、あるいは作り過ぎたときには値段を下げました……。いつ値下げするべきか、いつまたそれを上げるべきか、いつでも知っていましたな。

なるほどそういうことなのだ。ユダヤ人の有名な抜け目のなさ、ほとんど悪魔的なずる賢さとはどのつまりそういうことなのだ！　しかし私はそれほど驚かない。なぜなら、このどちらかといえば素朴な人間は偏見の素朴なメカニズムを私に誇示しているだけのことなのだから。ユダヤ人は無慈悲な搾取者だという彼の確信がまずあって、すべての証拠は、まるで水滴が土に吸い込まれるように、根深い先入観に吸い込まれるのだ。

それで、今は、と私は訊ねる。今は、ユダヤ人がいなくなって市場では何が起こっていますか。

彼はしばらく考える。「そりゃ、今はもっと悪いですよ!」と答える。一瞬、驚いた様子を見せる。「そうですとも」と彼は笑う。「わしらのところの連中もまったく同じです。みんな、いつも百姓をいいようにあしらっているのですよ」

でもお百姓さんは何とかやりくりしているのでしょう、と私は暗示をかける。

そりゃそうですよ、とたちどころに認める。もちろん、何とかやりくりしていますよ。そのあと、農園を相続したあとで買った土地と家畜のことを満足げに話す。

「戦後はユダヤ人がいなくなって誰も商売の仕方を知らないんじゃないかと心配したもんです。だけどわしらでもやれるんですな」

ズヴィシェクはこの会話のあいだじゅうそばにいて、少し不安げな様子だったが、私が主役を演じるのを許してくれる。今度は彼が、戦後、ブランスクの多くの人がそのことを心配していたのは本当だ、と言う。ユダヤ人がいなくては、だれも商売の仕方を知らないのではないか、と。もちろん、彼らは学習した。長いあいだ、商売はユダヤ人と結びつけられ、この連想によって神秘化されてきたが、高度な奥義を必要としない。利益を得るための売買には、悪魔的なずる賢さが必要だと思われてきた。そもそもからして不誠実なことと思われてきたものだった。

「そりゃ、そうです。わしらのところの人間もありとあらゆる手管を知っていて、みんなと同じようにあんたの金をかっさらっていきますよ」と血色のよい農民が、思いもよらず、ちょっとしたとんでもない洞察にぶち当たったとでも言うように付け加える。それは、彼を説得して偏見から解放させる

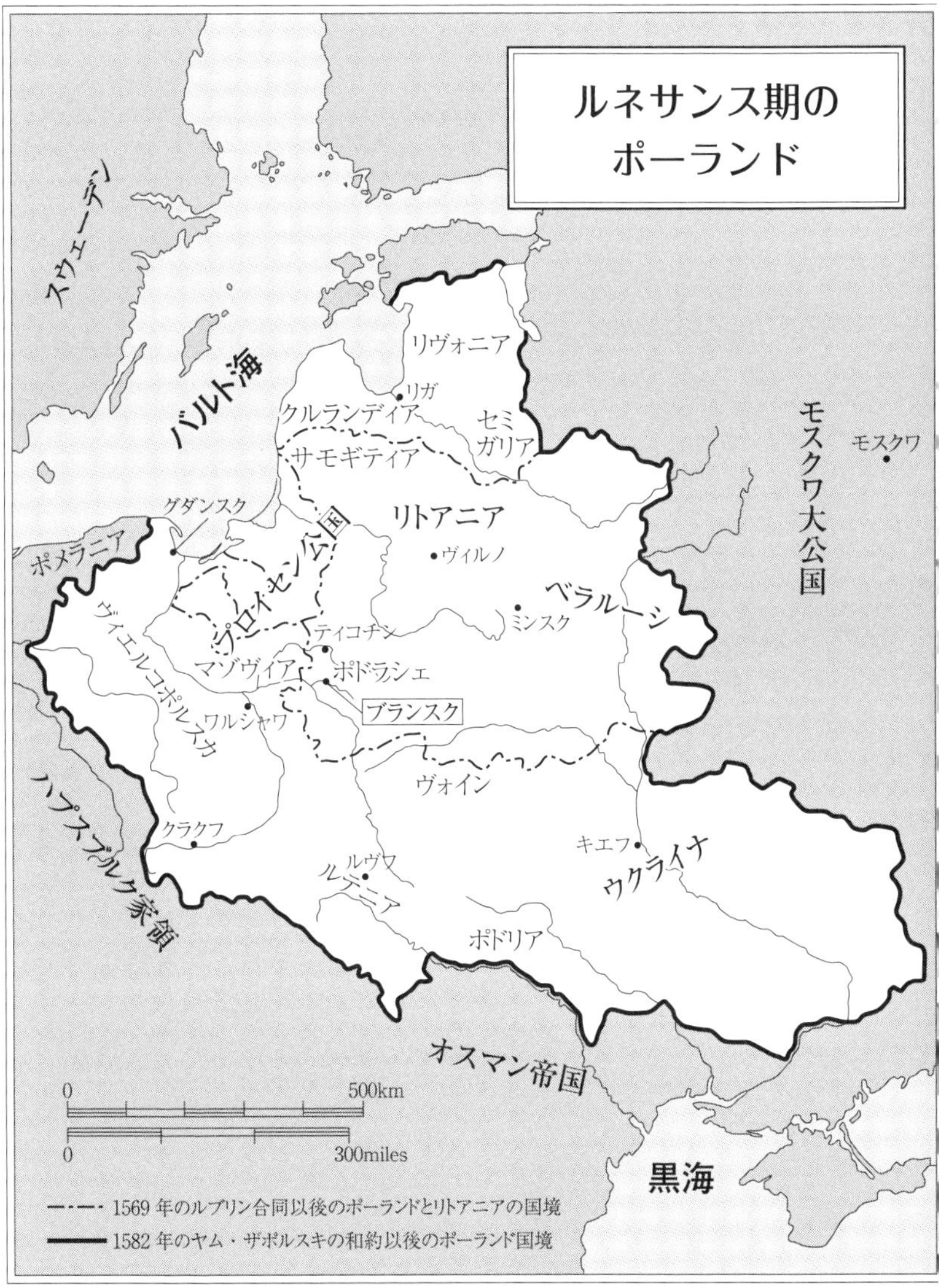

ルネサンス期の
ポーランド
スウェーデン
バルト海
リヴォニア
リガ
クルランディア
セミガリア
サモギティア
モスクワ大公国
モスクワ
リトアニア
グダンスク
ポメラニア
プロイセン公国
ヴィルノ
ベラルーシ
ミンスク
ヴィエルコポルスカ
ティコチン
マゾヴィア
ポドラシェ
ブランスク
ワルシャワ
ヴォイン
ハプスブルク家領
クラクフ
キエフ
ウクライナ
ルヴフ
ルテニア
ポドリア
オスマン帝国
0
500km
0
300miles
黒海
1569 年のルブリン合同以後のポーランドとリトアニアの国境
1582 年のヤム・ザポルスキの和約以後のポーランド国境

ためにも必要なことのすべてであろうか。それだけの理由であろうか。とんでもない、まだ夕食を食べ終えないうちに、彼がもとの偏見に立ち戻ることは疑いない。もはやその根っこのもつれをほどき、何の結果であったのかを思い起こすことは不可能であり、ある人にとっては友情でも他の人にとっては無関心、さらに他の人にとっては憎悪であるものを説明することは今では不可能であるけれども、彼の信念は、遥か遠い過去に遡るのである。

＊＊＊

シュテットルは、生きた現実が存在しないがゆえに比喩となり、時間の中に凍結されたメタファーとなった。私たちの心の中では、それは変わることのない、つねに同じ安息日やディブック〔東ヨーロッパのユダヤ社会に伝わる悪霊伝説。S・アン＝スキ作の戯曲がある。ポーランド文学古典叢書5、赤尾光春訳『ディブック』参照〕やコサックに対する恐怖や家庭の温もりに満たされたままのことが多い。しかし、かつてシュテットルは、不本意ながら、徐々に変化していったことは事実であるが、不幸な出来事や紛争、成り行きの力と、言い換えれば、歴史と無縁でいられたわけではない。

ブランスクでは多くのシュテットルと同様に、歴史は市から、少なくとも市の開かれる広場から始まった。そしてブランスクではポーランド人とユダヤ人の物語はゆっくりと、遅れて始まった。十六世紀半ばまでは町にいたユダヤ人に関する書かれた情報はわずかしかないが、かといって、この地域にユダヤ人がいなかったことを意味するわけではない。一五六九年までポドラシェ地方の一部はリトアニア大公の管轄下にあった。一四九五年、リトアニア大公アレクサンデル・ヤギェロンチクがユダヤ人をリトアニアから追放したが、数年後には帰国が許され、かなりの額の共同の代償金と引き換えに財産の返還を要求することができた。その中の一部の人がブランスク地域に入植したことは十分ありうる。

その後の時期には、ポーランド中部と西部から新たにやって来た人たちも加わって、ユダヤ人の人口が増大した。こうした多くの移住者が、人口希薄で潜在的に肥沃な、ポーランドの初期の開拓地であった東部地域に定住する推進力の一部であろうとした。ユダヤ人入植者はよりよい機会を求めてここにやって来たのであった。その中には、地域経済を元気づけてくれるかも知れないと期待した裕福な貴族や都市の所有者に移住を促された者もいたかも知れなかった。私領都市では、羽が生えたばかりのユダヤ人共同体が土地の大貴族《マグナート》に保護されていた。しかし、ほとんどのさすらい人はもっと曖昧な夢を抱いてやって来ていた。それは、屋根付きの馬車で旅をし、黒ずくめの服装をし、数巻のタルムード〔一二一頁参照〕を抱え、途中、ユダヤ人の宿屋に泊っていた最下層の人たちだった。十六世紀半ばまでにはこの地域に、自らのカハル〔ユダヤ人共同体の自治機関の基本単位〕を持つ共同体が少なくとも二つ、ティコチン（Tykocin）の町とブランスクからわずか数キロしか離れていないビェルスク（Bielsk）にあった。ティコチンには今も、幾分遅い時期の美しいルネサンス様式のシナゴーグがあり、その最先端を行く建築術と壮大な規模はこの地のユダヤ人共同体の富と自信を証すものとなっている。

しかしながら、この地域の王領都市は、ユダヤ人が常住することを拒否する権限を与える「ユダヤ人不寛容」(*de non tolerandis Judaeis*)と呼ばれる特権を有していた。ブランスクはこうした都市のひとつだった。十六世紀にはそれは王が任命した長老によって管理され、小貴族と隷農や小作農、あるいは賃金労働者とさまざまに分類された農民が居住する大きな農業共同体に過ぎなかった。

ユダヤ人は彼らに課せられた形式的な制約にもかかわらず、おそらく町の行政管区内にまったくいないということはなかったようである。この問題に関して私たちが知っている最初の最も重要な事実は一五六〇年のもので、ブランスクの製粉所のうち十七か所はユダヤ人が賃借して操業していたことを教えてくれる。そのあと長い沈黙が訪れる。ようやく一六一三年にモシェという名の宿屋の主人とその妻チバについての言及に出会う。モシェは一六二〇年に没し、そのあとはアブラハムがその宿屋を継いだ。名前が挙げられたもう一人の住民は製粉所を経営していたフレチュコである。

これらはごくわずかな情報の断片であるにもかかわらず、町の経済の物語はここにかかっている。地方貴族はユダヤ人を、その民族的な好みのゆえにではなく、実入りと儲けを増やしたいと思っていたのである。ユダヤ人の支配人が経営する企業の方がより利益を生むことを経験が明白に示していたし、ブランスクでは製粉業が地方経済の最も成功を収めた分野であった。

したがって貴族の観点からは、ユダヤ人は事業にとって有用であったから、自分の所領に快く迎え入れた。しかし、農民の視点からは異なって見えたかもしれない。下層の農民は農奴に近い状態に置かれていた。ブランスク一帯では農民の不満や法外な税金に対する抗議、さらには暴力的な反抗の報告が何度も見られた。村を急襲し、家畜を農場の所有者からたちどころに略奪した兵士たちについての叙述から、彼らが置かれた状況を垣間見ることができる。さまざまな文書から、長老の中には土地の農民を無慈悲にこき使い、鞭打ちの刑や投獄に処した者もいたことが分かる。

これらの困窮した賃金労働者にとって、時たまブランスクに姿を見せるユダヤ人は不当に優遇された特権階級のように思われたかも知れない。製粉所と宿屋の経営は比較的採算がとれたし、農場経営よりも肉体的に苛酷ではなかった。他方、ユダヤ人賃借人は自分が置かれた立場の本質的な不安定さを身に染みて味わったにちがいない。彼らはブランスクで暮らし、働く権利それ自体が彼らの雇い主の厚意次第であることが分かっていた。したがって、二種類の恵まれない人々が寄せ集められた時にはいつもそうであるように、ささいな敵意の種はおそらく早い時期に蒔かれたに違いない。

それにもかかわらず、農民とユダヤ人の大きな対立の報告も小さな事件の報告も記録文書の中には見られない。それどころか、基本的には十六世紀半ばの製粉所の経営者に関する言及のあとは、ブランスクのユダヤ人の情報に関する限り、もう一つの長い、ほとんど二百年に及ぶ中断がある。この件に関する沈黙は他の戦線での騒乱と関係があるかも知れない。というのも、ブランスクのユダヤ人の物語の中ではこれはまだ有史以前の時期であるが、ポーランド人の物語の中では歴史の行進の足どりはすでに勢いよく進展していたからである。ブランスクは次の二百年間、気がついてみれば、ほとんど休みなく暴力と破局の通り道に位置していたのであった。

フミェルニツキの騎兵隊はこの遥かな北方には到達しなかったとは言え、その襲来後まもなく、「黒死病」がこの地域で大流行し、とりわけユダヤ人家族を見舞ったことは疑いない。このエピソードの記述はポドラシェ地方に由来するものは残っていないが、国の他の地域に由来するイディッシュ語の典拠の中には、死としかるべく埋葬されずに積み上げられた死体の山とつきまとう黒死病を必死に免れようとして、わが家を捨てて逃げる家族の悲惨な光景を描写している。

この間断ない災厄の連続の中で、一六五五年には、次の災厄がスウェーデンの方角からやって来た。ブランスクでは、この時期の状況はとくに錯綜していた。町の長老、ボグスワフ・ラヂヴィウ(Bogusław Radziwiłł)という名のリトアニアの大貴族は敵側に回り、スウェーデン人と同盟を結んだ。その結果として、ポーランド王に忠実な師団は裏切り者の貴族を、その資産を破壊することで罰しようと決めた。この報復作戦で全財産と村々と農民の農地が破壊し尽くされた。

地元のユダヤ人村民がこれらの内輪同士の争いをどう考えていたかは分からないが、ユダヤ人の歴史の中であまりにも頻繁に直面しなければならなかったあのジレンマのひとつに直面していることに気づいていたであろう。もしも目前の彼らの運命を左右するリトアニアの大貴族に忠誠を保てば、ポーランド兵の激しい怒りを招くことになったであろう。もしポーランド人に対する忠誠を宣言したならば、保護と商売を失ったかもしれない。私たちに分かっていることはスウェーデン戦争の際、ブランスクのほとんどの製粉所が焼かれ、その結果、土地のユダヤ人の重要な生計源が失われたことである。

破壊をさらに大きくしたことには、ブランスクはまもなく別の疫病に襲われ、さらなる軍事攻撃に晒された。この地域にとってごくありふれた統計値では、これらすべてを含めた出来事の結果、町の人口は六四パーセントという驚くべき数値まで減少した。十八世紀を通して、スウェーデンとロシアとポーランド、そしてその他の軍隊の兵隊がブランスクの境界領で衝突し、略奪を続けた。農民の運命はさらに多くの税金と義務が課せられるにつれていっそう厳しいものになっていった。地域の経済が急速に改善し、この小さな町が再び発展し始めたのは、ようやく十八世紀後半のことであった。

本当の意味でのブランスクのユダヤ人の歴史は、他でもないこのもっと平和だった時期に始まる。十八世紀の末頃には、おそらく労働に対する需要の増大に魅せられて多様な商売と職業のかなり大量のユダヤ人が町にやって来始めた。当時はまだ彼らは町の領域内に住むことは許されていなかったために、近くの村に住んで、仕事をしにブランスクに通っていた。言及し、考慮するに値する最初のグループは伝統的な宿屋と製粉所の賃借人であり、さらに医者、皮なめし職人と町の財産の管理人であった。

文化的にはこれらのユダヤ人農民兼都会人は雑種であった。馬と建物に囲まれた農場の中庭の面倒を見、わずかな面積の果樹園か菜園を耕している田舎の人間であった。しかし同時に、彼らは遠い昔、世界の別の部分で生まれた精神的遺産の保因者であった。これはユダヤ人が、彼らが向かったあらゆる場所でその明らかなしるしを再建してきた伝統であった。ユダヤ人は数が十分な規模に達するやいなや、シナゴーグを建て、最もちっぽけな、最も周縁部の村にさえカハルを設立していった。

したがって彼らは、いわば二つのレベルで暮らしていたのだった。外の世界では自らの職人仕事に精を出し、商売をし、周囲の人々と実用的な情報を交換し合っていた。こうした日々の接触の結果として、彼らの日常語のイディッシュは、ポーランド語の少数の単語と語法を吸収していった。しかしユダヤ人同士では彼らは別の世界に入り込んだ。そこでは彼らの最も重要な仕事は、彼らの律法と信仰の連続体を維持し、ユダヤ人をユダヤ人たらしめてきた、そして彼らの自我そのものをなす信仰を保持することであった。

しかし同時に、ポドラシェ地方に散らばったユダヤ人は彼らの信仰が崩壊し始めていることに気づいていたかも知れない。十八世紀後半はポーランドのユダヤ人にとって巨大な精神的激動の時代で、この嵐の影響は辺鄙な遠隔の地、ブランスク一帯でも感じられた。たとえば一七六〇年には、近隣のある村の女性がカトリックに改宗し、ノヴィッカ（Nowicka）という姓〔nowy（新しい）から〕をもらった。おそらく彼女の場合は、個人的な決心であったかもしれないが、改宗はフランク主義として知られる一風変わった運動の影響を受けたものと考える方がよいであろう。フランク主義は世紀半ばに、短期間、ポーランドのユダヤ人のあいだに広まったものである。この運動は、この種のものでは最初ではなかったが、一七五〇年代、自分はメシアだと宣言したヤクブ・フランク（Jakub Frank）という名の魅力的な人物に率いられていた。フランクは自らの神格化のために、非常に独特ではあるが、やはり妙に馴染みのある響きを持った見解を加えた。フランクは人格と信仰の点で、いわば今日の多くのスワーミーやグル〔どちらもヒンドゥー教の師〕をも予示するものであった。メシア的な精神構造はどのような伝統に起源を持つかにかかわりなく、一定のパターンに従うものであることを示している。フランクは半分トルコの高官《パシャ》、半分ポーランドの貴族という世慣れた人物を気どり、準軍事的な信奉者集団に取り巻かれていた。しばらくのあいだ、ポーランド国内に、彼が国王となる、別個のユダヤ王国を造るという考えを抱いていた。しかし、それに失敗すると彼は、ポーランドは「約束の地」であると宣言し、ポーランド国王になることを夢みて自分を慰めた。宗教的な事柄に関しては、その信念を自分の好みに合わせる傾向があった。たとえば、悪はそれに耽ることによって滅ぼすことができる、すなわちジョゼフ・コンラッドを引用すれば、人間は「破壊的な要素に身をまかせる」（『ロード・ジム』）べきだと信じていた。フランクの場合、この要素は主としてセクシャルなものであったようで、彼は儀式的な性の饗宴の指揮をとりながら無類の欲求でもってそれに没入し始めたのであった。彼はタルムードの教えは拒んだが、旧約聖書は拒まず、ユダヤ人は自分がユダヤ人であると感じている限りいかなる宗教も信仰することができると主張した。

フランクはこうした考えを実行に移して、一七五九年、カトリックに改宗した――ポーランドの国王自身が洗礼式の教父を務め、多くの信奉者が彼の例に倣った。フランクの教えの持つ異端的で見たところ非キリスト教的な要素にもかかわらず、彼とその信奉者たちはカトリック教会によって諸手をあげて迎え入れられ、彼らの多くは直ちに貴族の称号を与えられた。どうやらこれらの新改宗者は、大した反対もなく、貴族に列せられたようである。ポーランド貴族のユダヤ人起源に関して繰り返し現れる風説は、ポーランドでは今日に至るもなお流布しているが、おそらくこれは、フランク主義者の改宗にまで遡るものと思われる。

ノヴィツカのような村の改宗者が貴族の称号をもらったかどうかは知るよしもない。おそらく彼女は、営農貴族の身分を手に入れることを認められたことであろう。もしかすると地元のカトリック教会によって喜んで迎えられ、農民たちからキリストの力の生きた例証と見なされたかも知れない。しかし、ユダヤ人の隣人は彼女の背教に衝撃を受け、怒って見ていたに違いない。ラビは彼女に破門を宣告し、彼女を非難する説教をシナゴーグで行ったかも知れない。

しかしもしかすると、神学論争はブランスクのユダヤ人の最大の関心事ではなかったかも知れないし、彼らの世界のより直接的で、現実的な変化で手一杯だったかもしれない。この地域の主だった変化は、三分割の結果もたらされたものだった。一七九五年の第三次分割のあと、ブランスクは「新東プロイセン」と名前を改めた領土の一部としてプロイセンの支配下に入った。

これらの出来事はこの地方のユダヤ人住民に直接関わっていた。なぜならプロイセン行政機関は主に徴税を容易にし、集中化するために、ユダヤ人の村から都市への再定住を促進したからである。同じ理由で新政府はユダヤ人が名字を受け入れ、はっきりした住所と収入源を示すことを要求した。それまでは、ユダヤ人の慣習で、たとえば「モシェの娘サラ」というように、通常父祖の名を用いて人を呼んでいた。今日までユダヤ人が持っている多くのドイツ語の名字はプロイセンとオーストリアの占領中にポーランドのユダヤ人に付けられたものである。

多民族から成る臣民に対するプロイセンの政策は、ポーランドの立場よりもさらに強力な同化推進政策であった。新しい統治者は「ユダヤ人不寛容」特権を廃止し、その結果としてユダヤ人はブランスクに永住し始めたのであった。一七九九―一八〇〇年に実施された人口調査によると、町のユダヤ人住民は全人口一一四五人のうち八〇人であった。このわずかな数の集団の中には、港湾都市グダンスクに商品を輸出していた二人の裕福な商人とペンキ屋、医者、肉屋、パン屋、菓子製造人ならびに製材所従業員が含まれていた。

しかしながらプロイセンの支配者たちは、独立したカハルの設置と共同体による税の徴収には反対だった。彼らはその同化政策をポーランド人にも拡げ、ブランスクのすべての子供にドイツ語とポーランド語で授業を行うプロイセンの学校に通うことを要求した。ポーランドの裁判所はプロイセンの法律委員会の監督下に置かれ、ボスニア出身の兵隊からなるプロイセン騎兵大隊が町に駐屯していた。

これらの政策が、それが適用された人たちに好評であったかどうか、突き止めるのは難しい。総じてプロイセンの統治はかなり寛大なものであったようだが、ブランスクの性格に重要な痕跡を残すほど長くは続かなかった。十一年後には大国間の次の力の攻防があり、一八〇七年、ブランスクはロシアの支配下に入ったのであった。この年のロシアの人口調査によれば、町のユダヤ人住民数が一五六人に、すなわち人口の一二パーセントに増加した。これは独立したシナゴーグを維持するのに十分な大きな集団であり、共同体の建物のひとつが祈りの家に指定されたかも知れない。

しかし、もしそうだとすると、一八一二年、ブランスクが再度焼き尽くされたときに破壊されたのに違いない。このときは、火を放ったのはロシアから退却して来たナポレオン軍であった。ブランスクのポーランド人にとってナポレオンの敗北は災難と大きな悲嘆をもたらしたことであろう。なぜなら、ポーランドの貴族はナポレオンを国の潜在的な解放者だと考え、この征服者を信じていたからだった。しかしユダヤ人地区ではフランス兵によって恐怖に陥れられていたかも知れない。通常の軍隊に対する恐怖に加えて、フランス人は人食い人種で、とりわけ子供を食う人たちだという迷信がユダヤ人のあいだに流布していたためでもあった（この迷信の出所は不明）。ブランスクからさほど離れていないブロディ（Brody）の町では、ユダヤ人の男たちが外に出て来て、誘拐やもっとひどい脅威から子供たちを守ろうとして、薄汚いなりをした兵隊たちに自家製の武器で立ち向かったのであった。

ようやく安定の時期が訪れ、ブランスクのユダヤ人がその地位をさらに強固なものにし、永続的な共同体の基礎を築き始めることができるようになったのは、そのわずか数年後のことであった。ブランスクは通常のシュテットルに、旧ポーランドの東部国境地帯の風景に点在する数多くのシュテットトルの中のひとつになっていったのである。

また、ユダヤ人のブランスクの書かれた歴史が始まるのも、おおよそこの時期である。それは一八一六年、どちらかと言えばそっけなく、ピンカス（pinkas）、すなわち共同体の生活の重要な事実と出来事を書き留めた編年史でもって開始される。この記録簿への最初の記載を飾ったのはシナゴーグとミクヴァ〔ミクヴェ。ユダヤ教徒の宗教儀礼としての沐浴場〕の建設、および葬儀協会の設置、すなわちシュテットルの社会構造の基礎に関するものである。

ブランスクの物語の中で墓地用地の取得は重要な出来事であった。なぜなら生まれたばかりのユダヤ人共同体の自給自足の発展を示すものだったからである。それまでブランスクのユダヤ人は他のカハルの一部だったが、この従属状態は彼らにとって苦痛になり始めていた。時にはブランスクの住民から不当に大きな税負担を吸い上げていたティコチンのカハルに抗議した。葬儀の手はずもまったく満足のいくものではなかった。ボチキ（Boćki）〔ビャウィストク県の郡村。ヌジェッ川沿岸〕の共同体はブランスクのユダヤ人の遺骸を埋葬することに同意したが、時にはその代価に生きた人間を要求した。ロシア軍部隊が各カハルにユダヤ人徴集兵を割り当て始めたとき、ボチキの長老会は十遺体を埋葬するのと引き換えに、ブランスクの若い男をボチキからの新兵のひとりとして含めるよう要求する決定をした。しばらくして、こうした取引はブランスクのユダヤ人を苛立たせ、ボチキのカハルは彼らを壊滅させようとしているのではないかと疑うまでになった。利害の衝突には事欠かなかったことを考えると、敵意が生まれるのは容易だった。

一八二〇年、ブランスクのユダヤ人は自立する決心をした。それが可能なのはロシア当局が同意した時のみであり、そのためにはロシア行政機関に対して共同体を代表する評議会を設置する必要があった。しかしカハルは、内部構造の点では、伝統的な「ポーランド」のそれに似せて組織されていた。間もなくしてブランスクは早くもユダヤ人共同体の精神的、物質的機能にとって不可欠のすべての機関――ヘデル〔ユダヤ人の初等学校。六四頁参照〕、シナゴーグ、墓地、ミクヴァ、貧困者などのためのホーム――を揃えた。伝説によれば、最初の死体がブランスクの墓地に埋葬されたときに、次の葬式が行われるまで、誰かしらが毎晩その死者の傍らで眠らねばならなかったという。ユダヤ法上、死者はひとりになってはならないからである。

「ピンカス」の他にブランスクの書かれた歴史には他にもひとつ貴重な典拠が存在する。それはブランスクの『イズコル書』すなわち記憶の書である。その文面は、第二次世界大戦後まもなく集合的記憶の重要な行為として編纂された多くのこうした書物とともに、一九四七年に書かれた。絶滅の直後に人々が書かれた証言の重要性を感じたことは明らかで、数知れぬ共同体出身の数知れぬ非公式の記録係がしばしば不器用で素朴な文体で、彼ら自身とその生き残った同胞が共同体の過去について覚えているあらゆる事柄を書き留め始めた。「言葉」は保存する。「言葉」は栄誉を与える。「言葉」はおそらく、その力を用いる人たちを慰め、彼らの死者に対する義務の重荷を軽くし、悲しみを和らげる。

ブランスクの『イズコル書』の表紙には二人の著者の名前が挙げられている。アルテル・トルス（Alter Trus）とユリウス・コーエン（Julius Kohen）である。もっとも、実際の執筆の大部分はアルテル・トルスの手になるものと言われている。しかし、いずれにせよ、この手稿はすべての『イズコル書』同様、幅広い、共同の努力の産物であり、著者たち自身の思い出だけでなく、他の生存者から集められた情報をも含んでいる。イディッシュ語からのポーランド語への翻訳は粗削りで、文体は素朴、体系的な記述は不器用で、時に文法的に正しくないことがある。喪失がまだ記憶に新しい時期に書かれていることが、ありきたりのエピソードにすら前兆の重さを加味している。かつてのブランスク住民の中には、この書物は他の点で偏向的だ、ブランスクの町の評議会とカハルの両方の元メンバーのアルテル・トルスには社会主義的な傾向があり、それが彼のさまざまな出来事の解釈に影響を及ぼしたと、こっそりとささやく者もいるだろう。記憶は、それが経験にきわめて近くとも——あるいは、おそらくあまりに近いからこそなおさら——多様で、議論を呼ぶのかもしれない。過去は、それをどのような視点から眺め、どのような立場から体験したかによって決まる。とはいえ、この『イズコル書』の稚拙な語り、その率直な感想と打ちとけた飾らない細部は、シュテットルの諸組織や関心事、それどころかちょっとしたその精神構造の鮮やかな写像にさえなっている。

これらの細部から立ち現われるイメージは、ほとんど写像的な精密さで編成された宇宙の縮図たる人間社会のものだ。ポーランドのシュテットルの集団生活、ならびに個人生活の構造は、ミツバチの巣の構造が巣箱のいたるところで複製されるように、無限に複製できるように厳密に規定されていたのである。どのシュテットルも自給自足的な世界であり、またどのシュテットルも完全にその種の例証として認識できるものであった。この一貫性、このパターン化した生活の予測可能性は、疑いもなくシュテットルの強さの一部であった。しかし同時にそれは、シュテットルが革新や個性、あるいは造反に抵抗するきわめて保守的な組織体であったことを意味する。なにか初期のシュテットル社会に類似したものを思いつくのは難しい。なぜならその特徴は部分的には社会の不可触民、部分的には

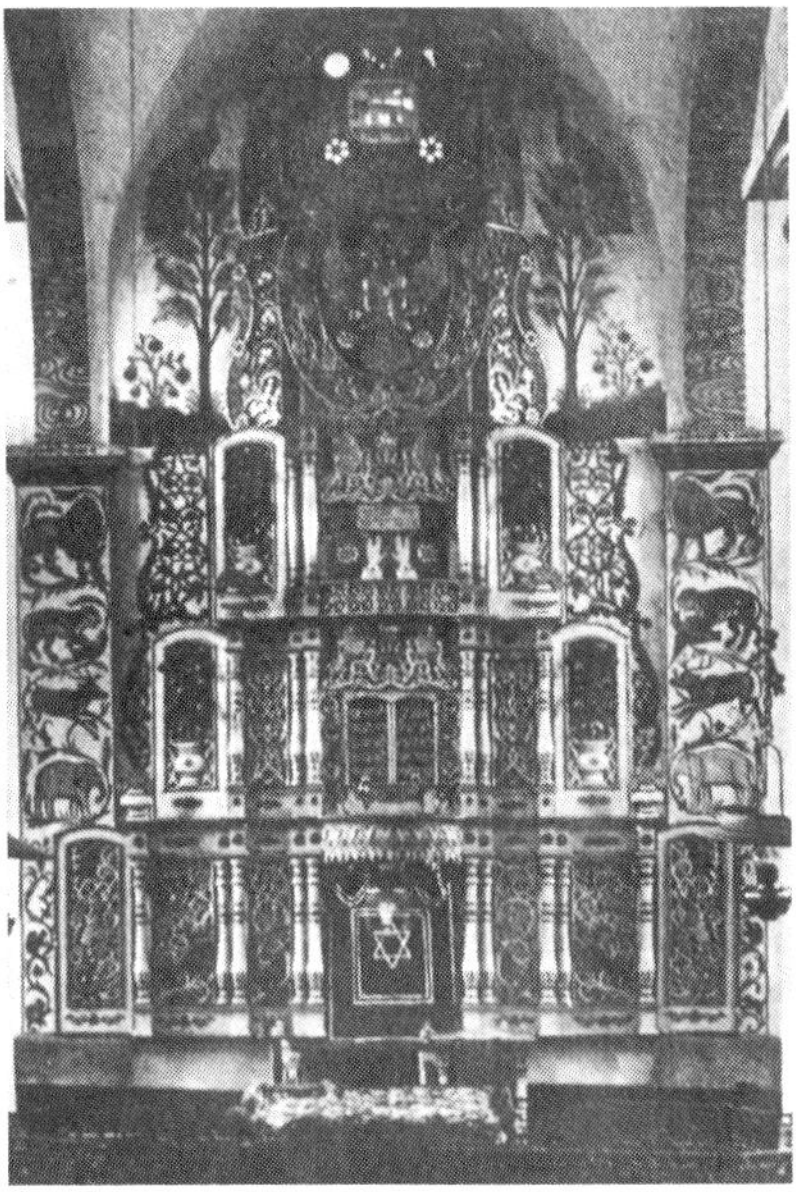

ブランスク近郊の町オルラ Orla の大シナゴーグ内部の「ビマ」(講壇). ここから祈祷が朗誦された. シナゴーグの建造は17世紀前半に始まったものと思われる. 華麗な装飾はオルラ共同体の隆盛をうかがわせる.

『イズコル書』の著者
アルテル・トルス（左）とユリウス・コーエン

教養人《ブラーミン》であり、古めかしいと同時に先駆的、実用主義的・実利的であると同時に厳格に宗教的なものであったからである。それは地方的、民衆主義的な神権政治の一風変わった特異な形態であった。『イズコル書』は「ピンカス」同様、シナゴーグとラビの列挙から始まるが、あるがままの事実を一種の物語のようなものに膨らませている。一八二一年にはアルテル・ベイト・ミドラシュ（すなわち、古シナゴーグ）の名で知られる最初のシナゴーグの落成式が執り行われた。それは簡素な煉瓦造りの建物であった。その十年後にはブランスクの最も裕福なユダヤ人たちが二つ目の、ナイェ・ベイト・ミドラシュ（すなわち、新シナゴーグ）のための建設資金を寄付した。このシナゴーグはブランスクのエリートの祈りの家となった。その後、仕立屋と他の貧しい人々のためのシナゴーグをはじめとして次々と他のシナゴーグが建設され、そして二十世紀に入ってからはハシドのための小さな祈りの家が加わった。

一八二二年、世代の精神的指導者の名に値する「高い教養を身につけた人間」と述べられている、メイル・ネヒスなる人物がブランスクのカハルの初代ラビに任命された。ラビを話題にするとき、『イズコル書』は時には無意識のうちに悲しんでいるが、時には同じくらい思わず知らず滑稽なものになっている。メイル・ネヒスが自分の仕事の条件に満足していなかったことは明白である。古シナゴーグの中にあった彼の住宅は暗くてじめじめしていて、家というよりは刑務所に似たものだった、と記述されている。報酬は非常に低く、祝日に受け取った特別手当の目録――茶、砂糖、ワイン一瓶――は、ブランスクの共同体がきわめて厳しい物質的状態の中で誕生したことをさらに瞥見させてくれる。

ブランスクにおけるラビ職の長い不運の時期の口火は、ラビ・メイル・ネヒスが切ることになった。二人目のラビはネヒス同様若くして死んだ。もしかすると部屋の湿気のせいであったかもしれない。おそらく不幸な前任者たちの運命を心に留めていた三人目のラビはより強力な方法を採用し、宿舎の条件に抗議した。カハルの指導者たちからよりよい代案がなんら提案されなかったとき、彼は辞職して、他の勤め口を引き受ける決心をした。出発しようとしたとき、彼の馬車は多くの忠実な信徒によって力づくで停められ、そのうちの何人かが「ラビ、私たちを見捨てないでください」と叫びながら、馬車の前の地面に身を投げ出した。しかしラビはあまり如才ないとは言えぬ口調でこう返答したことになっている。「私のいる場所はあなた方とともにはない。あなた方は私を辱しめた。それゆえ、私たちの協力からはなんらよいことは生まれないだろう。しかし私はあなた方すべてを許そう。哀れな者たちよ」

『イズコル書』の語り手たちは、自分の謙虚な信徒に対するラビのあまりに無礼なあしらいにいささか腹を立てたと思われるかも知れない。しかし著者たちは罪を公平にカハルの長老たちに負わせているることが分かる。『イズコル書』に示された物語の解釈では、この頑固で目先の利かない人々は三番目のラビにむごい扱いをしただけではない。彼らはブランスクの平凡な住民たちのあいだでたいへん評判がよかった四番目のラビの高い資質をも過小評価し続けたのである。このラビもまた同じ縁起の悪い部屋と、同じく満足のいかない取り決めを押しつけられたのであった。はたして彼は重病にかかった。この時でさえ、彼の会衆は共同体の頑固な指導者たちに何らかの行動をとらせることはできなかった。四人目のラビはわずか四十三歳で世を去った。

これは、アルテル・トルスの社会主義を証しているのであろうか。ひょっとするとそうかも知れない。しかし普通の貧しいユダヤ人とより豊かでより影響力があった長老たちとの紛争は、シュテットルでも、より大きな都市でも、よく知られた現象であった。こうした反目のことはあらゆる時期の「ピンカス」の記録の中に見出すことができるが、十八世紀後半にはより頻繁になった。これらの緊張はしばしば不公平な税の割り当て、あるいは希望する業務に関係していた。時には、たとえばシナゴーグの中での形式的な行列の順番といった、まったく象徴的な威信の問題をめぐっても争いが起こった。いさかいは時に激しい暴動や反乱に一変することもあった。一七六三年にはレシュノの町で、ユダヤ人大衆が増税と恣意的な拘禁刑の事例に腹を立てて、不愉快なカハルの役人をシナゴーグに引きずっていき、直ちに辞職すると誓わせた。興味深いことには、ポーランド人の都市所有者がユダヤ人長老会になり代わって介入し、きわめてゆるやかなものであったとは言え、反抗者のうち三人を罰するように命じたのであった。

ブランスクではそれほど劇的な出来事は起こらなかったし、五人目のラビの到着とともに、共同体にとって運が向いてきた。もしかするとそれは、カハルがようやくのこと、ラビのためにはるかによい別の宿所を提供したためであったのかもしれない。

シナゴーグとラビはシュテットルの礎石であり、大黒柱であった。『イズコル書』の中で、その次に重要な地位を占めたのはさまざまな団体である。現代の読者からすると驚きかも知れないが、シュテットルはその存立のほとんど最初の日々から実にしっかりと組織されていたことが分かる。ブランスクのユダヤ人は最初から職業「組合」(ヘヴロト hevrot)や共同体の基本的なものだけでなく、より高度な要請に取り組む任意団体、ならびに研究グループのネットワークを設立した。葬儀協会と墓掘人組合は、人生の終局の問題にかかわるものとして、最も古く、最も重要であったが、『イズコル書』はなかんずく、仕立屋組合とトーラーの研究グループ、そしてさまざまな慈善団体も列挙している。これらの団体の中には町の税金の支援を受けて、普通の人々に嫉妬を起こさせるぐらい裕福になったものもあった。葬儀協会は豪勢な祝宴を催したことで知られており、『イズコル書』には、そこで「九〇度の酒が不足することはなかった」と、満足げに認める記述がある。

共同体の緻密なネットワークはほとんどすべての者の上に及んでいた。誰をも見落とさなかったし、それゆえ誰にも逃れることを許さなかった。共同体の最も貧しい者たちやその日暮らしの者たちでさえ共同体のネットワークに組み込まれていた。慈善活動はシュテットルのエートスの中で重要な価値であり、その運営のための慣習化された方法があった。『イズコル書』の著者たちは、「女性指導者たち」と呼んでいる、翻訳困難な「告知女（zogerkes）」なる語でも呼んでいる範疇にかなりの紙幅を割いている。この女性たちの主な役目は貧しい人々の手助けとシナゴーグの女性用の区画で祈禱の順番を告知することにあった。慈善活動に当たっていた者の何人かは名前が記録されている。たとえば、フルメレは毎金曜日、家々を巡り歩いて、主婦からハラ（challah または hallah）〔ポーランド語ではハウカ。イースト入りの生地に卵を加え、焼いた細長い編みパン。ユダヤ教の安息日に作る〕とロールパンを集め、そのあとそれを、どの家庭も安息日に空腹でいることがないようにと、貧しい人たちに配った。あるいは、「フルメレと同じタイプの女性」に属していたハヤ・エステル。彼女は「どこであれ、誰かが病気だったり、腹を空かしていたり、裸足でいたりしたら、そのことを知っていた」。こうした女性たちが取り組んだ活動は称賛すべきものと考えられていた。なぜなら彼女たちは、ユダヤ人の誰一人として、共同体の仲間から、貧窮に陥ったり見捨てられたりしないように保証していたからである。

これらの団体はシュテットルに一種の水平的な結合力を与えていたが、社会地図は職業上の地位や他の序列形態によって垂直にも図示されていた。『イズコル書』はブランスクのユダヤ人住民が手に入れられる生計源についてかなり詳細に述べており、そこからはかなりの程度の多様性を窺い知ることができる。社会的地位の上端に位置していたのは大きな領地の管理人たちであった。『イズコル書』には、これら中間管理職の名士たちが、気まぐれな主人たちを喜ばせなければならず、愛顧を得た返礼に自らの高潔さを汚す卑屈な追従者として、いささかの非難を込めて描かれている。もしかするとこの考え方は、これら申し分ない地位にあり、時にはたっぷりと報酬を与えられている管理人たちが完全にうらやましい存在に見えた普通の人々の見方ではなかったかもしれない。しかし大多数のブランスクのユダヤ人は、おそらく一生涯貧乏なままだった小規模の商人と職人――宿屋、ペンキ屋、布地商人、靴屋、そして毎週、近隣の村を巡り歩いて針から靴、コート、馬車の車輪にいたるまでのありとあらゆるものを商っていた行商人であった。やがてブランスクの小さな店の数が増え、その中のいくつかは発展して、繁盛した作業場、もしくは工場になった。そうした工場のひとつがロシアで販売していた革帯を製造していた。(『イズコル書』には、その人の前では非ユダヤ人でさえ「帽子を脱いだ」という、名前が挙げられていない、とある金持ちの名士についての言及がある)。

ブランスクの初期の野心的な実業家たちが莫大な財を築いた町の外のユダヤ人商人の物語に興味が

あったことは疑いない。そうした伝説的な人物の話は、都会からやって来た旅人たちによってポーランド全土に広まっていたが、しかしこうしたサクセス・ストーリーは印刷された言葉によってもブランスクに届いていたに違いなかった。十八世紀末までポーランドでヘブライ語で出版された書籍は神学書あるいは歴史書の類だけであった。ユダヤ人の世俗主義の出現とともに個人という新たな観念が生まれ、個性的人物の出現とともに、ユダヤ人の物書きのあいだではそれまで知られていなかったジャンル、すなわち自伝が現れた。ブランスクの熱心な読書家ならば十八世紀末に、ボレフフ（Bolechów）のベル（Ber）という著名な実業家によって書かれた回想録に出会っていたかもしれない。この人の経歴は高い教育を受けたポーランド人とユダヤ人の関係について多くのことを明らかにしてくれる。ベルは息子にユダヤ人とポーランド人の両方の家庭教師をつけられるすでに世渡りがうまかったワインの卸売業者ユダの息子だった。ユダはどうやら物語の才能に恵まれた魅力的な男で、イディッシュ語とポーランド語とハンガリー語を同じくらいに流暢に話せたようである。「私の父はいたる所で喜んで迎えられた。ユダヤ人も非ユダヤ人（キリスト教徒）も等しく彼に再会できたことを喜んでいた」とベルは書いている。ユダは高い外交レベルで通訳者としての職務を果たしており、ハンガリーで上等のワインを買い入れる任務でポーランド貴族によって派遣されていた。

ベル自身は聖書学とタルムード学に加えて、少なからぬフランス文学とドイツ文学の知識を習得していた。彼はほとんど古典作家の著作からなる貴重な書物の見事な蔵書を持っていた。同時に彼はせっせと商売に励んで成功を収め、一種の合資会社を発展させた。時に、貴族と聖職者がベルの匿名社員になったが、これはほかの貿易会社でも見られた協定であった。

ボレフフのベルのような大立者はブランスクの人々のあいだで疑いなく尊敬されたことであろう。金銭的な成功は、ずっと後に社会主義が流入してくるまでは、シュテットルでは恥じることなく尊敬されていたし、隣人たちの裕福さの微妙な差異は細かく観察され、広く知られていた。伝統的なユダヤ人男性にとって、生計を立て、家族のために備えるという命令は祈りの義務と同じく否応ないものであった。歴史的に、結局は政治権力とあらゆる社会の中で保障された地位を奪われたディアスポラのユダヤ人にとって、金銭は唯一の信頼できる安全確保の形態であった。ユダヤ人が莫大な金を提供することで、ある国への入国やエリート層と支配者たちの恩顧を得た実例が数多くあったために、金銭は万事に決定的な影響を及ぼす、そして時には生き延びるための通貨であるとの認識がユダヤ人の魂に徐々に浸透していった。

金持ちと貧乏人の境界線ははっきりと見て取れたし、重要であったが、それらはある程度まで、もうひとつの価値体系である宗教のもとに組み入れられていた。宗教的学識を身につけた人間は無知な金持ちよりも評価された。敬虔さが最大の飾りであり、美点だったからである。『イズコル書』ではこの信仰の優位は、明確に論じられる必要のないなにかとして当然のことと思われている。しかし宗教はシュテットルの生活の仕組みに浸透していたのと同じく、文章全体に浸透している。それは生存の生地を織りあげた横糸と縦糸であった。共同体の組織はシュテットルの社会に一種の外面的な結合を与えていた。一方、宗教的儀式は内面的、三次元的結合――奥深い結合をもたらしていた。これは、厖大な文献と形式ばらない証言とからよく知られるようになったユダヤ的伝統の一側面である。しかし、これはシュテットルの文化の性格、雰囲気、そして独特の情緒性を理解するのに欠かせない最も重要な側面である。一日、一週、一年が儀式の道しるべによって形を与えられ、分割されていた。一日は朝の祈りと夕べの祈りによって、一週は安息日のクライマックスによって、一年は祝日の順番によって。生活のどの部分も、食事からセックス、結婚、さらには個人の衛生にいたるまで、きわめて念入りで厳密なたくさんの宗教的信条と規則で律せられていた。

この高度に体系化された象徴的世界への通過儀礼は、男の子にとっては少なくとも、四歳の時に始まった。このとき男の子は個人教師の指導のもとで、あるいはこの方が普通だったが、ヘデル（cheder）と呼ばれるユダヤ人の小学校で勉強を始めた。かててくわえてブランスクには「およそ、先生に支払うわずかな金額の余裕さえない人たちもいた」。「祈りの仕方を知らない」ユダヤ人の子供など考えられないことだったから、十九世紀のいつ頃かに公立学校、すなわちタルムード・トーラーがブランスクに設立された。『イズコル書』の著者たちはこの小さな勉学の拠点のあるがままの姿をスケッチしている。学校は「旧シナゴーグ」の一部屋に入っていて、同じくそこに住んでいた教師、すなわちメラメド（melamed）は不満たらたらの人間で、癇癪を起こし、誰も生徒のために間に入る者がいないのをいいことに、生徒を情け容赦なく殴った。生徒は孤児かあるいは生計を立てるためにあまりに苦労しているために、注目せざるをえないほどまれなことだが、「子供の教育には無関心な」両親の子供たちだった。

それは貧しい子供たちの学校だったが、他の多くの点から判断すると、典型的なヘデルも、この学校とそれほど違っていなかったし、実際、しばしばもっとひどいものであった。以下が、偉大なイディッシュ語の作家、ショレム・アレイヘムによるブランスクからほど遠くない小さな町のヘデルの描写である。

ヘデル。鶏の足の上の、藁葺き屋根の小さな農家。たいていわずかに片側に傾いている。時には屋根がない。まるで帽子をかぶっていないかのよう。窓はひとつきり。もっとあったとしてもせいぜい二つだ。窓にはガラスが入っていない。窓ガラスの代わりに窓枠に紙切れが張り付けてある。床は粘土。土曜日と祝日にはそこに黄色い砂を撒く。ヘデルのかなりの部分が上に寝場所がついた暖炉と板張りベッドで占められている。板張りベッドではレベ〔ヘデルの教師の呼称〕が寝る。暖炉の上ではレベの子供たちが寝る。壁際にベッドがある。ベッドではレベの奥さんが寝る……。このベッドの上の白い敷布の上にはときどきマカロニかベーグル用の練り粉を刻むためのまな板が姿を現す……。時には、もし子供の病気が重ければこのベッドに寝かせる。暖炉の下には隙間があって、販売用に家禽を飼育している……。部屋の中央に長いテーブルがあり、長い腰掛けが二つ付いている。

この部屋がヘデルだ。学校が開かれるのもここでなら、先生が授業を行うのもここだ。全員が授業中ずっとどなっている。先生がどなり、生徒たちがどなっている。また自分の子供たちを叱る先生の奥さんのどなり声も耳にできるだろう。子供たちがどなるのを止めさせようと叱っているのだ。暖炉の下の鳥小屋が恐怖でコッコッ鳴いている……。何たることだ！

この組織の精神的目的がしばしば現実の姿と食い違っていたことは明らかである。しかし生徒はその教育課程の中で何を学んでいたのだろうか。カリキュラムは初歩的な算数を除いては宗教科目に限られ、数世紀前に定められた雛形に倣っていた。「中等学校」レベルでは、勉強はしばしば、事実上切れ目なしに行われた。男子は一日じゅう、時には夜じゅう本の上に屈みこんでいた。長椅子の上で寝入り、目を覚まして、目の前の大きな書物に気づくのだった。この教育法は抗議も受けずに受け入れられていた。メラメドの権威――そうでなければみすぼらしく見えたかもしれないが――に疑問の余地はなかった。というか、むしろそれはおそらく、彼が代表していたもの、すなわち聖書、神の言葉、伝統であった。

上級の、イェシヴァのレベルでは、若者、すなわちバル・ミツヴァの入門儀式によって成年が確認された若者は、より深くタルムードに取り組み始めた。彼らの研究の対象は記述に値する。タルムードは印刷版では、幅広い中央のヘブライ語の欄から成り、より小さな活字で組まれた、いくつかのアラム語の欄がそれを取り囲んでいた。中央の欄がミシュナである。アラム語の欄〔ゲマラ〕はこの基本的な法典への律法学者の応答と注釈で、何世紀にもわたってディアスポラの中で蓄積されたものであった。頁には注釈が主要なヘブライ語の本文に、まるで木の幹に樹皮の層が貼りつくように付着しており、徐々に増大する知識と場所や時代を無視して行われた哲学談義を図示的に表している。〔口伝律法の「ミシュナ」は三世紀初頭に成立したユダヤ教の聖典。ミシュナの注解を「ゲマラ」といい、「ミシュナ」と「ゲマラ」が一体となったテクスト群を「タルムード」と呼ぶ。エルサレム・タルムードは四世紀頃、バビロニア・タルムードは六世紀頃に成立〕

イェシヴァでは若い学者たちは二人ずつ組んで座り、毎日、タルムードの別々の一節に集中して、そのひとつの意味と言外の意味について、あるいは複数の意味と言外の意味について互いに質問し合った。彼らがポーランドで用い、発達させ、アシュケナジムの世界に広まった解釈の方法は、想像力を掻き立てずにはおかない「ピルプル」、すなわち胡椒という名で呼ばれていた。それは聖書と注釈とのあいだの矛盾と逆説、語の多義性、さらには隠された地口の骨の折れる詮索を必要とした。言い換えれば学生たちは、テクストの調和を乱し、それゆえにさらなる真理の発見への糸口、第一歩となるかもしれない胡椒の実を探していたのである。この方法論が過度に実行に移された時には、それは重箱の隅をほじくるといった意味で「ヒルク」(hilluk) と呼ばれた。

おそらく、のちに非常に多くのユダヤ人学生が同様の論証に頼る法律の研究に着手し、あるいはタルムードの伝統から育った学者たちがのちに現代文学のテクスト解釈の名手となっていったのも驚くにあたらないであろう。タルムード教育はきわめて永続性を持つことが証明されたある種の思考モデルを育んだのであった。とりわけそれは記憶力を刺激した。イェシヴァの平均的な学生ですら、タルムードのいくつかの断章をそらんずることができた。十八世紀中葉の高名な学者、ヴィルノ出身のガオン Gaon (エリヤフ) のような大学者たちは、信仰の形式と見なされていた記憶術の大偉業を達成した。ミシュナあるいはゲマラ [「ミシュナ」への最初の注釈集、「補遺」の意] の全部を覚えることで、それらを「暗記」することで、ラビたちは文字どおりの意味で、ユダヤ人の伝統の担い手となったのである。ユダヤ民族とその信仰の歴史は彼らの魂《プシケー》の中に書き込まれ、彼らの人格の中に書きつけられたのであった。

タルムード教育はその長所にもかかわらず、十八世紀末には、進歩的なユダヤ人思想家たちの批判の対象になり始めた。彼らは、伝統的なユダヤ人の学問の極端な狭隘さとその紋切り型の本質、そして現代生活の必要と要求に対してますます的外れなものになっていることを指摘していた。その多くがイェシヴァで教育を受けていたこれらの知識人は、タルムード的思考が、科学知識と現代性のあらゆる形態から彼らを切り離すことによって、ユダヤ人共同体の孤立を助長させるのではないかと恐れたのであった。

ブランスクのようなシュテットルでは、正統派ユダヤ教に対して異議を唱えることはきわめてまれだった。『イズコル書』は日付の入っていない話の中で、あえて境界線を超えた人々を待ち受ける恐ろしい運命を垣間見せてくれる。とあるフラヴネという名の男がブランスクでは家族を養う手段を見出すことができなかった。そこで仕事を探すためにカミェニェツ・ポドルスキ〔Kamieniec Podolski 現ウクライナ共和国南西部の都市。カミヤネチ・ポディルシキイ〕という比較的大きな町に移り住んだ。あるときそこで、ハスカラの思想を信奉する土地の知識人集団と出会い、世俗的な学問の芽生えにかぶれた。彼は知的才能に恵まれた人間であることが明らかとなり、ついにはサンクトペテルブルク大学の医学部への入学を許された。それはどれも彼にとってユダヤ人であることの否定、それどころか宗教の否定すら意味するものではなかったが、しかし家族と会うためにブランスクに戻ったとき、つぶてで迎えられ、町から追い払われたのであった。妻は離婚を要求し、子供たちは彼の前から身を隠した。フラヴネは悲嘆にくれ、ふたたびロシアの深奥へと旅立ち、そこで禍を転じて福と為し、本気で改宗する決心をしたのであった。

シュテットルに住む若い娘にとって人生の推移はまったく異っていた。彼女たちの教育はいくらかのヘブライ語とイディッシュ語の個人レッスンとから成り、たいてい非常に早い思春期に訪れた結婚の瞬間に終わった。『イズコル書』は求婚と婚姻については言及していないが、他のシュテットルの記述からブランスクに広く見られた結婚の習慣を推測することができる。最も優れた情報源のひとつに十八世紀末、サロモン（シュロモ）・マイモン（Salomon（Szlomo）Maimon）〔ドイツ移住後は、ザロモン・マイモンとして知られる〕によって書かれた見事な自伝がある。

マイモンはピカレスク小説にふさわしい経歴を持った魅力的な人物だった。ブランスクから遠くないシュテットルの出身だったが、そこを逃げ出したあとドイツに行き、そこで自然科学と初期の心理学を学んだ。ベルリンで当時の有力な知識人と出会い、自堕落な色恋を愉しみ、いつでも頼りになったわけではないが、数人の貴族の後援を得た。マイモンのポーランドで過ごした幼年時代の記憶は牧歌的でもあれば心をかき乱すものでもある。サロモンの祖父はある侯の広大な地所にあるいくつかの村の裕福な賃借人だったが、嫉妬深い「非ユダヤ人」たちのたくらみによって財産を失い、家族は困窮した。マイモン自身は活発な、ませた子供で、じつにサディスティックな性向を持った男が運営する地元のヘデルに通うことを拒否した。この教育者は生徒を日常的に気を失うまで殴り、時には生徒の耳の一部をもぎ取ったり、目を抉り出したりした。両親が抗議すると彼らを杖で殴り、呪いの言葉を浴びせかけた。サロモンは幸いにも、より優しく彼の教育に精を出してくれるラビを見つけることができ、おかげで彼は学業で衆に抜きんでていた。

サロモンが十一歳になったときにはすでに、まれに見る才能に恵まれた学者としての名声が広まっており、将来の夫として引っ張りだこになっていた。知的な才能が彼をとくに魅力ある候補者にした

サロモン・マイモン　画家不詳.
マイモンは18世紀末のハスカラ（ユダヤ啓蒙思想）の思想家，哲学者，自伝などの著者.
（ユダヤ歴史研究所，ワルシャワ）

わけであるが、このように極端に早い婚約は、当時は普通のことであった。求婚儀式は、男子が誰もが欲する素晴らしい花婿候補だという前提で行われており、実際には花嫁の両親によって買われていたのである。サロモンの父は息子の高い市場価値を最大限に利用しようと努めて、数名の当事者に値をつけさせ、その過程で全員から贈り物を受け取っていた。一連の悶着のあと、サロモンは十一歳で三歳年上の花嫁を妻にしていた。自分があまりに不幸で、事の成り行きに途方に暮れた彼は、自分の結婚の祝宴への出席を拒否した。結婚初夜は首尾よくとはいかなかった。しかしサロモンは十四歳になったとき、子をもうけた。気をもみながら油断怠りなく観察していた大人たちからたっぷりと期待され、励まされた結果だった。

　マイモンは強制的な早婚という制度を残酷なものと感じていたが、これはブランスクでは、他のすべての場所でと同じく、おそらく十九世紀に入ってもなおしばらく存続した習慣であった。共同体に住む大多数の子供は十代前半までに夫婦にさせられ、せっかちな親戚によって子孫を作るように促された。若い夫たちは花嫁の親許に住んで、さらに研究に専念することになっていた。若い娘たちにとっては、幼年時代の自由の時期が終わり、自分に定められた妻および母親としての役割にできるだけ適応しなければならなかった。彼女たちにとっては、不満はいっそう人知れぬかたちで表に出たとは言え、公然たる反逆は問題外だった。心理学的な後知恵ではあれ、もしかすると、ディブックにとり憑かれた若い娘についてのアイザック・バシェヴィス・シンガーの小説、あるいはショレム・アレイヘム〔ショレム・アレイヘム作、西成彦訳『牛乳屋テヴィエ』岩波文庫、二〇一二年、ならびに西成彦編訳『世界イディシュ短篇選』所収「つがい」参照〕の年がら年中、長患いをしている女たちの描写の中に、深刻な病弊のいくつかのヒントを見て取ることができるかもしれない。

シュテットルの女性の地位は強いられたものであったとはいえ、私たちがよくしがちなように、今日の解放された時点から眺めて、救いがたいほど受け身なものであったと想像するのは間違いであろう。伝統的な社会の矛盾のひとつは、限られた範囲の中では少なからぬ権限を女性に与えていることである。シュテットルでは学問と高度な精神的達成は男性の特権であったが、実用的な領域では女性が策略を弄する余地がかなりあった。家庭という領域では彼女たちは誰にも邪魔されることなく権力をふるった。さらに、驚くべきことには、商売上の事柄はしばしば女たちの手に委ねられていた。疲れ切ってはいるが、自信に満ちた妻が、上の空の夫が奥の書斎に座って神学上の思索という曖昧模糊とした領域に没頭しているあいだ、前の店でせわしなく立ち働く姿、小説の中の数多くの場面に描かれている。『イズコル書』は数人のこうした女性、ろうそくや砂糖、あるいは刺繍した布地を売買して自分自身のささやかな商売をしていた、たいていはラビの妻たちについでに触れている。

これらの小さな町の生活は厳密に定められた範囲に制限されており、人々のエネルギーは狭い分野に押し込められていたとはいえ、シュテットルは単なる抑制と抑圧の場ではなかった。反対に、小説の描写と実際の記憶の中で伝えられているのは、ごった返した、生き生きとした生活の雰囲気である。絶えず訪問し合い、噂話をし、結婚を取り持っていた。そこにはごく間近に観察すべき人々の特異な個性と風変わりな言動があった。何よりもまずそこには、生き生きとしたおしゃべり、タルムードからの引用が冒瀆的なことわざと混じり合い、ポーランド語の呪いの言葉がユダヤの悪態と入り混じった果てしのないおしゃべりがあった。イディッシュ語で書かれた有名なユーモア、懐疑的で、自己卑下的、ちょっぴり下品なユーモアは、元来、シュテットルで生まれたものだ。罵りの言葉はあまりにも生き生きとしていて変化に富むために、ショレム・アレイヘムは一例として、その厖大なリストを記録に残そうとしたほどであった。彼がそれを教わったのは、たまたま意地悪ばばあの継母からであったが、彼女はこの分野の想像力の無尽蔵の才能があったようで、ほとんど一言ごとに、悪態でもって韻を踏んで！　答えた。食うという語には、「蛆虫に食われちまえ」と言い、「縫う」という語には「おまえ用に経帷子を縫ってもらえ！」と反応し、「座っている」という語には「膿んだ傷の上に座っていろ！」と言う、といった具合だった。

宗教はその教義の厳格さにもかかわらず、感情表出の手段でもあった。シュテットルの世界では人々は、趣味や文学的な好み、あるいは服装によってではなく、その慣習の特質で区別されていた。『イズコル書』は「公衆の前で祈る人々」、すなわち祝祭日の祈りで会衆を先導することに精通していた人々に一章を割いている。その中にひとり、その詠唱は「本当に甘く、心からの懇願が込められていた」あるペンキ屋がいた。「彼の祈りは受け入れられたに違いない。このようなユダヤ人に対しては……誰も何も断ることはできなかったから」。他にも、大きな感情に訴えかける力を持つ大男がいた。「彼が祈りを唱えているとき、公衆はただただ涙に暮れたものであった。泣き叫ぶ声は女性の区画で湧き上がり、そこから男性に広がり、高まり、深い嘆息を伴った巨大な懇願にと変わった」

シュテットルの暮らしを理解しようとするとき、こうしたブランスクでの祈りの最小の記述からすらうかがえる雰囲気を理解し、そこに溶け込むことは、おそらく現代の世俗的な読者に要求される最も困難な想像力の飛躍であろう。叫び声と呟き声、嗚咽と烈しく荒々しく湧き起こる懇願……「生命の書」〔聖書。天国に入るべき人の名を記した書〕に書き入れてくれるようにとの、自分の弱さと欠点を許してくれるようにとの懇願に呑み込まれた村の通りの小さなシナゴーグ。日々の苦労がゆえの嘆息が、運命とユダヤ人の境遇の苦難への悲嘆にとかたちを変える。自己憐憫と混じり合った悔悟の涙。祈りはカタルシスの一形態であり、人間の運命についての省察であった。

宗教の知識はヒエラルヒーの問題であったが、信仰と敬虔は共通の媒体であり、みんなをひとつに保つ接着剤だったのである。神への崇拝が強まった瞬間には、あるいは安息日には、シュテットルは真に一体化した有機的組織体になり、各家庭は同じ祈り、同じしぐさ、同じ料理を通して先に進み、そしておそらく安息日を祝うのに必要な多少の是認と感謝の気持を直観していた。誰もがこの儀式に、疑問の余地なく受け入れられ、疑問の余地なく包括的であったユダヤ的特性の包括的で時間的な深度を持った観念に組み込まれていたのであった。

シュテットルはその制限がもたらすあらゆる長所を有していた。住民に精神的安心という利点や関係の緊密な網、身近に知っている小世界の喜びを与えていた。それは共同体の内部や自分の家族間、

上／「シムハト・トーラー」1890年頃.
タデウシュ・ポピェル画. 年に一度のトーラーの朗読の完了を祝う喜ばしい祭日を描いている.（ユダヤ歴史研究所, ワルシャワ）
下／「夜祈るユダヤ人」1887年.
W・レシュチンスキ画.（ユダヤ歴史研究所, ワルシャワ）

親しい仲間間でのことだった。しかし他の人たちは――それとも「他者は」と言うべきか――すぐ隣りのポーランド人の世界はどうだろうか。『イズコル書』の頁にはポーランド人のブランスクは滅多に出てこない。第二次世界大戦の時期まで、現実のポーランド人あるいはポーランド人とユダヤ人の関係に関しては、わずかな間接的言及に出会うのみである。ポーランド人から尊敬されていた金持ちの、雇われていたユダヤ人たちがなだめなければならなかったという地主についての言及がある。また、五人目のラビは、たいへん愛されていた賢い人で、どうやらブランスクのキリスト教徒の住民からさえ尊敬されていたらしい。そしてそれですべてである。

『イズコル書』はいわば失われたユダヤ人共同体の記念たらんとした文書であることを考慮しなければならない。それにもかかわらず、シュテットルの生活の記述の中にポーランド人がまったくといっていいほど出てこないことは、おそらく、一種の現実を、もし実際のものでないとしても精神的な隔離の現実を表現しているのであろう。町の二つの片割れは隣り合って暮らしていたが、互いに相手のことをほとんど知らなかった。市場や宿屋、あるいは店ではつきあいがあったし、交際が始まったことも、偶然の友情が芽生えたこともあったに違いない。しかしながら重要な意味を持つ多くの事柄では、二つの共同体は互いに足を踏み入れられない社会であった。ユダヤ人とポーランド人は互いの家や礼拝所に入ることはなかったし、お互いの考えや関心事についてもほとんど知らなかった。

それにもかかわらず、彼らは毎日顔をつきあわせていた。このように日常的に距離を置きながら、互いに相手をどのように思っていたのであろうか。ポーランド人はもちろん彼ら自身の身分と富の階層制度を持っていた。その頂点に立っていたのは、自分の財産管理人にユダヤ人を雇っていたその土地のシュラフタであり、ユダヤ人はその人柄をたいへんよく知っていたに違いない。土地所有者は時には友好的で保護しようとする者もいたが、気まぐれで尊大な者もいた。彼らは財政難からの救出を自分のユダヤ人管理人に頼むことができた。こういうとき管理人は自分のポケットからまとまった金を捻り出すか、あるいはさらに多くの税金と小作料を農民から搾り取らなければならなかった。

ポーランド人の社会階層の次のステップに立っていたのは、少数の高い教育を受けた知的職業人──医者、教師、さまざまな官僚、司祭であった。字の読み方を知っていたかも知れない裕福な農民が少しはいた。しかしブランスクに住む大部分のポーランド人住民は貧しく、裸足で、読み書きができなかった。

ポーランド人の生活を支配した価値と現実の体系は多くの点でユダヤ人のエートスとは大きく異なっていた。貴族は相変わらず愛国心や勇気、威勢を重んじていた。彼らは大量のアルコールを飲み、狩りをし、彼らにとって最も焦眉の重要性を持っていた問題──ポーランドの独立をいかにして回復するか──について議論していた。農民はユダヤ人が宗教に縛りつけられていたのと同じく強く土地に縛りつけられていた。彼らの一日と一週間、一年は、ユダヤ暦が宗教的な指標によって定められているのと同じように、農地の耕作と家畜の飼育が課す要求によって定められていた。

農民にとってユダヤ人は経済的な羨望の対象であったかも知れないが、しかしこれは社会的現実とは何の関係もない民間伝承や迷信の底流とともに存在していた。ユダヤ人は農民の神話的世界でことのほか重要な役割を果たしてきた。おびただしい数のポーランドのことわざや詩、伝説、民間説話がそのことを証明している。民間伝承のうちのいくつかは教会で身につけたものであろうが、農民の信心はカトリックに独特の彩りを与え、異教的、非キリスト教的な要素を注ぎ込んだのであった。ユダヤ人は過越しの祭の日に食べる種いれぬパン《マッツォー》を作るためにキリスト教徒の血を必要とするという信念は土地の司祭によって植えつけられたからかも知れないが、隠れたレベルでは、たとえ儀式殺人の罪で直接告発しなかったとしても、広く信じられていた。また、ユダヤ人はキリストを殺したのだから呪われた人々だと考えられてきた。もっともこの物語のいくつかの版ではユダヤ人自身が自分の行為を後悔し、その過酷な運命を当然の罰として受け入れてきたことになっている。ユダヤ人の習慣についての民間の説明の中には手の込んだ奇抜なものもあった。そうした物語のひとつによれば、ユダヤ人が豚肉を食べなかったのは、豚はもとは人間だったと彼らが信じており、豚を自分の「おば」と見なしていたからであった。これは、ユダヤ人がどのようにイエス・キリストをからかおうとし、一方キリストはこのごまかしによっていかにユダヤ人に仕返しをしたかについての長い物語でもって裏づけされていた。ユダヤ人は悪魔的な力と結びつけて考えられてきたが、しかし、幸運とも結びつけられてきた。もし泥棒に入られたら、ユダヤ人は泥棒が捕えられ、処罰されるようにその泥棒に呪いをかけることができた。農民は、それはシナゴーグの中で、ダビデの詩編を唱えているときに行われると考えた。もしユダヤ人が人から何かを借りたなら、その人のその日の商売に幸運をもたらした。ユダヤ人はまた自分の患者を騙さない優秀な治癒者と思われていた。村でたびたび上演されたヘロデ劇の中では、ユダヤ人はしばしば足が不自由で、猫背で、からかいの対象だった。しかしまた夢を解釈できる賢明な人、あるいは新婚夫婦に最初の祝辞を述べる人だった。『イズコル書』は聖人のような五人目のラビはしばしばさまざまな問題で農民に助言し、ユダヤ人とキリスト教徒の紛争を解決するように求められたことを伝えている。これもまたシュテットルの暮らしに関する記述の中に繰り返しあらわれるモチーフである。

言い換えれば、ユダヤ人は恐れられてもいれば尊敬されてもいた魔術的な力と秘教的な知恵を持っていると信じられていた。この深く根を降ろした信念が彼らの中で暮らしている人々に対する農民の実際の認識に影響したのである。ブランスクの通りを横切るとき、農民は木造の家の低い窓から、黒いカフタンに身を包み、あご髭を生やした、奇妙な文字に覆われた大きな黒い書物の上に屈み込んでいる男をちらっと見、現実の人間というよりはむしろ神秘的な知識の化身をそこに見ていたのかも知れない。農婦は祭日にシナゴーグの内部を覗き込み、長い巻物を運ぶ男たちの姿を見て奇妙に思い、困惑にとらわれたかもしれない。農民はしばしば、トーラーの巻物の形に黄金の子羊あるいは子牛を見て取り、これはユダヤ人の偶像崇拝禁止を考えれば、ことのほか皮肉な歪曲であった。

ブランスクのユダヤ人にとってポーランド人の隣人は、はるかにあけっぴろげな人たちだった、少なくともそんなに恐ろしいほどに不可解な人たちではなかったに違いない。ユダヤ人はずっと前から他の言語、他の習慣に慣れていた。彼らはキリスト教を、ユダヤ教の若い、心得違いの子孫と考えていた。シュテットルのユダヤ人には独特の迷信があった。「邪眼」に対する恐れはユダヤ人のあいだに広く浸透していて、多くの人がその力に備えて呪文が書き付けられたお守りを身につけていた。しかしユダヤ人の迷信の取引の相手は彼らの周囲の「非ユダヤ人」というよりはむしろ、天と地の暗黒の領域や彼ら自身の死者たちと罪人たちの霊であった。村に住むユダヤ人は、いくつかの農民の儀式、たとえば、獣が一晩だけ魂を獲得すると信じて、クリスマス・イブの日に、動物に話しかけるために畑や馬小屋に出かけるといった異教的性格や幼稚さに対し、信じられないというように首を振ったかも知れない。しかしこのような風習はタルムード教育をうけたユダヤ人に畏怖の念を抱かせはしなかったであろう。彼らはキリスト教徒の本当の力に油断しないことを学んでいたが、キリスト教に魔術的な力を賦与してはいなかった。実際、ユダヤ人のキリスト教に対する態度の中には明白な恩着せがましさの要素が見られた。サロモン・マイモンは子供時代に、狩りの一行とともにあるポーランドの公妃が彼の祖父の家に立ち寄ったときの出来事を覚えている。サロモンは集った名士たちのうっとりするような魅力に目がくらむ思いであったが、祖父は急いで彼の誤りを正したのであった。「こら、いとけない愚か者よ」と祖父はサロモンの耳に囁いた、「来世ではあの公妃はわしらのために竈に火をたきつけているのだぞ」。

このようにブランスクの二つの部分は親しい間柄であると同時に互いをまったく知らなかった。農民はユダヤ人について魔術的な信念を持っており、一方ユダヤ人はポーランド人に対して懐疑的だった。しかしこの二つの集団は互いにとって有意味のレベル以下のところで共存していた。最も重要なのはおそらくそのことであろう。彼らは互いに真の精神的生活の領域に入ることを許さなかった——世界をともにしてはいなかったのである。こうした状態は長いあいだ変わらなかった。もちろん、世界は両共同体に影響を及ぼし続けたために、たとえゆっくりとしたものであれ、変化は避けられなかった。

第三章　諸外国のあいだで

……ポーランドにおいてのみユダヤ人は最も無知で最も頑固なタルムード信奉者である……。ポーランドにおいてのみ、国内産業の最上位にたどり着いた……。ポーランドにおいてのみこのように数が多く、毎日増え続けているために、彼らの現在の人口は国の人口の八分の一になり、当然のチャンスと抜け目なさと必需品の制約と闘う能力のある人口の半分以上を占める。それゆえにポーランドでは今日最も有害なだけである、あるいはどちらかと言えばここでは有害なばかりである……農民が彼らの手から抜け出し、啓蒙されるならば……ユダヤ人自身が習慣の点でわれわれに接近し、公然たる行動でもって周囲の人々と和解できることを証明するならば、それが彼らに寛大な利益を認めるのにより安全な瞬間であろう。

（一八一七年、ポーランド王国国家会議声明より）

……すでに六世紀間、この国に定住するユダヤ人はこの地に同化し、民族全体にとって必要な一部となっている。彼らは国内で、家屋として、また工場としてははるかに多く、不動産を所有し、商業部門および工業部門の相当部分が彼らの手中にあり、彼ら自身によって支払われた手数料でもって国庫と王国の諸都市の予算の少なからぬ欄を埋めている。

もしこれまでまだすべてのユダヤ教徒の住民が、そしてすべてにおいて、習慣と社交生活の点で住民全体と親戚になったわけではないとすれば、その理由は――ユダヤ教会堂《シナゴーグ》監督によれば――もっぱら、彼らのために別個の形式と規則を定めることによって、あらゆる機会に彼らを全体から区別したことにある。

（ワルシャワ管区ユダヤ教会堂会議、一八五六年）

他の信仰の民に関する規則のなかで、ユダヤ人の家全体がその主張を拠り所にしている我らが神学指導者のレム〔イッセルレス・モイジェシュ Isserles Mojżesz〕は、われわれはポーランドの土着の住民を他のすべての国々の住民よりもずっと愛すべきであるとわれわれに述べている。なぜならば彼らは実際に我らが兄弟であり、我らが先祖、族長たちの息子であり、エラネ（＝エサウ）の息子たちであるのだから。そこでレムはこう書いた。バターを塗っていないパンのかけらでさえ、われわれを憎まず、我らが聖書の律法をわれわれに守らせてくれるポーランドでは安んじて美味しく味わえる。（……）それゆえ私は表明する。われわれがポーランドの息子たちを愛することはわれわれの義務であると。

（一八六一年、一月蜂起中のユダヤ暦の新年の祝いに際して行われたラビ・ベル・マイセルス Ber Meisels の説教から）

十八世紀末から第一次世界大戦の終わりまでのポーランド史の最も重要な事実は分割である。ポーランドはもはや存在しなかったが、ポーランド人のナショナリズムは無慈悲に抑圧されたためにいっそう熱烈なものになっていった。ポーランド人の観点からは最も圧制的で危険な占領者はロシア人であった。そのため十九世紀はロシア皇帝《ツァーリ》の支配に対する一連の陰謀と蜂起、反乱、暴動で何度も中断されることになった。こうした試みはすべて敗北に終わり、どの敗北のあとにも抑圧と懲罰の波が訪れた。ポーランドのエリートの大きな部分が、十九世紀の大部分を亡命地で暮らした。特別な苦しみのために選び出されたというユダヤ人の観念に比せられる自民族の受難の観念をポーランド人が発展させたのは、まさにこの時期であった。諸民族のキリストとしてのポーランドの象徴はユダヤ人の永遠の流浪という寓意と競った。運命の類似は時にポーランド人とユダヤ人を同一視させ、緊密に結びつけた。しかし、分割国の政策と自らの苦境の方が上だとするそれぞれの集団の信念が、両者間の鋭い対立を生じさせることの方が多かった。ポーランド人とユダヤ人が共に行動し、兄弟愛の感情が強まった盛んな反乱の時期には、数々のエピソードが生まれた。しかし、いずれも迫害されているからと言って必ずしもよい仲間になるとは限らない。親交の時期にはポーランド人は、熱烈に身を捧げてきた彼らの大義に対するユダヤ人の忠誠心の不足を非難した。かたやユダヤ人は、永続的な愛国心のための十分な理由が説明されていないと指摘した。その一方で、十九世紀を通して労働の役割と種類の分裂がますます鮮明になるにつれ、二つの集団間の経済競争がますます激しさを増していった。

ユダヤ人の共同体からすると、時代の問題は一連の新たな法と状況の中でどのように地歩を固めるか――誰に忠誠心を示すか、どのようにして自分の利益を守るか、どの程度まで同化するか、そしてどの文化に同化するかであった。果たして彼らはそれまでに、どのような転変をたどろうともポーランド人の大義と同盟を結ぶに足るほどに、ポーランド人になっていただろうか。それともまた、相変わらず、本質的に、誰であれ、自分の身を預ってくれている者には適応すべき客人と考えていただろうか。ポーランド分割のユダヤ人の生活への影響はどの国の植民地かで異なった。こうした問いへの回答も同様であった。プロイセンに支配されたポーランド西部地域では、ユダヤ人住民の比率は最も低かった。最も貧しいユダヤ人を国内から追放する一方、裕福なユダヤ人は同化するように盛んに促した。イディッシュ語とドイツ語が言語学的に近似していたことも、彼らが進んで同化する要因となった。ついでながらそれは、ユダヤ人がポーランド文化を同じように易々とは受け入れようとしないことに対するポーランド人の非難を呼び起こした。ガリツィア地方を含むハプスブルク帝国ではヨーゼフ二世が一七八九年にユダヤ人に全面的な市民権を与えると同時に、宗教上の問題へのカハルの権限を制限した。もっともガリツィアではポーランドに関する問題の監督は事実上ポーランド貴族の手中にあり、カハルは以前同様、ほとんど思いどおりにやっていた。ウィーン会議で設立され、ポーランド会議王国あるいは会議王国〔近年は立憲王国、とも〕として知られる、ワルシャワの周囲の、一般に独立ポーランドとみなされている一握りの土地は、事実上ロシアの監督官によって統治されていた。

ロシアの支配圏は最も広大であり——ロシアはポーランドの領土の六〇パーセントと人口の四五パーセントを手に入れた——、帝政ロシアの政策は通常最も抑圧的であった。しかし、広大なロシア占領地域では、戦略が練り上げられ活動が開始された中心地域と、変化の速度はずっと遅く、出来事の度合いもはるかに穏やかであった辺鄙な東部国境地帯〔ブランスクもそこに入る〕とのあいだには巨大な差異が存在した。政策はロシア皇帝《ツァーリ》が変わるごとに変化したが、ユダヤ人に関しては歴史的につねに、ポーランド人の姿勢よりも保守的であった。ひとつの先例は一七九一年、女帝エカテリーナによるユダヤ人の居住と移動の権利を厳しく制限するロシア国内定住地域〔英語辞書ではPaleは「ユダヤ

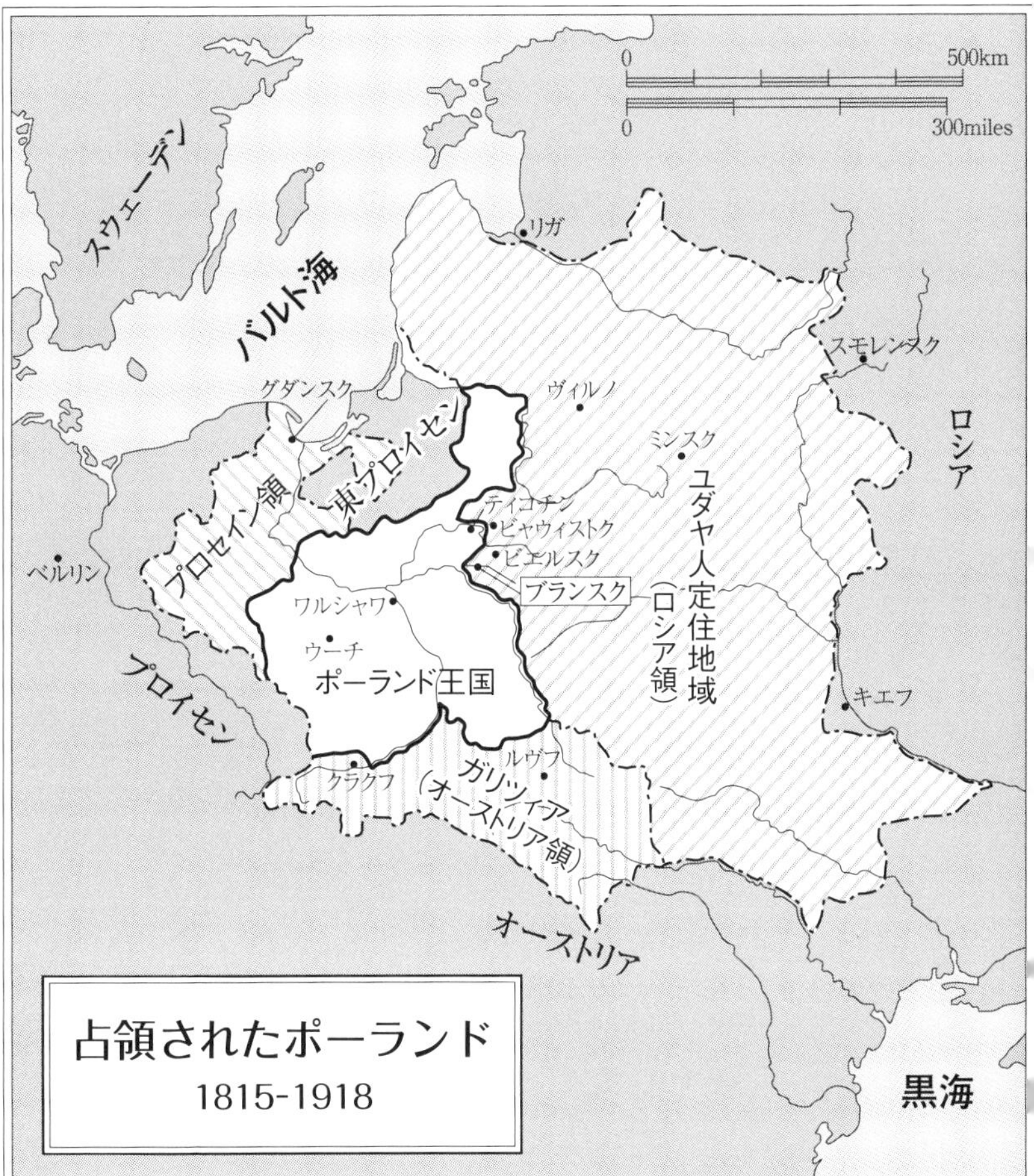

占領されたポーランド
1815-1918

人強制集住地域」と訳されている。定住地域 Strefa osiadłości すなわちユダヤ人が定住してもよい地域（主に旧ポーランド共和国領内）」の制定である。

この国内定住地域はポーランド東部の占領領土までは広げられていなかったが、ロシア帝政の支配の開始はこれらの周縁地帯では大きな影響をもたらした。たとえば一八二四年にアレクサンドル一世がユダヤ人に伝統的な衣服の着用を禁じる勅令を発布した。しかしながら、この法律は大部分が無視された。ブランスクのユダヤ人共同体にとって、またポーランド東部のすべてのシュテットルにとっても、最も憎まれた帝政ロシアの法律は、ニコライ一世によって発布された一八二七年のカントニスト勅令であり、毎年帝政ロシアの軍隊に徴集される若いユダヤ人男子の割り当てを要求した。『イズコル書』によれば、この運命の命令に対するブランスクのユダヤ人のなかでの最初の反応は宗教的なものだった。勅令の知らせを受け、彼らは法律が撤回されることを期待して断食を宣言した。ロシア当局がこの懐柔策に気づけずに、ユダヤ人全員の名前の登録を要求し、最初の三人の新兵をブランスク管轄区域から要求したときには、カハルは、より現実的な戦術に移った。最初のパニックが過ぎたあと、表面的には登録するのがより有利だった別の町に逃れた家族もあった。また、既婚男性は兵役を強制されないことを知っていたので、息子たちをおもちゃ離れするより前に急いで結婚させた人もいた。また、生年月日を改竄し、袖の下を渡した。

勅令の重荷の大部分は、よくあることだが、孤児と貧しい家庭出身の子供たちに降りかかった。新兵を集め、届ける責任を負っていたカハルは、最も貧しい男の子たちの秘密リストを作成した。たいていそれは仕立屋の子供であった。これらの子供たちのなかにはユダヤ人の「人さらい」によってへデルから、あるいはたんに通りから連れ去られただけの者もいた。『イズコル書』が執筆されていた時期、これらの出来事はまだ複数の世代にわたる記憶の中に生きており、ブランスク出身の人々はサディスティックな気性で知られたレイブ・タテの話を覚えていた。この男は男の子を捕まえるために、オルラ（Orla）の町からブランスクにやって来ていた。そのあと、この子供たちはオルラの割り当て数の一部として引き渡されたのだった。脅威に晒された時期には忠誠心は急速に萎み、時には自分の小さな町の境界にまで狭まったのである。

のちに思いもよらない厄介な展開が待ち受けていた。レイブ・タテがブランスクのカハルに雇われ、このカハルのために男の子たちを捕まえることになったのである。このようにして捕えられた男の子たちはシナゴーグの窓にかんぬきを掛けた部屋に閉じ込められた。『イズコル書』の著者たちは仕立屋の代表団が、このような不当なやり方に対して共同体の長老たちに抗議するためにシナゴーグへと向かった時の様子を、いささかの義憤を込めて述べている。「あなた方の子供は家に残っているのに、われわれ、貧しい両親からは一家の稼ぎ手を連れ去っている」と。長老会の議長は仕立屋の代表団長をシナゴーグからつまみ出すように命令し、命令はきちんと実行に移されたのみならず、この気の毒な男はさんざん殴打されたのであった。抗議した母親たちもまたどうやらレイブ・タテによって殴られたようである。

『イズコル書』には、なぜ徴兵がそれほど悲劇的であったかを示唆するレウベン・カツェヴなる人物が著者たちに語った話も含まれている。レウベンは遠い昔、彼と兄の寝室にレイブ・タテとその仲間が踏み込んで来た夜のことを思い起こした。レウベンはこのとき八歳、兄は十三歳だった。少年たちは逃げようと試みたが、兄は捕まり、軍隊にさらわれてしまった。こうした子供たちはしばしば何十年間も、ロシアの奥深くに跡形もなく姿を消したのであった。レウベンの家族は初めのうちは気を落としていたが、やがていなくなった息子のことを忘れてしまった。四十年が過ぎ去った。レウベンの母は死んでいた。人さらいのレイブ・タテも死んでいた。そしてある日、レウベンの兄が、ロシア軍の少佐の軍服を着てブランスクに再び姿を現したのだった。「しかし兄はもうユダヤ人ではありませんでした」とレウベンは話した。「ロシアの軍隊にいるあいだに改宗していました」

兄に幾度も頼み込まれて、家族はこのよそ者の親族に母親の墓を教えることに同意した。町中の人が彼のあとについて墓地に行ったが、彼の悲嘆の叫びに誰の胸も張り裂けんばかりだった。「母上、なぜ私はあなたのもとから連れ去られたのでしょうか」と彼は墓に覆いかぶさって嘆き悲しんだ。「なぜ私は私の宗教から引き離されてしまったのでしょうか」。そのあとロシア軍少佐は何十年も前に彼に追放を宣告したレイブ・タテの墓に唾を吐きかけ、踏みつけにしたのであった。

この物語には、寛大な、放蕩息子〔ルカ 15: 11-32 帰郷し、悔い改めた罪人〕の結末はない。感動的な墓参のあと、レウベンの兄はブランスクを去った。彼は時たま故郷の人たちに手紙を出したが、誰も返事を出さなかった。今回は共同体の記憶からも最終的に抹消されてしまったのである。こうした個人的な悲劇は数えきれないほどのシュテットルの家族の中で繰り返された。カントニストの新兵はしばしばロシアの軍隊では虐待され、改宗を強いられた。故郷に戻ろうとしたときには、たいてい厳しい拒絶に出会ったのである。

『イズコル書』によれば、カントニスト勅令は、ユダヤ人家族の悩みの種であっただけでなく、ブランスクの最初のラビ、メイル・ネヒスの若死の原因ともなった。どうやら新兵の母親は、ラビの住居の隣にあったシナゴーグの監禁部屋まで息子たちについて行ったようである。そこで母親たちは大声で泣きわめき、壁に頭を打ちつけながら嘆き悲しんだのだった。ラビは——と話は終わる——この悲嘆の声に耐えられず、「そのために若くして世を去った」。

これは『イズコル書』がありふれた出来事を詩的に表現し、啓発的なたとえ話に変えている事例のひとつである。この短い物語の中では、母親の心労が叙事詩的悲嘆にちょっとした、長い迫害の記憶とユダヤ人の苦しみのほとんど神話的ともいえる意味を凝縮しているように思える悲嘆に変えられている。

実際には帝政ロシアの統治に対するユダヤ人の態度は複雑なものだった。ポーランド人とは対照的に、ユダヤ人の共同体は特定の政策に対しては憤慨したかもしれないが、基本的にロシア統治の正当性を受け入れていた。多くのユダヤ人指導者が初めは、もしかすると復活するかも知れないポーランドよりは、大きな多民族国家のロシア帝国の一部としての方が彼らの同胞により大きな全面的解放の可能性があると考えていた——たとえ彼らの期待は何度も当て外れに終わったと言えども、である。

少なくとも地方レベルでは、ロシア当局は、過去のポーランド当局よりも、かいくぐることのできる、あるいは裏をかくことができる集団だった。以前のポーランドの統治下ではカハルはある定められた点でのみポーランドの行政機関と協力しつつ、自らの民を統治することを任されていた。ロシアの統治下では市民的服従の要求はより大きかった。その結果、シュテットルは、公的な顔と私的な顔を区別し始めた。一八三五年、ロシア政府はユダヤ人の権利とカハルの役割を制限するための「ユダヤ人改革」の新たな段階に着手した。新法規は公認のラビと会計係、ひとりの長老、ひとりの「学者」とから成るいわゆるシナゴーグ会議の設置を命じていた。行政ラビの職務は全面的な世俗教育を受けた者のみが果たせることになって以来、カハルは二人のラビを――一人はツァーリ用、一人はいわば神用――に任命し始めた。公認のラビはユダヤ人共同体と政府のあいだの仲介者だった。結婚証明書と離婚証明書を発行し、また出生と死亡を記録した。宗教的なラビの職務は今ではおそらく教養上の疑義と論争の解明に限られていた。実際には、相変わらず共同体の真の道徳的指導者であり、精神的指導者であったのは宗教的なラビであった。

　逆行的な「ユダヤ人改革」はポーランドの最初の大蜂起である十一月蜂起（一八三〇―三一年）の数年後に実施されたが、それはおそらくユダヤ人住民に対する支配権を握り、ポーランドとの絆を断ち切らせようとするロシア当局のより広範な試みの一部であったろう。実際、ロシア人は、ユダヤ人とポーランド人に関しては、わざと不和を生じさせる政治を行った。ユダヤ人に対しては、ロシア皇帝《ツァーリ》に対する忠誠心と引き換えに全面的な特権を約束し続け、同時に不釣り合いに大きな数のユダヤ人を情報部で働かせるといったやり方でポーランド人の警戒心のレベルを高めようとした。しかし実際にはロシア人は約束を破り、都合のよいときにはユダヤ人を金銭的に搾取し、他のときには抑圧的政治に委ね続けた。一八四四年にはもうひとつのロシアの法律が独立したカハルを全面的廃止に導いた。法的にはユダヤ人に関する問題の処理は町の行政機関が引き継いだ。しかしユダヤ人の生活は引き続き非公式に、共同体の組織と家族構造によって統制されていた。

「分割して統治せよ」〔ラテン語から。マキャベリの政治哲学とされる〕なる戦略は、ロシア統治領のポーランド人住民とユダヤ人住民のあいだにすでに存在した亀裂を深めただけであった。ポーランド人が多少の権力を持っており、のちのポーランド問題の種が撒かれたポーランド会議王国では、二つの集団間の雰囲気は恨みへの疑念から逆の疑念へと一変したために、しばしば緊迫し、憎悪が漲っていた。非難合戦の応酬は以前のプロイセン統治下で始まっていた。そこではポーランド人がユダヤ人を、ドイツ人に対する忠誠に関して責め立てた。のちには、ユダヤ人を治める法律はさらに差別的になり、それがユダヤ人共同体の中に大きな不満を生じさせ、次いで、共同体は、ポーランド人に忠誠を申し出ることはユダヤ人のためにならなかったと考え始めた。たとえば一八〇九年にワルシャワ公国政府がユダヤ人に町の特定の通りに住むことを禁じる新たな布告を出した。一八一七年までにはすでに政治的雰囲気は変化し、ポーランド臨時政府が改革に着手しようとしてユダヤ人・農民問題委員会を設置した。しかしこの計画は皇帝アレクサンドル一世によって拒絶された。

それにもかかわらず、一八三〇年代までにはポーランド会議王国のユダヤ人人口は全人口の二〇パーセントへと増加した。政治の不安定さにもかかわらず、この時期にはユダヤ人のかなり大きな富の増大が見られた。その中のいくつかは、ナポレオン戦争から始まった。この時、ユダヤ人の商人がポーランドのナポレオン軍団の主な納入業者となったからであった。これらの実業家の何人かはさらに強大な金融王朝を打ち立てた。ポーランドの軍隊へのユダヤ人の貢献を忘れて、その富は自分たちの不幸の上に築かれたものだと考えたポーランド人のあいだに妬みと憤りを呼び覚ました現象である。

ポーランド人のエリート層が多少の実権を行使したつづく短い時期に、彼らは縮小した国のユダヤ人住民に対して法的な解放を認めることができなかった、あるいは部分的な同化を全面的権利の条件にした。それがまた何人かのユダヤ人指導者と銀行家が、それ以上のものを彼らに提供しそうに思われたロシアの監督官と同盟を結ぶ気にさせたのである。

一八三〇年、十一月蜂起として知られるロシア人に対する最初の暴動が起こった。暴動が始まった会議王国ではユダヤ人の忠誠心と意見は分裂していた。しかし、共同体の大人数の代表団は、自らの運命をポーランド人の反逆者たちと分かち合う方が賢明だったと感じるほどにロシア人に失望していた。興味深いことに、数名の有名なフランク主義者が、暴動のごく限られた幹部の一員として暴動の計画立案に重要な役割を果たしていた。ワルシャワの通りを混乱から守るためにパトロール隊を組織した国民軍（Gwardia Narodowa）の先頭に立っていたポーランド人の将軍は、最初は、ユダヤ人を隊列に受け入れることに反対していたが、政治的な圧力のもとで自らの決定を覆した。ユダヤ人は、多くの正統派ユダヤ教徒を含めて多数、熱狂的に志願した。しかし、この緊張緩和は、何人かのポーランド人の国民軍メンバーがユダヤ人志願兵のあご鬚に反対するといったようなささいな外見の問題のために挫折した。そこで司令官は国民軍よりはいささか規模の小さい市民「予備軍」を創設し、あらゆる種類の髭を生やしたユダヤ人の入隊を許可した。その一方で三百人ないし四百人のユダヤ人は結局、あご鬚を剃り落として正規の国民軍に入隊することを決め、このうちの何人かは将官に任命された。十一月蜂起のユダヤ人兵士の中には、コシチュシュコのユダヤ人軍団の英雄、ベレク・ヨセレヴィチの息子ユゼフ・ヨセレヴィチ、さらにその息子のレオン・ベルコヴィチがいた。結局、蜂起——それについてはポーランド人の意見も割れていたが——は鎮圧され、そのあとに激しい報復行為が続いた。かくしてポーランド人とユダヤ人の戦闘の中での連帯のもうひとつの短いエピソードは終わりを告げた。

蜂起が引き起こした軋轢は、遅れてではあれ、ポドラシェ地方でも感じ取られた。ブランスクではロシア人の警戒心が強まる一方で、隣人のユダヤ人に対するポーランド人の疑念もまた強まった。『イズコル書』はこの時期に由来するブランスク「伝説」に言及している。それによると、とある放浪のハザン〔シナゴーグの朗詠者〕(chazan)——安息日の祈りを歌うために村から村へと歩き回っていた者——が旅の途中で土地の蜂起参加者たちによって足止めされ、スパイの廉で告発された。自分の仕事の内容をポーランド人に説明することができず、ことを容易にするために彼は、自分は仕立屋だと告げた。しかし詮議を受けたとき、この気の毒な男は針に糸を通すことすらできなかった。蜂起参加者たちは彼が嘘をついており、本当の目的を隠しているという結論を下した。その結果、ハザンは絞首刑に処せられたのであった。

＊＊＊

シュテットルの生活は、政治的情熱の爆発の幕間は、比較的安定していた。ユダヤ人たちは結婚し、家族を増やし、新しいシナゴーグを建て、若い男たちはイェシヴァへ勉強に通った。

次なる政治情勢の激震が襲ったのはその三十年後だった。一八六三年の一月蜂起である。これはポーランド人の、十九世紀で最も重要なロシア人に対する行動であり、それに備えて、ワルシャワのポーランド人とユダヤ人はもう一度力を合わせたが、今回は自らの運命が繋がりあっているという双方

「1861年，ワルシャワにおける五人の殉難者の葬儀」アレクサンデル・レッセル（1814–1884）画．ロシアに対する反乱の渦中で殺害された犠牲者の葬儀であり，二人のワルシャワの主席ラビがポーランド人の宗教指導者とともに式を執り行った．

に共通の認識を伴っていた。ポーランド人は自らの企ての成功のためにはユダヤ人の政治的、経済的支援が必要であることを理解していた。進歩的なユダヤ人はロシア皇帝の権力側からは大きな恩恵はまったく期待できないことを自ら確信した。一月蜂起に先立つ騒然とした時期には愛国心と友愛の感情が感動的に表明されたものであった。

一八六一年のポーランド人愛国者の大虐殺の後、ワルシャワの二人の主席ラビは葬列の中でポーランド人指導者と肩を並べて歩を運んだ。同じ年にラビ・ベル・マイセルスは、ロシア人によるワルシャワのカトリック教会に対する冒瀆に抗議してシナゴーグを閉めるという意思表示をした廉でロシア人に逮捕された。彼は蜂起が始まる前に国外に追放された。

愛国的な熱情には代償が伴ったが、甘美な満足をもたらした。一八六二年にブリュッセルで著述活動を行っていたユダヤ人ジャーナリスト、オゼアシュ（オズヤシュ）・ルブリネルは希望に満ち溢れた口調の「ポーランドに住むポーランド人＝ユダヤ教徒に」を発表した。「一八六一年にワルシャワで起った流血の惨事は大いなる奇蹟を起こした」と彼は宣言した。「これまでポーランドの民族反乱はどれもユダヤ人のためには何ひとつ政治的変化をもたらさなかったのに対して、ポーランドの言論機関が一八五九年にさえ、八世紀前からポーランドに定住しているにもかかわらずユダヤ人はつねに新来者であり、外国人であると考えていたのに対して――あなた方の一八六一年の民族的な出来事への積極的な参加、あなた方がワルシャワの舗道でロシア人の銃剣と銃弾にともに胸をはだけたこと……これらすべての、まったく思いも寄らない、ほとんど奇蹟に近い出来事は、キリスト教徒のポーランド人とユダヤ教徒のポーランド人を分かちがたい絆で結びつけた。ワルシャワの舗道に共に加わったことによって……ユダヤ人はポーランド公民の肩書の権利を手に入れただけでなく、勝ち取ったのである。この肩書をキリスト教徒のポーランド人は誠心誠意認めたのである」

ブランスクでは一八六一年に陰謀団の細胞が結成され始めた。ついには農民と貴族の身分から大きな戦闘部隊が召集された。ロシアの軍事的プレゼンスは増大した。こうした緊迫した状態の中で、町のユダヤ人共同体は八方塞がりになったと感じていたものと想像できる。東部国境地帯ではユダヤ人はまだ自らを帝政ロシア皇帝と結びつける傾向があった。リベラルなアレクサンドル二世がロシア皇帝に即位するとともに、ロシアおよびロシア占領地域のユダヤ人は、皇帝の改革が彼らにも及ぶものと期待した。期待は叶えられなかったが、この皇帝の統治下でユダヤ人はより多くの権利を獲得し、そしてあの憎むべきカントニスト勅令は廃止された。

さらに、純粋に実利的な観点からしても、ロシアへの完全な接近は、ユダヤ人のポーランド人への同一化を、さらに筋の通らないものにしたのかも知れない。シュテットルの正統派ユダヤ人共同体は公然と反抗しているポーランド人と行動を共にするならば、これまでにもまして弱い立場に留め置かれるに違いないことを知っていた。

今では、ズビグニェフ・ロマニュクが発見したロシアの公文書が新たに公開されて入手可能になったことで、蜂起の年月のブランスクでの出来事をかなり詳細にたどることができる。ポーランド人とユダヤ人の関係の観点からすると、これらの文書から明らかになった物語はどちらの側にとってもおよそ心地好いものではない。ドラマは一八六一年、いくつかの解放の効果を覆した逆行的なロシアの農奴改革が発表されたときから始まった。改革は併合された地域の小作料の値上げと増税をもたらし、ブランスク地域の農場主のあいだに大きな動揺を引き起こした。その結果、反乱を防ぐためにロシア軍の二個中隊が町に投入された。この時に行われた裁判のひとつは、この地方の森を略奪して回り、他の犯罪としては、あるユダヤ人女性が経営していた酒場を襲って、ポグロムをやるぞと脅しをかけた武装農民集団に関するものであった。彼らは単なる強盗団とみなされ、しかるべく処罰されたが、その行動には反ユダヤ主義的な色合いだけでなく、反帝政ロシアの色合いもあったのかも知れない。

ブランスクで政治的煽動がくすぶっていたとき、ロシア人は典型的な戦術をとって、スパイとして使うためにあるユダヤ人をグロドノの町から連れてきた。当時、カトリック教会はポーランド人の陰謀活動の中心的な拠点のひとつになっており、どうやらグロドノからやって来た男は、同胞ユダヤ人から聞いた内容の挑発的な説教について当局に報告したもののようである。そうした情報は人を困惑させるものであったに違いないが、ロシア人は、ブランスクのユダヤ人が自分の町の住民を密告するとは明らかに信じていなかったのは興味深いことであるし、教会でミサのあいだにどんな説教が行われたのかをユダヤ人が知っていたということは、ポーランド人とユダヤ人の共同体のあいだに多少の親密さが存在していたことを示すものである。

その後の混沌とした出来事に際してユダヤ人がとった立場は不確かなもののように思われる。ある出来事ではユダヤ人は、おそらく強迫されて、ロシア人に情報を渡し、その結果、大鎌と他の農民の武器が蓄えられていた隠し場所が発見された。もうひとつのエピソードでは、ポーランドの自由のための戦士を憎んでいたことで知られたあるロシアの役人が、ユダヤ人女性が所有する宿屋に泊まった。この役人は夜のあいだに反逆者によって首吊りにされ、宿屋の女主人は反逆者と結託していた嫌疑で拘留された。しかし彼女は反逆者たちを知らないと断固として主張して釈放された。しかしながら、別のユダヤ人女性の証言からすると、女主人の夫が、ロシア人の役人の処刑にかかわりがあったようだ。数か月のち、他の地域からやって来た別のユダヤ人が近くの村でスパイ行為の廉で告発され、ユダヤ人社会の有力者の介入にもかかわらず、ポーランド人によって処刑された。死骸はブランスクの墓地に運ばれたが、その墓を守っていた人も殺された。どうやらいわれのない報復行為であったようだ。この時にはすでに、非常に緊張が高まっていて、ユダヤ人は田舎道を通るのが危険なことを知っていた。多くのユダヤ人家族が近隣の村落から少しは環境がましなブランスクに引っ越したほどであった。
たいていは深い、すべてを遮蔽する森の中から指揮されたポーランド人のレジスタンスが、ブランスクでは異常なほど長いあいだ続いたために、この地域はパルチザン活動と強情さとで評判が高まっていた。しかし、ポーランド人が敗北するたびに、そのあとに報復が続いた。ブランスクでのある大きな戦闘後に、ロシア人はポーランド人に対して、殺害された兵士たちのために喪の印を身に着けることを禁じた。もっともこの決定はすぐさま女性たちによって無視された。折れた十字架と鎖といばらの冠〔キリストの荊冠〕の形をした象徴的な宝石を身につけたのである。何人もの蜂起参加者がシベリアに、あるいはロシアの他の地方への流刑に処せられた。いくつかの貴族の領地は没収され、財産はロシア人のあいだで分配された。蜂起敗北後の全面的なロシア化キャンペーンの一部として官公庁でのポーランド語の使用が禁止された。

　ブランスクには、ある両義的な蜂起の記念物が今日まで残っている。反乱後、ロシア地域のすべての町がロシアの英雄、アレクサンドル・ネフスキーの記念碑を建立せよと命じられた。ブランスクではこの負担はユダヤ人共同体の肩にのしかかった。その結果生まれた記念碑――円柱がネフスキー像を囲むじつに優雅な石造りのロトゥンダ〔円形の建築物〕――は、二つの世界大戦で破壊を免れた数少ない建造物のひとつで、今も、以前の連想が剝ぎ取られて、罪のない、街の装飾として立っている。

　これらの混沌とした出来事をどう理解すればよいだろうか。「一般的にユダヤ人は政治に関わりを持たなかったし、無関心だったと言える。しかし、政治が原因の不幸はいつもいやになるほど味わってきた」と『イズコル書』の著者たちは述べる。

ワルシャワのポーランド人、ならびにユダヤ人のインテリゲンチャのあいだでは蜂起は異民族間の関係の頂点をなすものであった。「いやはや、一八六三年にユダヤ人と出会わない場所などあっただろうか」——数十年ののちに、代表的なポーランド人作家、ボレスワフ・プルス（Bolesław Prus）は書いた。「会議場で、陰謀の会合の場所で、教会と刑務所で、戦場で、シベリアへの道中で、それどころか絞首台の下でも」と。蜂起失敗の後、ユダヤ人はポーランド人と同様に、投獄とシベリア流刑でもって罰せられた。しかしシュテットルには立ち戻るべき統合の時期といったものはなかった。ブランスクのユダヤ人住民はそれまでに、より寛容なポーランドの政治をはっきりと知っており、その複雑さの中にできるだけうまく自分の場所を見出そうと努めていた。しかしながら、普通の人たちは、政治とは、自分に利害関係があるものとしてよりは、彼らの身に降りかかって苦しみをもたらすものという強い信念を持っていた。非ユダヤ人の世界で起こっている出来事は彼らの関心事ではまったくなかった。ブランスクでは蜂起の結果であることが疑いなく明らかなのはロシア人が課した過酷な特別税であった。『イズコル書』にはポーランド人がこの金額の一部をカハルから工面しようとしたことが書き留められている。著者たちの観点からはこれは不公平なことであった。なぜならユダヤ人は反乱に加わらなかったからである。しかしながら、ポーランド人側の観点からは、この立場の道徳性は真逆であり、ユダヤ人が税負担の分担を渋ることは不参加という無礼への侮辱の上塗りだと思われたに違いない。『イズコル書』によれば、ユダヤ人共同体のある有力なメンバーが当局に対して税の軽減に同意するよう説得した。隣人同士の関係はこうした事態の結果、しばらくのあいだ冷え込むことになったかもしれないし、少なくともこれらの出来事は別個の道徳的分離を再確認するものとなったことであろう。

シュテットルのユダヤ人はさらに増える関係者間の衝突に対して中立を保とうと精一杯努めたに違いないが、いや増す熱情と殺戮を前にして政治的純潔を保つことは困難であった、というより、純潔と中立は代償もまた大きかった。もっとも、あるいはブランスクの教育レベルの高いユダヤ人のあいだでは、さらに複雑な政治的、社会的な意識が芽生え始めていたかも知れない。経験自体によってだけでなく、書かれた言葉の影響によってもより幅広い理解が深まったかも知れない。『イズコル書』によると、実に驚くべきことに、ブランスクのユダヤ人住民の大部分は十九世紀末まで相変わらず文盲であったが、しかし彼らの共同体にも何人かの熱心な読書家がいた。十九世紀半ばには読み書きができるブランスク人は、少なくとも時には、さまざまなポーランド領とロシア領からのイディッシュ語とポーランド語とヘブライ語の書籍と定期刊行物を手に入れることができた。当時すでにワルシャワではユダヤ人の印刷所が稼動していて、ヘブライ語とイディッシュ語で出版していた。両方の言語で発行されていた定期刊行物はさまざまな論点を取り上げ、ポーランド人とユダヤ人の論争に積極的に加わっていた。最も重要な出版物は一八六六年創刊の進歩的な週刊紙『イズラエリタ Izraelita』(旧約時代のユダヤ人、もしくはユダヤ教徒の意)であった。

ポーランド人側でもまた、「ユダヤ人問題」に関する議論はそれまでの無力な政治的な討論の場よりも、主に雑誌や新聞で行われていた。たとえば一八五九年にはワルシャワの町は、新聞紙上のいわゆる「ユダヤ戦争」を目のあたりにすることになった。これはあるポーランド人の新聞紙上でのユダヤ人ブルジョアジーと同化ユダヤ人に対する攻撃から始まった。この二つの集団はしばしば、非商業的なものと考えられているポーランド人社会への資本主義的「潜入者」として、敵意の対象になっていた。誰しも驚いたことには、ユダヤ人共同体はそれに対して新聞を名誉毀損で訴えることで応えたのであった。この新聞は訴訟には敗れたが、著名なユダヤ人銀行家の援助を受けて、立場を全面的に転換し、一月蜂起へと続く数年間に、ユダヤ贔屓の記事を掲載し始めたのであった。さらには、別の、ユダヤ人銀行家が創刊し、有名なポーランド人作家が編集にあたったあるポーランド語の新聞は、もっぱらポーランド人とユダヤ人の共存に関する話題を取り上げていた。

こうした出版物の少なくとも数部はブランスクに届き、路上やシナゴーグで行われた議論を刺激したに違いなかった。あるいはブランスクの読書家たちは、同じくユダヤ人の活発な知的活動の中心地であったリトアニアのヴィルノの町から情報を入手する方を選んだかも知れない。定期刊行物上で繰り広げられた討論は近代的な意味での政治意識の高まりを反映していた。すなわち、ポーランドのユダヤ人をポーランドとポーランド性に対して一貫した立場を見出さなければならない集団としてとらえたのである。この意識はまた、ますます明確に、ますます防御的になっていくポーランド人の民族的アイデンティティの意識に対する反応であった。ポーランド人の観点からは、問題はしばしば明確な立場を取らない農民を含めて相変わらず互いに別個の「カースト」の中に、どのようにして統一された民族意識を目覚めさせ、強化すればよいかということであった。彼らのアイデンティティは防備を固めていたから、ポーランドの愛国者は、「我と友ならぬ者は我にそむくなり」〔マタイ伝、12：30〕と感じる傾向があった。

ユダヤ人の立場からの大きな問題は、そもそも同化すべきかどうか、また誰に同化すべきか、ということであった。この問題に関する見解の微妙な違いは政治的、社会的素養の少なからぬレベルを示していたし、ユダヤ人だけでなく、他のマイノリティ・グループのあいだでの今日の論争をも予示している。少数のユダヤ人はキリスト教への全面的な改宗に賛成したが、それはごくわずかな少数派だった。大多数の裕福なユダヤ人ブルジョアジーは、潜在的なポーランド市民として、だが自らの歴史的、宗教的なユダヤ性を失ったり、否定したりすることなく、ポーランド人の社会の中で暮らしていくことを望んでいた。命名上のニュアンスが非常に重要になり、微妙な違いを映し出すものとなった。同化の信奉者の中には「ユダヤ教徒のポーランド人」、あるいは「ユダヤ系ポーランド人」とさえ名乗り始める者もいた。正統派の同信者に対する忠誠度は、多くの同化の信奉者にとって厄介な問題だったが、主として彼らはこれらのあまり文明開化していない同信者を伝統主義と後進性のぬかるみから解放したい、言い換えればポーランド化ではないまでも、せめて近代化させたいと願った。また、これらの教養あるマスキリム〔十八世紀から十九世紀にかけての東ヨーロッパのユダヤ人の中で起こったユダヤ啓蒙運動（ハスカラ）の信奉者の通称〕の中の何人かのあいだでは、同族の人たちと距離を置いていることに対する一種の「ユダヤ的罪悪感」、あるいは彼らが覆してしまった、しかし多くの者がその中で育った伝統的な習慣に対する感傷的な愛着を認めることができる。自らのユダヤ性の否定、言い換えれば「越境《パッシング》」は確かに激しい嫌悪感と軽蔑の目で見られた。「もしユダヤ人の息子が自らの伝統の要請に従って暮らしていないならば、もしこの伝統に公然と反対し、それは義務づけられていないと表明するならば、彼は自らの自由思想を、あるいは宗教一般を大事にしていないことを証しているのである」と、一八七〇年代に『イズラエリタ』の編集者サムエル・ツヴィ・ペルティン

(Samuel Cwi Peltyn) は書いた。「もし彼が公然と他の信仰に移るならば、彼は宗教的信念を変えたことを証しているのである……。こうした事例のいずれにもユダヤ人への信用を恥ずかしめるようなものは何もない！　しかしユダヤ人がその信仰を隠して、自分を自分ではない者に、あえてそうなろうとせず、そうなる勇気もない者に見なされたいと思うならば……そのときには、こっそり紛れ込もうとしている人々の中で笑い物になるだけでなく、自らの一族と信仰にもっとも恥ずべき烙印を押しているのである」

『イズラエリタ』紙上では他の問題についての討論も行われた。たとえば、ユダヤ人は相変わらず、自らを合法的に、そのアイデンティティを古代の祖国への帰還の夢をよりどころにした別個の民族と考えることができるか、あるいは、離散の地での長い歴史のあいだに事実上ヨーロッパ人になっており、したがって暮らしている国々の完全な市民の地位を目指して努力すべきかといった問題である。この種の問いはもちろんシオニズムの勃興につれて新たな、火急の問題になっていった。

もしブランスクに、誰か俗界での生活を切望している隠れマスキリムがいたとすれば、彼らは目立たないようにふるまっていたに違いない。しかし当面する問題に関する激論によってだけでなく、架空の詩的な表象によっても刺激された自分自身の夢を持っていたかも知れない。ブランスクのユダヤ人読書家はおそらく、一八六〇年代に他の著者たちによっていくつかの言語と翻案によって、ドイツから東ヨーロッパとロシアにかけて出回っていた小説のことを耳にしたことであろう。ペレッ・スモレンスキン (Perec Smolenskin) によってヘブライ語で書かれ、『報い、あるいは最後の蜂起の時のワルシャワのユダヤ人』というタイトルが付いたこの論争的な著作の主要な版は、異なる思想的信念を持ったユダヤ人の主人公たちのあいだの広範な議論が含まれている。その中心的な人物の中には、ポーランド贔屓と帝政ロシア贔屓の立場を代表する二世代のマスキリムがいる。ここにはまた、自己嫌悪の傾向を持った同化信奉者のユダヤ人も、そしてまたさまざまな度合いの寛容と心の広さを代表するポーランド人もいる。この小説の読者層はかなり広かったが、どういう人たちから成っていたか、詳しくは分からない。小説はユダヤ人のあいだでは、多くの社会と同じように「女性の読み物」と、男性向きではない「センチメンタルな子供だまし」と見なされていたのであろうか。ことによるとこの時代に、大量に作られていった社会的な、あるいは政治的なテーマのまじめな小説とはみなされていなかったのかも知れない。

十九世紀ブランスクのユダヤ人読書家たちがポーランド文学に関心を持ったかどうかは疑わしいが、もしそうだとすれば、驚くほど興味深い著作を発見したに違いない。ポーランド分割と蜂起はユダヤ人をテーマとした、あるいはユダヤ人のモチーフを含む多くの小説と詩を誕生させた。とりわけ、ロマン派の詩人たちはしばしばポーランドのユダヤ人に魅了され、たいていは彼らを、たとえメランコリックではあれ、好意的な見方で、独創的で、不可解な人たちとして、あるいは遠い昔からの悲しい身の上のシンボルとして描き出した。ある種の現代的基準を当てはめて、かの詩人たちは無意識の偏見の形式であるエキゾチック化のプロセスに参画していたと述べることもできるであろう。しかしながらそれでは、知覚自体が偏見であることになってしまう。他の文化の成員を完全に公平に、あるいは全面的に感情移入して理解できると考えるのは純粋主義者の幻想であろう。とはいえ、私たちは自らの理解のうちに多かれ少なかれ好奇心と敬意と共感、そして想像力を包摂させることができる。ポ

「ヤンキェルの演奏会」
マウルィツィ・トレンバチ（1861–1940）画，
アダム・ミツキェヴィチ作のポーランド・ロマン主義の叙事詩の有名な場面を描いている．詩の中心的な登場人物でユダヤ人のヤンキェルがツィンバロンを弾いて，ポーランドの歴史を音楽によって物語っている．（ユダヤ歴史研究所，ワルシャワ）

ーランドのロマン派の詩人にとってユダヤ人の登場人物は相変わらず「他者」であり、想像力の障壁を隔てて眺められているが、象徴的な領域ではこの人物たちに肯定的な、時にはきわめて痛切に感じられる意味が付与されていた。

ユダヤ性の肯定的なイメージが早い時期に極点に達したのは、ポーランド・ロマン主義最大の詩人、フランク主義者の家系の出であることはほぼ間違いないアダム・ミツキェヴィチ（Adam Mickiewicz）の作品においてであった。この詩人の最も重要な作品である『パン・タデウシュ Pan Tadeusz』——押韻二行連句で書かれた田舎の荘園の暮らしの無類の叙事詩では、中心人物の一人は、ユダヤ人の宿屋の主人、誠実さと知恵と愛国心の化身として描かれたヤンキェルである。『パン・タデウシュ』の舞台はナポレオン時代のリトアニアに設定されていて、ヤンキェルはフランス軍部隊とナポレオンに大きな希望をつないでいたポーランド人隠謀家たちとの仲介者を務める。貴族たちに軍事戦略を助言し、村の中の反目をなだめているのはヤンキェルであり、ある意味で彼は、荘園社会の心臓部なのだ。クライマックスシーンでは宴の席でツィンバロン（ダルシーマー）を弾き、ポーランド人のモチーフとユダヤ人のモチーフを織り混ぜて、一種の音によるポーランドの歴史の物語、音楽劇を創作し、集まった人たちに感動の涙を流させるのである。

後年、ミツキェヴィチは、ポーランド人とユダヤ人の宿命的な相互依存性に関する半ば神秘主義的な考えを展開した。隠喩的な「ユダヤ人」をポーランドの「兄」と考え、もうひとつの「選ばれた民」としてのこの国の運命が実現されるのは、ユダヤ精神がポーランド人の魂に浸透することが認められる時だけだと感じていた。このヴィジョンの一部としてミツキェヴィチは死の直前にトルコで、ロシアと戦っているオスマン帝国を補強することによって、ポーランドの独立の回復に寄与するはずであったユダヤ軍団を創設しようとした。

ポーランドでは詩人は、広く一般に認められた立法者であり、脅威にさらされているときの民族的アイデンティティの守り手であった。したがって「ユダヤ人」の精神的な重要性に関するミツキェヴィチの考えは読者たちによってまじめに受け取られていたのかも知れない。もちろん、ポーランド人によるユダヤ性の解釈は常にこのように理想主義的なものであったわけではない。反ユダヤ主義的な傾向はこの時代の高尚な文学、たとえばもう一人のロマン派の大詩人、ズィグムント・クラシンスキ（Zygmunt Krasiński）伯爵の作品の中にさえ顔を出した。この詩人の晩年の作品は改宗したユダヤ人に関するパラノイア（妄想症）によって損なわれたものであった。しかしながらユダヤ人の生活の社会的、知的多様性をリアリスティックに描写することを構想の一部とした作家たちもいた。ユダヤ人に関するテーマを専門にしたイグナツィ・クラシェフスキ（Ignacy Kraszewski）のような作家たちは、ユダヤ人のステレオタイプな、作り事の描写をはっきりと批判し、より多面的なユダヤ人の生活の姿を描写しようとした。ユダヤ人の歴史を――たとえばローマ人によるユダヤ人迫害を――ポーランド自体の状況の寓意として用いた作家もいた。

ポーランド文学の中で言及されたシュテットルは実際のもの以上にすばらしく叙述されることは滅多になかった。小さな町を、とりわけ東部国境地帯の小さな町を通り過ぎる旅人たちは、乗り物の中から眺め、泥と水たまりと貧困と後進性と不潔な家畜小屋の中の裸足の農夫、そして手入れされていない小さな店から出て来る黒いカフタンをまとったユダヤ人を目にしていた。興味深いのは、多くの作家のとらえ方ではこれらの小さな町の陰気な特徴はそのユダヤ性というよりは、農民とユダヤ人のその独特のポーランド的混合が定めていたことである。実際、時にはシュテットルはそれがまさにユダヤ人のものであるがゆえにポーランド的だと思われていた。「何がどの町をもポーランド的にしているかご存知だろうか」とイグナツィ・クラシェフスキは問いかける。「ユダヤ人だ。もはやユダヤ人がいないということになれば、われわれはまったく見知らぬ国に入り込むことになり、彼らがそこにいることに慣れ切ったわれわれは、まるで何かが不足している気がするのである」

こうした外側からの瞥見はおそらくシュテットルのきわめて重要なものを見逃したことは疑いない。この泥だらけの町の住人たちに、それが豊かでもあれば、身近でもある世界だという気持ちにさせた活力と人間模様である。しかし旅人たちの感想も真実とまったくかけ離れていたわけではない。東部のシュテットルは貧しく、遅れていて、汚かったのである。『イズコル書』からは、ブランスクのユダヤ人が、小さな家に詰め込まれた多くの拡大家族とそのたくさんの子供とともにひしめき合って暮らしていたことが分かる。屋内便所はなく、ゴミは、飲料水を提供していた同じヌジェツ（Nurzec）川に投げ捨てていた。家は通常年に一度だけ、過ぎ越しの祭の前に大掃除をしていた。『イズコル書』ではこうした環境が一八四四年と五二年、および九二年のブランスクの急激なジフテリアの発生と関連づけられている。「町は空っぽで……一方、墓地は死者でいっぱいになった」と著者たちは最初の流行について書いている。犠牲者の大部分は子供だった。この急激な発生期間中、カハルは断食を宣言し、特別な祈禱を指示した。より実際的には、病気を運ぶと考えられた物を焼却し、人々は体と自分の家を清潔に保つように奨励された。一八九二年の流行のときには病院が建てられた。もっとも、『イズコル書』の懐疑的な記述によれば、生きてそこを出た者はいなかったようである。

伝染病に加えて木造の町を数年ごとに火災が襲った。一八六八年には一月の火事があちこちに広がった。川が凍結して水を汲み上げることができなかったためであった。町当局は家が全焼した人たちの支援に駆けつけ、急いで家を再建できるようにした。五年後には故意に数軒の家に火がつけられた。おそらく、兄弟が軍隊に強制徴募されたことに復讐しようとしたユダヤ人放火犯たちによるものであったろう。当局との法律上の協力の手本として、カハルは若者たちを処罰するよう要求する住民の署名を集め、ロシア行政当局はこの訴えに応えて彼らをシベリア送りにした。

一八七六年に発生した最大の火災はブランスクのほぼ半分を焼き払った。『イズコル書』によれば、近隣の村落の住民たちが――それがユダヤ人であったかどうかは分からない――自分の荷馬車で衣服とパンとジャガイモをブランスクに運び、また被災者たちの家の再建を手伝った。しかし、協力関係は火災の余波で長くは続かなかった。新しい住宅の境界線が厳密に定められていなかったために、まもなく所有者のあいだでわずかな土地をめぐって激しい口論が勃発したのであった。「わずかな土地をめぐって人々は殺し合いをしかねなかった」と『イズコル書』は伝えている。

絶え間なく自然災害が続いたにもかかわらず、ブランスクのユダヤ人人口は急速に増加した。一八五七年には、ブランスクの一八四五人の人口の三九パーセントを占めた。十九世紀後半には、概してあまり良好とは言えない状況を考慮すると、ユダヤ人共同体ではかなりの経済成長が見られた。商売開始の正確な日付は確定できないが、これはおそらく、織物工場と皮革ベルトを製造する小さな工場といった比較的大規模なユダヤ人企業が数社設立されたのがちょうどこの時期だったのであろう。この発展の結果のひとつが貧富の格差が増していったことである。この趨勢は「ドリッテル・ベイト・ミドラシュ Dritter Beth Midrash」あるいは「高貴なシナゴーグ」として知られる三つ目のシナゴーグの建立のような出来事によって最高潮に達した。それはブランスクの金持ちのユダヤ人たちによって金持ちのユダヤ人たち用に建てられたものであった。経済発展のもうひとつの重要な証しが、宝石あるいは他の貴重品を担保にしてユダヤ人の借り手に少額の貸付を行い、返済時に担保を返却した一八六三年の融資組合の設立である。

しかし同時に、一八六三年の一月蜂起敗北の後は、経済の改善がポーランドの積極行動主義の中心的な焦点となった。ポーランド人のエリートにとって、独立したポーランドの夢は簡単には実現しないことが明らかだったから、彼らは代わりに、占領された国の改革のためのそれほど革命的ではない綱領に転換した。改革運動の中心的なスローガンは、トルストイ的な自助の価値、日々の衛生と労働における規則正しい習慣の育成、農業協同組合およびその他の種類の自主管理組織の創設を強調した「有機的労働」だった。改革者たちは、こうした実用的、現実的な戦略が生活水準と生産性に漸進的ではあれ、真の改善をもたらし、つつましく草の根レベルから始めて、ポーランド人大衆に近代的な行動様式を学ばせることができると期待した。活動の初期には「有機的労働」の運動の指導者たちはユダヤ人の参加を成功の不可欠の条件と見なし、ユダヤ人の金融業者と知識人をさまざまな新しい協会や慈善団体、その他の団体に招待した。しかしポーランド人とユダヤ人のあいだの競争が次第に激化し、二つの集団の経済的役割がより鮮明になっていくにつれて、両者の結びつきはもう一度緩くなり、そして断ち切れたのであった。

農民の融資貯蓄協同組合がポーランド領内に次々と誕生していったが、ブランスクにはそうした組織は二十世紀初頭まで存在しなかった。実際、多くのポーランド人の農民にとってそもそも貨幣を用いるという考えがまだ不可解でうさん臭いものに思われた。ブランスクのポーランド人はユダヤ人の貸付組合をユダヤ人の邪悪なずる賢さと狭量のもうひとつの証拠と見なしていたかも知れない。

それにもかかわらず、十九世紀の後半にはブランスクのユダヤ人地区とポーランド人地区には敵意も、それどころか大きな緊張の徴候もない。政治状況が一種の均衡状態に戻るにつれて――一八六三年以後の数十年間、ロシアの支配を転覆する新たな試みはもうなく、民族間の関係も安定を取り戻した。結局のところ、ユダヤ人はその時までにブランスクですでに一世紀以上暮らしていたのであり、彼らは社会的風景の不易の一部に、誰もが認める自然な物事の秩序の一要素に思えたに違いない。それはポーランド人の職人が——彼らはたいてい、同時に農民であった——ユダヤ人の職人にその地位を譲った時期であった。しかしそれは当時、目に見えるいかなる前兆をも引き起こさなかった。もしかすると、ことが問題なく運ぶのに十分なほど転換は緩やかで、分業は十分満足がいくものであったのかも知れない。それゆえユダヤ人は商売に精を出し、農民は農業に従事したのであった。ユダヤ人の行商人は馬車で村々を旅し、農民は売り買いするために、そしてそのあとユダヤ人の宿屋で一杯引っかけるために市場にやって来るのだった。市の立つ広場では幾重にも重ね着したスカートと花模様のスカーフを身に着けた女たちが、かつらを被った女たちや黒いカフタンに身を包んだ長いあご鬚を生やした男たちに混じっていた。農民あるいはポーランド貴族はユダヤ人の仕立屋が縫った、「とっておきの」コートを身に着けていたかも知れないし、時にはポーランド人が何かの頑固な病気のことでユダヤ人の医者にかかったかも知れない。あるいはユダヤ人が、薬草治療のために農民の治療師のもとを訪ねたかも知れない。たいていのブランスクの人にとって、ユダヤ人は要するにユダヤ人でしかなかった——その存在が自分たちのそれを侵害することはなく、とりわけ、親愛の情を抱き、少なくとも長年にわたる近接のゆえに認知していた「異なる」人々でしかなかったに違いない。彼らは、農民の言い方では、ジデク（Żydek）〔Żyd（ユダヤ人）の縮小形・愛称形〕で、この言葉には恩着せがましさと親密さの入り混じった感情が込められていた。時には彼らは「うちのユダヤ人」だった。それはよく知っており、通じ合えたユダヤ人たちを意味していた。じつのところ、彼らはもはやよそ者ではなかった。というより、親しい、互いに補い合う「他者」、ある意味では、田舎のポーランド人が自分自身を知るための自分の片割れになったのだった。

ユダヤ人にとって、ポーランド人もまた誰もが知っている所与の事実、友情と、そう、恩着せがましさが入り混じった感情でもって眺められた生活の必要条件となった。彼らは、要するに、貴族の身分以外のすべての非ユダヤ人を表すために今日なおごく普通の用語として用いられているゴイ（goj, goy）でしかなかった。時には彼らは「うちのユダヤ人」をひっくり返した「うちのゴイたち」であった。そしてユダヤ人とポーランド人は彼らの精神的分離や日常的な文化——習慣や言語、料理の作り方、普段の美学——を守ったが、当然のことながらそれらは互いに混じり合い、影響し合った。彼らは同じように建てられた木造家屋に住んでいた。ポーランドの町や村に建つ豪華な木造のシナゴーグの中にはポーランドの民俗的な模様の装飾が施されたものもあった。イディッシュ語にはポーランド語の単語が入り込んだ。シュマタ（szmata ぼろきれ）、チャイニク（czajnik やかん）、パスクドヌィ（paskudny 穢らわしい）などなどである。農民はイディッシュ語の単語を聞き覚えたし、ユダヤ的なテーマが彼らのことわざの中に顔を出した。今日なお、ブランスクの人々は「ヘデルのように騒々しい」とか「彼女はユダヤ人の婚礼に出かけるような服装をしている」と言う。つまり派手な服を着ている、という意味だ。チキンスープ（chicken soup; rosół z kury）の起源がユダヤ語であったかポーランド語であったか、もはや分からなくなっている。

そしてそこには、音楽があった。どの村落にも誰もが好んで耳を傾けるユダヤ人楽師がいた。ブランスク出身の人々はポーランド人の婚礼で演奏したユダヤ人のバイオリン弾きとクレズメル（クレズマー）の楽団を今でも覚えている。彼らの旋律はユダヤ人とジプシーとポーランド人とロシア人の影

ビャウィストク地方のザブウードゥフにあった木造のシナゴーグ. 16世紀に遡ると思われるが, 1941年に破壊された. デザインにはポーランド民衆芸術の影響が見てとれる.

「ユダヤ人の婚礼」ヴィンツェンティ・スモコフスキ (1797-1876) 画 (国立博物館, ワルシャワ)

響——東ヨーロッパのブルースに相当する、あの躍動感と力強さとメランコリーの混合——を結びつけていた。もし彼らがそういう演奏をして、聴衆をダンスに誘い、感動のあまり涙ぐませたとするならば、間違いなく、楽師たちの魂はゲニウス・ロキ——土地の旋律や雰囲気や気風——を少しはとらえていたに違いない。

しかし十九世紀の終わりごろには、均衡はまたしても避けようもなく崩壊し始めた。『イズコル書』の中の秘密を明かすいくつかの細部が、新しい動向と新たな趨勢を暗示している。おそらく最も重要な変化が起ったのは突然の人口移動、住民の流出と流入の両結果であった。新しい移民の流入は一八八一年の進歩的な皇帝アレクサンドル二世の暗殺の後に始まり、この出来事の後に、ロシアのユダヤ人国内定住地域の中でのポグロムとその他の反ユダヤ主義的な迫害の波が続いた。その結果、リトアニアあるいは当時一般にリトアニアと呼ばれていたベラルーシの一部からやって来たためにリトファク〔リトアニア出身のユダヤ人、リトアニア系ユダヤ人の意〕として知られた何万人ものユダヤ人が避難所を求めて旧ポーランド領内に逃げ出した。この難民はロシア語を話し、大抵は非常に貧しく、しかもきわめて正統派のユダヤ教徒だった。経済的には彼らはロシアの方を向いており、母国で商品の売買を行って、結果としてこのユダヤ人たちはロシア化のプロセスの道具になるのではないかというポーランド人の不安を掻き立てた。こうした不安は根拠がないことが明らかになったが、比較的高い教育を受けたリトファクがロシアの政治理論の影響を受けがちであったことは確かで、その後、ユダヤ人の左翼政党の中で大きな割合を占めた。

ブランスクでは、他のシュテットル同様、リトファクの出現はポーランド人からもユダヤ人からも相反する感情で迎えられた。ひとつには、新来者たちは土地のユダヤ人とは服装が違ったし、イディッシュ語の別の方言を話していた。かてて加えて人口の増加は、そうでなくともすでに深刻な過密状態の問題を悪化させた。ユダヤ人地区に建つ平均的な平屋建ての家屋には九人の住人が暮らしていたが、このような高密度は絶えざる健康上の問題を生み出していた。多数の新たな貧乏人の出現は新たな社会的要求と軋轢を生じさせざるをえなかった。おそらく、この時期に設立された「貧しい婚約者たちのための協会」「善行と病人訪問のための協会」ならびに「兄弟的支援のための協会」といったいくつかの慈善団体は、この問題と、最も貧しい難民を人種・宗教を異にする共同体の母体に組み込もうとする試みへの回答であったろう。

リトファクは二十世紀に入るまで絶えずブランスクにやって来ていたが、人口増大の圧力は次には他の人たちに他国での幸運を求めに出国するように強いた。アメリカの門戸は開かれていた。一八八〇年代を通じてブランスクの若いユダヤ人にとって経済的展望が悪化するにつれて、約束の地を目指す最初の移民がぽつぽつと出国し始めた。その時までブランスクからの移民については耳にしなかったわけではないが、ごく稀であった。ロシアのカントニストの新兵徴募をなんとかのがれようと、ロシアとオーストリアの国境を越えて遠隔の地へ逃げ出す若い男たちも少しはいた。『イズコル書』は時たま、悪事を働いた人々が不名誉と蔑みを免れるために町を出なければならなかったことを書き留めている。著者たちは、婚外の子供を妊娠してしまい、一八六一年に両親によってパレスチナに送られたとある若い女性の、やや解しがたい話を伝えている。ブランスクの住民たちがそのことを知ったのはようやく一九三七年になって、この女性の遺言執行者が彼女の正当な権利をもつ子孫を探すため突然町に現われた時のことであった。どうやら彼女は独身のまま死亡したが、裕福で、ブランスクにまだそういう親戚が現存するのであればと金を遺贈したようであった。しかしそのとき彼女はすでに町の記憶から抹消されていた。誰も彼女との親族関係を認めようとしなかったために、パレスチナから来た遺言執行者は金の受取人を捜し出すことができないまま帰国した。しかし、この物語は正統派の共同体で性的違反にまつわるタブーがどれほど絶対的なものであったかと同時に、こうした違反が最も厳しく制約された状況のもとでも起こるという人間的事実をも洞察させてくれる。

一八八〇年代には移住は広範な現象に、ユダヤ人の生活を喩える新たな言葉となった。私たちはその里程標と旅程を主にアメリカ側から知っている。長い、悲惨な航海の末に到着した移民たち、エリス島〔アッパー・ニューヨーク湾の島。移民局施設があった（一八九二―一九五四年）〕での希望に満ちた顔、新しい国での懸命の努力、最後には訪れるであろう成功。しかしもう一方の側の――あとに残った人たちからすれば、移住とは家族の喪失、待ち焦がれる手紙、食卓のそばで夢中になって読む手紙、あるいは誰か他の人に読んでくれるように頼まなければならないときのきまり悪さを意味した。移民から最初の知らせが届くまでには数年かかることもしばしばであった。それは想像を絶する苦労と不確かな状態、そしておそらくはすぐには成功を収められなかったことからくる恥ずかしさの歳月であったろう。ようやく手紙を寄越すようになると、その中で彼らはしばしば「新世界」のよさと素晴らしさ、ブランスクとの大きな違いを何もかも誇張して描き出した。しかしたとえ誇張しなかったとしてもゴルデネ・メディィネ、黄金の国からの知らせは、ブランスクの低いあばら家と泥だらけの通りから見ればほとんど神秘的なものに思えたに違いない。しかしながら移民自身にとっては、新生活は、ある意味で、あとに残して来たものより過酷なものであったようだ。彼らはたいてい若い独身の男性で、多くはしばしば厳しい環境のロウアー・イーストサイドの労働搾取工場に仕事に行き、長時間、息が詰まるような環境の中で厳格で情け容赦ない監視を受けながら働く仕立屋であった。それは、家族の住居の小さな部屋、人で溢れ返った、騒々しい部屋ではあれ、働き、必要な時には手を休め、家の女たちが運んできた食事をとるのとは大違いだった。

それでも移住は、国境が開かれていて、船旅の値段が手頃なうちは休みなく続いた。一八九四年までにはすでにニューヨークに、ひとつではなく、二つのブランスク協会が存在し、これらの会員数は世紀が終わるまで増え続けた。出発の波の理由のひとつは言うまでもなくアメリカが持つ人を惹きつける力――可能性の魅力、人生を想像もできないほど贅沢なものに変えようという夢であった。しかしまた、ポーランドのシュテットルの暮らしの中に、十分な希望と安心感と精神的支援をすべての人に与えることを止めた何かがあった。経済状態がひとつの要素だった。しかし、もしかすると信仰の枠組みもまた緩み始め、何人かの心の中に不安を生じさせ、たとえそら恐ろしいものであれ、出国の展望を魅力的なものにさせたのかも知れない。あとに残った人々の中でさえ、いまだ曖昧なままのエネルギーとかつては疑いのないものであった万物の秩序に対する尋常ならぬ疑念がくすぶるのを感じ取ることができた。

実際、秩序自体は、その変化を支えた物質的条件と同じくゆっくりと変化していった。『イズコル書』は一種の転機となった出来事を書き留めている。スエードのジャケットを生産していたある工場所有者が機械を買ったのである。それは「ブランスク中の人が」自動機械労働者が革命をやり遂げる様子を「窓から覗き込むために走って来た」ほどの驚きだった。この所有者は徐々にさらに多くの機械を導入し、会社のためにビルを丸ごと買い上げ、三十人から四十人の若い女性を雇い入れた。それは「工場主」という栄誉ある称号を取得するに足るものであった。

ほぼ同じ頃にブランスクに別の、華やかな新しい企業、写真館が誕生した。この写真館は評判になったに違いない。なぜなら『イズコル書』の著者たちは、いつであれ、まるで祝日のような服装をした男女が両手で祈禱書を抱えて、通りの坂道を下っていくのを目にしたなら、このカップルが写真を撮ってもらうつもりだと誰もが分かっていた、と書いているからである。そしてもちろん、私たちはこうした写真を知っている。フォーマルな、セピア色をした、気品ある写真である。上品な身だしなみの、カメラをまっすぐ見つめている若いカップルや家族――写真館へと向かう道のただ中で、人生という流れ去る小川のただ中で切り取られたユダヤ人たちの生活の一端だ。

一般的に言って、金持ちと貧乏人の区別がますます鮮明に、疑いなく憂慮すべきものになっていった。一方の端にはかなり資産のある企業が現れては、大きくなっていった。十九世紀最後の数十年間、ブランスクの事業所建設の許可申請のほとんどはユダヤ人住民の側から出された。『イズコル書』には、何らかの理由で、主として、文面中の著者たちの呼び方によると、「カトリック教徒」を雇っていたユダヤ人のタイル製造所への言及がある。他の人々は、広大な農地を所有する土地の「領主《パヌィ》」たち――小シュラフタおよび地主たち――が一種の先物市場に手を出すのに十分な資本金を蓄えた。これらの投資家たちは予想される畑あるいは果樹園の農産物を冬のうちに投機で買いつけ、夏には収穫物を受け取った。どうやら土地の貴族たちも借金をしに、ユダヤ人のもとを訪れたようである。『イ

「馬市」ヤン・ピョトル・ノルブリン・ド・ラ・グールデン（1745–1830）画．
馬の売買はユダヤ人のありふれた職業だった．

ズコル書』の著者たちは、何人かの「貧乏だがたいへん尊敬されている」領主《パヌィ》がときどき、借金の返済期限を守るどころか、貸主に小麦あるいは他の農産物の形で徴収するように無理強いしていると嘆いている。長い伝統で、ユダヤ人はブランスクの主な馬の取引業者でもあった。馬はほとんど農民に売られたが、しばしば約束手形をもとにしていた。「商人たちはその際、農民たちが多くの収穫をあげられるように」、あるいは手形が落ちないうちは「馬が死なないように神に祈った」と『イズコル書』の著者たちは伝えている。

こうした投機の他に、ブランスクのほとんどどの家庭もピンからポンチキ〔謝肉祭の最終日に食べるポーランドの揚げまんじゅう、ドーナツ〕にいたるまで何でも売る小さな売店あるいは露店を持っていた。最も有名だったのはユダヤ教の祭りにちなんでそう呼ばれていた男の「ペサフ〔ペサハ、過越し祭〕の露店」だった。この店は面積がたったの四平方フィート〔約一二二平方センチメートル〕しかなかったが、どうやらそこには欲しいものはほとんど何でもあり、しかもたいていのものの値段がちょうど一グロシュ〈！〉だったようだ。それどころかペサフ自身が丁寧に切り分けて削った四分の一の大きさの鉛筆まで買えたのである。これらの雑多な商品を取り揃えた商店の多くは事実上、無許可のガレージセールのようなものだった。政府の検査官が来たという警告が近所の人たちに届くと、商人たちがごた混ぜの商品を近所の人のベッドの下に隠したものだから、てんやわんやの大騒ぎになった。何よりもまず当局を出し抜かなければならないのである。

これらの基本的な商売は合法的に営業していたかどうかにかかわらず、大きな利益をもたらすことはできなかったから、ブランスクの大部分のユダヤ人は極度に貧しいままだった。それは農村貧民と言うよりはむしろ都市貧民と言った方がよかった。込み合った空間に住み、収穫物ではなく顧客を待ちながら、時に寒さと飢えのふちで暮らしていたのである。

富の増大も貧困の増大も旧ポーランド領内のより広範な趨勢を反映していた。遅れて東ヨーロッパにやって来た工業化とともにポーランド社会の構造は根本的な変化を遂げようとしていた。新しい階級が新しい条件と新しい活動の周囲に形成され始めた。関係する区分はもはや貴族、都市民、聖職者、ユダヤ人および農民といった身分間の区分ではなく、企業主と労働者の、あるいはまた、もっと傾向的な呼び方によれば、ブルジョアジーとプロレタリアートの区分であった。この新たな布置の中でユダヤ人はまたしても激しい論議を呼びそうな位置を占めていた。交易と商売の伝統のおかげで、工業生産の可能性には敏感だったから、彼らはすぐさま調査、開発に取りかかった。したがってユダヤ人は商業中産階級の中で不釣合いに高い割合を占めていた。ポーランド人はその伝統のゆえに新しい職業に取りかかるのが遅かった。彼らにとって商業というのは相変わらず汚らわしい言葉、少なくとも胡散臭い言葉であったし、一方でシュラフタは――高い教育を受けた実業家はシュラフタ出身に違いなかったが――意欲的な努力に対しては、貴族的な軽蔑心を抱いていた。ポーランド人が工業と商業に従事し始めた時にはすでに、この経済的な領域でユダヤ人企業家側からの激しい、挑戦的な競争に出会うことになったのである。

これはあまり公平なことでもなければ意外なことでもなかったが、新たな妬みと怨嗟の波を引き起した。反ユダヤ主義者の観念の中で、ユダヤ人は厳密かつ執拗に資本家、すなわち深い根っこも国への愛着も民族的忠誠心もない金持ちと同一視されるようになっていった。しかし同時に、ワルシャワの上品なサロンでは、新しいエリートのメンバーたち――ポーランド人の上流ブルジョワジーとユダヤ人の産業資本家たち――が、対等の立場ではでないとすれば、少なくとも互いの好奇心から、顔を合わせていた。時折、魅力的で互いにとって有益な婚姻が金持ちと貴族のあいだで結ばれたし、ポーランド文学の中にポーランド人とユダヤ人の密通とそれに伴うありとあらゆる複雑な心理的、社会的な問題についての物語が現われ始めた。これらの物語の中では、ユダヤ人の男性はしばしば感受性が強く、官能的で、苦悩に満ちた人間として、一方、女性は、美しく、肉感的で、神経衰弱を病み、甘やかされ過ぎていた。ポーランド人の貴族とインテリゲンチャにとって、ユダヤ人はなかんずく性的興味と人を惹きつける不思議な力の象徴になりつつあった。「他者性」の型の中では、それは最悪のもの、あるいは最も不都合なものというわけではなかったし、時にはこの魅惑のおかげで、少なくとも親密になり、互いにより深く知り合うことにもなった。

しかし、ユダヤ性に関する否定的なステレオタイプは、十九世紀最後の数十年間にさらに独断的で排外主義的な民族主義が出現した結果、いっそう強まった。皮肉なことに、民族主義に関する限りは、ポーランド人とユダヤ人は世紀全体を通して同じような立場に置かれていた。どちらの民族も強い集団的なアイデンティティの意識に見合った、現実に存在する国家を持っておらず、したがって両者とも民族的理想に現実の代わりを務めさせた。しかしながらまさにこの夢想した観念を確かな現実に置き換えることが、稀な例外を除いて、両者の分離状態への流れを強めたと言うことができる。

ポーランド人の側では、長い分割期に、復活したポーランドの幻像はますます抽象的で純粋主義的なものになっていった。これはある程度自衛本能の顕れと見なすことができる。もしも「ポーランド性」が生き残るとしたら、強力な、特有の実在物あるいは特性と定義されなければならなかったであろう。分割以前のポーランド共和国は国内のあらゆる種類の差違に配慮したが、当時、共和国の存在はポーランド性という仮定の観念に依存してはいなかった。領土を、すなわち独立を失ったとき、将来の独立国家としての地位を夢見る人々はともかくも明瞭かつ完全にポーランド的である国を構想し始めた。この潜在的な「ポーランド性」はまだ民族性《エスニシティ》と等価ではなかったが、一種の同質性と結合し始めた。ポーランド的とみなされるためには、将来の民族の成員は国家と「ポーランド的」価値体系に対する絶対的な忠誠を宣言しなければならなかった。民族主義の思想家たちにとって、ポーランドの中に自らの信仰と教育と公共機関を追求するユダヤ人の下位文化が存在するといった展望は受け入れがたいものに、それればかりか我慢できないものになっていった。彼らの考えでは、もしユダヤ人がポーランドに帰属したいと考えるなら、完全に同化しなければならない、ポーランド人にならなければばならないであろう。真の不寛容の――「他者性」の存在そのものとその現存に対する敵意の――源はこの点に見て取ることができるかも知れない。

それに対し、ユダヤ人のあいだでは、どのようにしてポーランド人になりたいかをめぐる論争が再開されていた。この問題はヨーロッパにシオニズムが現れるとともにいっそう鮮明に提起された。この運動は当初からポーランドの中に、パレスチナへの移住を絶え間ない疎外と不安感という問題の唯一の解決策と考える多くの信奉者を持っていた。しかし、この種の野心がなかったとしてもポーランド領内に住む大多数のユダヤ人は、分離したままで、強い、明確なアイデンティティを育むことがユダヤ人の「国民であること」の、それどころか集団としての生き残りの唯一の保証だと信じ続けた。

以前の多くの危機の際と同様、今回もまた、ポーランド人とユダヤ人からなる進歩的な小グループがまったく異なる原則を支持した。彼らは、それまでに二つの「民族」は歴史的に相互に結びついており、両民族の目的は協同と共通の大義の精神で新しいポーランドを築くことにあるべきだと主張した。この陣営に属すポーランド人思想家たちは、ユダヤ人の比較的高い経済的地位は新しい国家の中では大きな利点となるであろうし、ポーランド人住民はユダヤ人の隣人から企業家精神と勤勉、倹約の価値について学ぶべき点が多々あると信じていた。

その一方で、ますます増加していった教育を受けた世俗的なユダヤ人は、ポーランド社会の一員になろうと躍起になり、ポーランド的な、もしくは、おそらく彼らはそう考える方を好んだのであろうが、ヨーロッパ的な文化路線を手本にしていった。たとえば、ワルシャワに住むいくつかの裕福なユダヤ人家族は、音楽と絵画とフランス語を――ブルジョアの世界での女性としての教養のあらゆる特質を教授してくれる家庭教師を、娘たちのために雇った。興味深いのはこうした都会風の洗練は相変わらずユダヤ人学校に通い続けていた息子たちには縁遠かったことである。女性はユダヤ人教育の伝統的な制度から閉め出されていたがゆえに――逆説的に近代化へと、あるいはいくつかの事例では、若い男性よりも容易に、一足飛びに同化へと突き進むことができたのであった。これはある程度は、二十世紀に入っても続いた傾向であった。

ブランスクに届くこうした変化に関する情報はもはや漠然とした、偏ったものだけではなかった。シュテットルはそうした情報を積極的に受け入れるようになっていった。『イズコル書』に記述された簡潔な生活描写からさえ新たな意識と新たな開放性の兆しを感じ取ることができる。一八八〇年代末までに、月刊誌やサンクトペテルブルクで出ていた日刊紙『ハツォフェ Ha-cofe（観察者）』のような新聞が定期的にブランスクに届き始めた。九〇年代までには町にすでに数人のユダヤ出版物の個人の予約購読者がいた。ほぼその時期に、町に一人の本の行商人が姿を現わした。それは「短いあご鬚を生やした背の高い、痩せたユダヤ人」で、数週間ごとにブランスクにやって来ては、シナゴーグの前に商品を陳列していた。行商人はまずトーラーと注釈の書物を取り出した。そのあとようやく半ばこっそりと、世俗的な商品、「すでに常連客がついている」長編小説を並べた。ヘブライ語の文学作品は相変わらず禁断の木の実であった。なぜならヘブライ語は神聖な言語であり、世俗的な著述に用いることは冒瀆と見なされていたからである。

さらにまた、ユダヤ人の学校教育の性格も変化し始めた。しばらくのあいだユダヤ人のインテリゲンチャも同情的なポーランド人の評論家たちもヘデル制度の改革を求めていた。「ユダヤ人共同体の中により高度の繁栄と道徳心を導き入れる第一の絶対的な条件は、宗教学校を、すなわちヘデルを、あのきわめて有害な異質性という建造物を支えている円柱を、あのひと滴の真に宗教的な教えと混じり合ったおとぎ話の海を廃止することであるように思われる。ユダヤ人の子供は先祖の信仰を知らずに育てられるべきだと要求することは誰にもできないし、またするべきではない。とはいえ、ほかの宗派の子供たちと同じく、多面的な授業を提供する世俗的な学校で、共同体当局と国家当局の認可によってその啓蒙思想と道徳心が保証された教師から学ばせようではないか」と、有名なポーランド人の女性作家、エリザ・オジェシュコヴァ（Eliza Orzeszkowa）は一八八二年に書いた。

教育改革の最初の息吹がブランスクに到達したのは一九〇〇年頃、ヘブライ語とイディッシュ語でだけでなく、ロシア語でも、そして数学も教えてくれる教師がシュテットルに現われた時のことであった。ポーランド語ではなくロシア語という選択はロシア化政策の一部だったのか、それとも単なる偶然でしかなかったのか判断するのは難しい。いずれにせよ、他の世俗的な教師たちが後に続き、まもなくさほど正統派ではない家族では息子と娘を伝統的なメラメドではなく、これらの現代的な教師のもとに送り出すのが流行になった。『イズコル書』は「知的で」「世才があり」、「啓蒙された」若者たちに、あたかもこうした特徴が望ましい価値になろうとしているかのように言及し始めるのである。

より充実した教育の可能性が開けるや否や、シュテットルの子供たちは驚くほど力強くそれに応え始めた。教育を受けた若者たちの最初の世代のなかで数人が高いレベルの成功と栄誉を手にした。『イズコル書』は、ユゼフ・ハイム・ヘフトマン（Józef Chaim Heftman）――ポーランドの主要なユダヤ人の新聞・雑誌に寄稿し、移住後はイスラエルのジャーナリスト組合の議長になった「有名な詩人で文学者」について、特別な愛着を示して述べている。その詩作癖はブランスクの高い地位にある歴々の驚愕を呼び起こしたとはいえ、この未来の作家は、どうやら早いうちからその才能を示していたようである。新進の詩人がこうした軽薄で道徳的にいかがわしい仕事に携わるのを止めさせようとする試みがなされた。幸いにも共同体の長老会のメンバーの一人が抜け目なく、その男の子は「嘘と言えるようなことは何も書いていない」と言って、全員を納得させたのであった。

驚嘆すべきことに、世紀の変わり目には、ブランスクは、さらに急進的な人物さえ匿っていた。『イズコル書』は、森の中の秘密の会合で演説し、その中で「世界の出来事を社会主義的見地から労働者に説明した」ことで知られていた世俗の教師、ユデル某の名を挙げている。ユデルの演説は、若い人たちと労働者は「剰余価値に関するマルクスの理論を学ぶべき」であり、この中核的な知識のみが重要だと考えていたブランスク人、ハイム・ベケル（Chaim Beker）の反対に出会った。この論争はより大規模には、当時、激しい対立へと変わっていた社会主義者と共産主義者の争いの一要素であったように思われる。結局ユデルは、「そういう徒党とつきあうのは」教師にふさわしくないと考えたラビによって機転を利かせて叱責されたのであった。

ブランスクの森のそれに似た秘密の会合は、旧ポーランド領とロシアのいたるところで開かれていた。社会主義運動は勢いを増していき、しかも、たちまち細分化していった。ポーランドには一八九七年にヴィルノで結成されたユダヤ人社会主義政党、通称ブンド（Bund）があり、一八九二年に同じくヴィルノで誕生し、多くのユダヤ人メンバーを惹きつけていたポーランド社会党（Polska Partia Socjalistyczna）があった。社会主義運動内のポーランド人とユダヤ人の同盟は、困難なことがたびたびであったとは言え、以前のハスカラと啓蒙主義の協力関係を継承するものであり、いまいちど、両集団の伝統主義者たちはそれを軽蔑の目で眺めていた。

社会主義の強さの源だった不満と不公平感は一九〇五年のロシア革命の中で爆発した。ポーランド地域では、反乱は主として社会主義政党によって指導された。一九〇四年、革命の最初の銃弾が放たれたのは、じつは、ブランスクにほど遠からぬビャウィストクにおいてであった。ブランスク近郊の戦闘にどのくらいの人が参加したかは不明だが、その数字が分かっている織物工業の中心地であるウーチでは、衝突の最初の一週間に七九人のユダヤ人と五五人のポーランド人、そして一七人のドイツ人が死亡し、このことは、その時には多民族間の戦友のよしみが可能であったことを示している。

一九〇六年には革命家を宥めようとして帝政ロシア皇帝は急いで新憲法を発布し、議会、すなわちドゥーマを開設した。ブランスクにとってこれはひとつの直接的な、エキゾチックな成果をもたらした。普通男子選挙権の導入である。法律に従って六十人のブランスクのユダヤ人に、ビェルスコ(Bielsko)の管区駐屯地で投票するために登録する資格があった。ビェルスコへの馬車の旅は無料だったにもかかわらず、この新たな権利を利用しようと決めたのは五十四人だけであった。残りの者たちはおそらく、出頭するのが怖くて、突然、ひどく厄介な風邪にかかってしまったのであろう、と『イズコル書』は推測している。

これら半ダースの臆病者には同情してよい。激動の時期には投票は恐ろしい役人たちが考え出したさらにもうひとつの奇妙な新機軸であった。それはどのように利用されるのであろうか。何のためにか。ひとつには投票というのは細心の注意を要する難しい芸当だった。『イズコル書』が順を追って革命を詳述した中に、ワルシャワについての稀に見る、苛立った言及がある。著者たちによれば、このユダヤ人投票者たちは愚かにも、ドゥーマに反ユダヤ主義者の候補者を選んだのであった。「それはのちにボイコットを引き起こし、一方でユダヤ人はすでに、自分たちは政治の犠牲になる」と感じていたのだった。

一九〇五年革命の失敗後には、いつものごとく激しい報復が続いた。ユゼフ・ハイム・ヘフトマンは、投獄されて迫害を受けている人たちへの抑えられない共感の気持を表そうとして一篇の詩を書いた。

大砲が唸り、轟く、
聖なる薪の山が燃え上がる、
進め、旗を掲げた大衆よ、
兄弟たちよ、血を惜しむでない。

ブランスクでは、一人のユダヤ人が大義のために命を捧げた。ワルシャワで戦うために徴募されるまでは学者としての前途洋々たる繊細な若者だった。敗北の後、シベリアに送られ、何年も経ってからブランスクに戻ったが、恐ろしい経験から立ち直ることができず、その後間もなくして世を去った。「その結果ブランスクのユダヤ人は、政治とは何かを学んだ」と、『イズコル書』は結論づける。しかし一九〇五年はいうまでもなくこのレッスンの第一課でしかなかった。二十世紀の訪れとともに、シュテットルを外の世界から守ってきた宗教的、文化的、社会的絶縁体の層は穴を穿たれた。それ以来というもの、シュテットルの歴史はこの外の世界によるますます強まるシュテットルへの浸透の歴史であった。一九〇五―一四年のあいだは、変化は穏やかではあれ、微妙に決定的なものであった。それはシュテットルと近代との出会いの年月であった。

ブランスクのユダヤ人地区では公生活が新たな多様性と刺激を獲得した。『イズコル書』はこの頃に図書館の創設を記録している。個人住宅の屋根裏にあったこのささやかな施設は、ほとんどの階級と出身の人々によって利用された。小説の常連は主として女性で、とくに人気があったのは、シュテットルの生活を鮮やかな自然さとユーモアで描写したショレム・アレイへムの作品だった。読者はおそらくワルシャワのイディッシュ語作家の最古参、イツハク・レイブ・ペレツ（Icchak Leib Perec）の小説とエッセイにも出くわしたことであろう。この作家の晩年の著作の中ではシュテットルはすでに無邪気な、善意と敬虔さの牧歌的世界として、ノスタルジックかつセンチメンタルに描き出されている。

そこには胸を躍らせる別の新しい出来事もあった。「演劇とは何か、ブランスクの人たちは知らなかった」と『イズコル書』は述べている。それにもかかわらず一九一〇年には、若者のグループが「シュメンドルィクス（Szmendryks すれっからし）」という意味深長なタイトルのイディッシュ語の戯曲を、「勇を鼓して」上演した。どうやらこの公演は大成功を収めたようである。文化的風景のさらに永続的なスターとなったのが巨大なチューブで音楽を放つ蓄音機だった。夏になると、人々はたそがれ時の散歩の途中で、この魔法のからくりが奥に置かれた開け放たれた窓の前で足を止め、流行りのイディッシュ語の歌に聴き入った。たまに、どこかの移住した息子の母親が「ママへの手紙を先延ばしにしないで」という歌詞を聞き、エプロンで涙を拭ったものであった。

しかし、広い世界への開放はいっそう深刻な影響をもたらした。それは、新式の生活、変化と選択と人生の来歴の枠組みを獲得するためのさらに重要な出来事との交差に満ちた生活を形づくった。『イズコル書』に収められた最も長い伝記的スケッチのひとつは二十世紀初めのものである。それはカントル〔ユダヤ教礼拝の先唱者〕の息子で、明らかに多才な人間、レイブ・ヤクブ・フラインド（Lejb Jakub Freind）の物語である。一九〇〇年頃、レイブ・ヤクブは有名なイェシヴァと世俗の学校の両方で学んでいた。ヴィルノ帝国音楽院（Cesarskie Konserwatorium Muzyczne）に通い、そこで「歌唱理論」を学び、ヘブライ語の新聞・雑誌に執筆し始めた。彼はまた天文学にも魅了され、その分野の有力な学者たちに大きな感銘を与えた。その結果、帝国天文学協会の会員に指名された。フラインドは工学の学位を受けたが、第一次世界大戦が勃発すると、上海に向かい、そこで彼の人生はさらに思いも寄らない転回を遂げた。彼はセファルディムのユダヤ人共同体に力を貸してもらい、アシュケナジムのやり方でカハルを組織し、上海で最初のユダヤ人合唱団を設立、二つのシナゴーグを開設し、ロシア語とヘブライ語の辞典の出版に貢献した。同時に学術論文の執筆を続け、一九二三年にはアルベルト・アインシュタインと三日間一緒に過ごすという特異な経験をした。

フラインドの社会活動の絶頂期は第二次世界大戦中、とのほか興味深い人物と関わりを持った時のことであった。近年再発見され、日本のオスカー・シンドラーとして賞賛された杉原千畝である。杉原は戦時中、ロシア領のコヴノ〔今日のリトアニアのカウナス〕の町の日本領事であった。『イズコル書』によれば、ヒトラーによって占領された地域からの逃亡を可能にする通過ビザをロシアのユダヤ人に発給するように、上海の日本領事の助けを借りて最初に杉原を説得したのは他ならぬレイブ・ヤクブ・フラインドであった。その結果、何千人ものユダヤ人難民が上海に押し寄せた。戦後の日本では、杉原はその行為のためにペルソナ・ノン・グラータ〔好ましからぬ人物〕となり、名誉回復がなされたのはようやく一九八〇年代末になってからであったが、思い切った手を用いて彼らの命を救った人間として、コヴノおよび他の場所からの生存者のあいだで久しく伝説的人物になっていた。ブランスク生まれの彼の助手のフラインドはどうかと言えば、結局、戦時の苦難を免れなかった。マニラ出張の際に捕虜になり、そのあと日本の強制収容所に抑留された。彼は生き延びて、一九四七年に再移住したが、今回の移住先はアメリカ合衆国だった。そこで彼は、おそらくもっと平穏に晩年を過ごしたものと思われる。

レイブ・ヤクブ・フラインドのような、シュテットルを離れるやいなや、飽くことのない好奇心と豊かな経験への欲求に駆られて世界に身を投じ、狭い背景から大偉業への驚くべき飛躍を成し遂げた人々は他にもいた。伝統主義と現代性との衝突は巨大なエネルギーと知覚力を解き放つことができる。しかしながらシュテットルが二十世紀の最初の数十年間に突然現代的な大都会になったとか、そこのすべての人が世俗的な冒険に乗り出したなどと言えば、それは誤解を招くであろう。一八九七年のロシアの国勢調査によれば、ブランスクには当時、四千以上の人口があり、うち五八パーセントがユダヤ人だった。ユダヤ人の約半分のみが読み書きができる者として登録されていた。これは驚くほど低い割合だが、おそらくヘブライ語あるいはイディッシュ語での読み書きは考慮されていなかったのであろう。ほとんどの普通の人にとって生活の本質は基本的に宗教的なままであったし、伝統と習慣と日常の仕事の中に嵌め込まれていた。重要な社会区分は相変わらずシェイネ・イードゥン（sheyne Yidn「美しい」、すなわち上流階級のユダヤ人）とバレバティム（balebatim 尊敬されている裕福なユダヤ人）、バルメロヘス（balmeloche 職人）およびプロスティ（prosty）――ポーランド語からの借用語で、素朴で教養のない人たち――のあいだに存在していた。

共同体のこれらの伝統的なメンバーにとっての重大事件は社会主義革命というよりは、たとえば一九〇七年の新しいラビの到着にかかわる事柄であった。このラビ・イェフダ・シュコプ（Jehuda Szkop）はブランスクの共同体を率いた最初の重要なタルムード学者で、彼は町の生活で主要な役割を演じることになった。彼はまた才能ある若い学者たちの側近を連れて来て、いたるところから広く学生を引き寄せることになったイェシヴァを設立することで、ブランスクをユダヤ人地図につけ加えたのであった。

『イズコル書』はもうひとつの要素が共同体の中に加わったことを書き留めている――ハシドの出現である。この宗教的規律を遵守するユダヤ人の小集団がブランスクにたどり着いた時には、ハシディズムはすでに東ヨーロッパのほとんどのシュテットルの不可欠な一部になっていた。ついには世界的規模の現象に拡大したこの運動は十八世紀末、フランク主義の誕生を目撃したほぼ同じ時期に、同じポーランドの地方で分離宗派として始まった。ハシディズムもまたバアル・シェム・トヴとして知られる預言者的、カリスマ的な人物によって設立された。平明な譬え話と物語を通して伝えられた彼の教えは神秘的要素と信仰の個人的性格の強調を結びつけていた。彼は信奉者たちに、誰でも神と個人的に接触することができる、聖なる状態に到達するには博識な教養も何年もの勉学も必要ないと確信させた。多くの預言的な宗派同様、ハシディズムにも恍惚の要素があった。神は自己犠牲によってではなく、歓喜と賛美によって崇拝すべきであると説いた。人間の食べ、飲み、楽しむという欲求は拒んだり、抑えつけたりするのではなく、むしろ尊重され、満足させられるべきものであった。

十九世紀初め、ハシディズムはあたかも燎原の火のように東ヨーロッパ全域に広まった。当然の理由からしてハシディズムは、貧しい人たち、不満を持った人たち、教育のない人たちに――カハルの序列からはじき出されていると考えた、あるいは伝統的なユダヤ教の神学の厳格さに反発した人たちの心に訴えた。まさに同じ理由からして、ハシディズムは異端として糾弾され、ミトナグディム(mitnagdim)、すなわち学識のある正統派のユダヤ人からの徹底的な闘争に遭遇することになった。

しかしハシドは、ブランスクにたどり着いたときにはすでに、皮肉な運命の逆転で、ユダヤ人の伝統の番人、他では消え失せつつあった熱烈な敬虔さの守り手となっていた。部分的にはそのせいで彼らのブランスクへの到着が、リトファクがやって来たときと同じくらい相反する感情で迎えられた。今日にいたるもなお、かつてブランスクに住んでいたユダヤ人たちは「ハシドが好きな人はいなかった」と語る。なぜなら彼らは、シュテットルの基準からしても、狂信者で古色蒼然たる人たちと思われていたからである。ひっきりなしに祈り、他のユダヤ人がより近代的な服装のために捨てた黒いカフタンを身に纏っていた。ハシドはまたひどく貧しかった。『イズコル書』には、その着古した、あちこち繕われたコートでは冬の気候に耐えるのは生易しいことではなかったことに言及している。その数はおそらくたかだか二十人でしかなかったが、この小さな集団でさえ、数人のツァディクすなわち霊的指導者を信奉する者たちが含まれていた。祝祭日や特別な機会にはハシドたちは、時には長い距離を、聖者と見なしていた彼らの指導者たちを訪問するために旅行した。これらの多くの宗教指導者は信奉者の寄付のおかげで金持ちになり、立派な邸宅や屋敷で謁見式を開いた。ハシドたちの指導者に対する関係はいくつかの現代のカルトの信徒のグルに対する関係に似て、敬虔で、熱狂的で、忘我的であった。ツァディクたちはバアル・シェム・トヴに倣って、譬え話を用いて話す傾向があり、一方、従者たちはその一言一句に熱心に耳を傾け、譬えを分析し、賢人の話をじかに聴く恩恵に与れなかった人々にその教えを広めた。時には、特別な宴や踊りと祈りの恍惚境の中で、人々はツァディクを抱え上げ、肩に担いで通りを行進した。

ブランスクではハシドたちは自らが所有する祈りの家に集まり、『イズコル書』によれば、そこで、いつ果てるとも知れない「よきユダヤ人」についての「伝説的な物語」に耳を傾けた。新年「ロシュ・ハシャナ」、ヨム・キプル（The High Holy Days〔秋の Tishri の月「七月」の一日と二日が新年「ロシュ・ハシャナ」、十日がヨム・キプル「贖罪の日」〕などの祝日にはハシドたちの儀式の「内面的な喜び」は「とても言葉で表わすことができなかった」。もしかすると、この熱心な神の崇拝者を動かした精神はブランスクの他のユダヤ人に、その無関心さにもかかわらず、不在に気づくことになった信仰の大きさを思い起こさせたのかも知れない。

＊＊＊

第一次世界大戦前夜のシュテットルはかくのごときものであった。二面的な、固着した古い時代の習慣と新しいものがもたらす挑発的な展望とに分裂した姿である。戦争そのものはブランスクではロシア当局からの動員通知によって布告された。そのあと矢継ぎ早に多くの「悲しい光景」が続いた。女たちの息子と夫との別離、戦地からの戦死者と負傷兵と捕虜になった兵士たちについての知らせ、前線の比較的近くに位置する都市から押し寄せる避難民、などである。

ユダヤ人にとってこれらの出来事はいかにも唐突で、当惑させられる事柄であったが、ポーランド人にとっては状況はどちらかと言えば、より不確かなものでさえあった。ポーランドを分割した強大国が互いに宣戦を布告し合ったとき、ポーランド人は、もし巧みにことに当たるならば、それは彼らにとって一世紀余のうちで最大の独立回復のチャンスであることを認識していた。しかしまさにそれが争点であり、一方、二人のライバル同士の指導者——右翼民族主義者のロマン・ドモフスキ（Roman Dmowski）と社会主義者のユゼフ・ピウスツキ（Józef Piłsudski）——は相反する、敵対する目的を追求していた。ピウスツキの戦略はガリツィアにオーストリアとドイツを含む中央同盟国側に立つポーランド軍団を創設して、まずはロシアに対して力の均衡を有利に傾けようとすることだった。彼はまた、ユダヤ人の戦闘部隊を創設しようと努力したが、この試みは失敗に終わった。ピウスツキは中央同盟国に対して最大限の譲歩を要求したが、その援助によるポーランド軍の創設は妨害した。これらの戦略上の同盟国間の対立がさらに激しくなったあと、ピウスツキは、一九一七年、ドイツ人によって投獄され、彼の軍団は解散させられ、一部の兵士は収容所と刑務所に拘禁された。

ブランスクにはロシア軍が最初に到着した。コサック兵とユダヤ人兵士——「あご鬚を生やしたユダヤ人たち」――を伴ってやって来た。『イズコル書』は、この現象の目新しさと場違いさを強調しつつ言及している。アルテル・トルス（明らかにこの部分の文章の書き手）は、共同体がこの客人たちのために清浄な食事をどのように手配したかを詳述している。ロシア軍は表面上友好的だったにもかかわらず、一般市民のユダヤ人は脅威に感じていた。司令官は「本物のユダヤ人集団虐殺の指導者《ポグロミスト》」であり、町のユダヤ人住民にドイツ人への内通に対して警告していた。それはたいへん不吉なものに思われたに違いなかった。なぜなら、こうした内通という「根拠のない非難」は、ドイツの勢力範囲により近い地域ではよくあることを誰もが耳にしていたからである。その後間もなくして百姓の荷馬車でブランスクに向かって旅をしていた寄る辺のないユダヤ人避難民の集団がロシア軍兵士に捕えられ、破壊行為の廉で告発された。彼らが即決裁判にかけられようとしていたとき、ラビのシュコプが介入し、刑の執行猶予を何とかしてかちとった。しかし「気が狂って」、本当に電話線を切断した男の場合にはうまくいかなかった。

実際には、ユダヤ人住民は、自らの共同体内部で二つの陣営に分裂していた。ロシア人を支持する人たちとドイツの勝利に喝采を送る人たちとである。さらにこれは、ポーランド人が同じように分裂しつつ、交戦中の敵国のどちらか一方を支持することを嫌った例外的な瞬間であった。

ドイツ人がこの地域で優勢に立ったとき、コサック兵は撤退する前にブランスクに火を放つ準備をしていた。再びラビ・シュコプが介入した。彼は即刻金銭を集めると、コサック兵たちに配り、それが事態を決定的なものにしたのであるが、将校が気に入った自分の時計を彼にプレゼントしたのであった。コサック兵の将校は明らかに、どちらかというと子供っぽい衝動の持ち主であったようで、ラビ・シュコプが素早く反応したことで、ブランスクを新たな大火から救ったのであった。

それは一九一五年九月のことであったが、ここで『イズコル書』はほとんど悲劇的アイロニーとでもいったものになる。ロシア人が退却して何時間とたたないうちに「マーゼル・トーヴ！」〔ヘブライ語起源の挨拶で、「おめでとう」の意〕と叫ぶ女の声が通りで聞かれた。それから数分後に、町は「残忍な目つきと食い過ぎの赤ら顔をしたドイツ人に」蹂躙された。アルテル・トルスがどちら側に好意を寄せているかは自明である。

ドイツ人はブランスクに三十八か月駐屯したが、彼らの占領は残虐なものだった。人々を町の外での強制労働に駆り立て、仕事のペースについていけない者は容赦なく殴られた。軍隊は小麦粉と他の食糧を商人から徴発し、自分たち用にパンを焼き、分配した。そしてどうやらそのせいで人々に病気を招き寄せ、多くの死の原因になったようである。かてて加えて、突然、猩紅熱と腸チフスが流行し、人々の心に二重の不安を掻き立て、病気にかかった者には体調の悪さを隠させた。というのも噂によれば、ドイツ人によって発見された不運な者は、病院に連れて行かれ、毒を盛られたからであった。

そうこうするうちに、ドイツ軍司令部は、人びとを強制労働用に選別する手助けをする自らの「共同体」代表を任命した。アルテル・トルスは辛辣だが当然のこととして、いつものように貧乏人が最初に送られることになったと断言している。男性が足りなくなると女性が送り出された。これらの若い徴用者たちの中には脱走し、しばしばひどい姿でブランスクに戻って来る者もあった。トルスは自分も五回も（！）脱走したと自慢げに告白している。

食糧不足が深刻になると密輸が横行した。アルテル・トルスは、それは主として裕福なユダヤ人の仕業ではなかったかと疑っている。ドイツ人将校の保護を受けている者もいたからだった。不公平な戦時負担の軍税に対する不満が強まり、抗議のレベルにまで高まった。しかし一九一七年が近づくにつれて、そして、それとともにロシアで革命が起こったという噂が広まるにつれて、占領軍はそれほど図々しくなくなった。強制労働のための選別が中止され、ユダヤ人の政党は戦争が再開される前に活動を始め、図書館の蔵書が隠し場所から運び出された。一九一八年十一月十一日、ドイツ人は突然荷造りをしたあと、衰微し、貧困化した町を去った。

それがワルシャワから届いた知らせに対する、そして戦争の奇妙な終結に対する反応であったことは明らかだった。戦争末期には、ポーランドを占領していたオーストリア軍とドイツ軍はおそらく、西部戦線での敗北が近づいているのを知って諦め、戦場から立ち去っただけに見えた。そうこうするうちに、ドイツの刑務所から釈放されたばかりのユゼフ・ピウスツキがワルシャワに入ったが、権力を掌握した、というよりは、権力の空白を埋めたのであった。十一月十一日、ピウスツキを、まだ半ば願望であるポーランド国家の元首として、ルブリンに政府が組織された。三つの帝国がより差し迫った問題に忙殺されているうちに、独立ポーランドの復活が布告によって宣言された。

ポーランド領内に居住するユダヤ人にとってこれらの出来事は、変容した社会的・政治的環境にもう一度順応しなければならないことを意味した。『イズコル書』は「世界大戦」の章を「ポーランドの統治のもとでブランスクのユダヤ人にとっては新たな苦しみがやって来ようとしている」という、ほとんど悲観的な内省に満ちた結尾でもって閉ざしている。しかしこの宿命論的な諦観は確かに陳腐過ぎる。二つの世界大戦の合間の二十年はポーランドのユダヤ人にとってはあり余る激動を運命づけられた時期であったが、しかしそれは巨大な拡大と発展の時期、大胆な政治活動と文化的開花の時期、ほとんど説明がつかない変化の加速の時期でもあった。あたかも時代精神がポーランド上空を漂って、「見たまえ、新しい時代がやって来たぞ」と囁いているかのようであり、一方でそれまで睡眠状態にあったユダヤの人々がそれに応えてブルっと体を震わせ、完全に新たな覚醒状態に入ったかのようであった。ブランスクの通りはなおも舗装されていなかったし、屋内の配管はまれだったし、電気はわずかな数の、選ばれた通りにしか来ていなかったが、最も辺鄙な小さな町でさえ、突然、議論と創造性と組織と熱気のこもった衝突の温床に一変した。多くのレベルで古い時代は終わりを告げ、新時代が始まったのであった。

「そうよ。私はこの通りで育ったの」とイレナ・ヤブウォノフスカが言う。「でも家は戦争中に全部焼けてしまったわ。ここには主にユダヤ人が住んでいたの。ポーランド人は数家族だけだったわ。この通りを下って行くと、誰がどこに住んでいたか、正確に思い出すわ。シャピロさん一家、ゴットリーブさん一家、メンダ・ゴルドヴァッセルさん、ティコツキさん、その次の家にはあの人……何て言ったかしら……あの、父の商売相手だった人」

両大戦間の二十年とともに、私たちは遠く隔たっているとはいえ、生きた記憶の領域に踏み入る。そしてまさにこの隔たりがゆえに、私はイレナ・ヤブウォノフスカの回想の正確さに感動を覚える。もしもその人の意識に深く刻まれていなければ、その人にとって重要でなかったならば、住人たちの名前と、彼らがかくも長きにわたって住みついていた家を人は記憶していないものだ。

「一緒に育ったのよ」と彼女は言う。「私、イディッシュ語を知っていたの。上手じゃなかったけど、十分だったわ。彼らがお互いに何かをイディッシュ語で話したいと思ったときには、誰かしら言ったものだわ。「この子には全部分かってしまうぞ」って。だって、私はここで育ったのよ」

イレナ・ヤブウォノフスカは、第二次世界大戦前は彼女の家族のものだった小さな田舎風の家に住んでいる。父親は町で比較的成功を収めたポーランド人のひとりで、絨毯の問屋と肉屋とたばこ屋を兼ねた店の所有者だった。しかし、のちの共産主義支配下のブランスクでは、富は疑わしい取り柄になった。今日のヤブウォノフスカは、柔和な卵形の顔と温かな眼差しを持つ小柄な七十代の女性である。話し方も身ごなしも、とても穏やかだ。ズビグニェフ・ロマニュクと私に紅茶とクッキーをすすめ、思い出にふけっている。ズビシェク〔＝ズビグニェフ・ロマニュク〕はいつもどおりにノートをとっている。ときどき、一方が何か、もう一方をびっくりさせるようなことを口にする。ズビシェクはほぼ七十年前にブランスクであったあるユダヤ人男性とポーランド人女性の身分違いの結婚のことを慎重にそれとなくほのめかす。「いえ、いえ、いえ」とヤブウォノフスカは驚いて、息を吸い込みながら抗議する。「そうだったのですよ」とズビシェクは続ける。「その女性の孫が誰か、お分かりですか」「いったい何のお話をなさっているの?」とヤブウォノフスカ。「そんな話、初めて聞きましたわ」当の二人にとって、それは生きたゴシップなのだ。あたかも昨日起こったことのような、最新の出来事なのだ。二人とも、消滅したブランスクの世界を熟知しているのである。

ポーランド人女性とユダヤ人の情事は、戦前は、ごくまれなことだったので、今なお、ショッキングなことに思われるのだ。シュラフタと農民の結婚と同じくらい珍しいことだったので、カーストを横断する縁組はなおもタブーになっていた。ワルシャワでは当時、ポーランド人とユダヤ人の結婚は、いくつかの社会集団ではほとんど許容されるようになりつつあったが、シュテットルでは完全に恥ずべきこととみなされていた。

しかしながら、ほかの種類の接触は以前よりはるかに可能になりつつあった。イレナ・ヤブウォノフスカは、男の子とではなかったが、ユダヤ人の女の子たちと一緒に学校に通っていた。男の子はあいかわらずヘデルに通っていて、しばしば彼らのポーランド語の知識は劣っていた。第一次世界大戦後に制定されたポーランドの法律のもとでは、すべての者が何らかの種類の学校に行かなければならなかった。とはいえ、農民の子供は普通、小学校四年生までしか学校に通わなかった。農作業の手が必要だったからだ。イレナの姉はビャウィストクのゼリグマン・アカデミーという名のユダヤ人の高等学校に通った。他の学校に席が足りなかったためである。イレナは姉のユダヤ人の友達を覚えていて、女生徒が全員一緒に受験旅行に出かけたときの緊張した様子を思い出す。この若い娘たちは他のときにも――学校へ行く途中で、また昼食のときにも――うわさ話をし、家族の話をし、ひょっとするとロマンチックな夢も語り合ったことは間違いない。同じ本や学校生活について議論しているうちに、幾分かお互いに理解し合えるようになっていったに違いない。

しかし、彼女らの間にある障壁は相変わらず強固だった。ユダヤ人は商売上の用事で、あるいは彼女の父親と一杯やるためにイレナの家にやって来たものだった。また、学校友達がひょっこり立ち寄ることもあったが、こうした訪問はデリケートな問題を引き起こした。この娘たちは清浄ではない食べ物に手を触れようとはしなかったことを覚えている。とはいえ、もっと反抗的だった男の子だと、時には彼女の母親にハムのスライスを無心することもあった。しかし娘たちはそうしたことはしなかった。一度としてなかった。彼らは互いの信仰についてほとんど知らなかった。学校にはひとつはカトリック教徒のための、もうひとつはユダヤ教徒のための二組の宗教のクラスがあった。彼らは決して互いの礼拝所に入らなかったし、イレナはユダヤ人の友達と宗教や他の厄介な話題の話をするのが嫌いだった。「だってみんなここで育ったのよ」と言う。「それに父親が、人は誰にも礼儀正しくしなくてはいけない、と言っていたわ。男の子たちは殴り合いの喧嘩をしていたけど、お分かりでしょう、みなさんも、みんなが一緒に暮らしているとどんなことが起こるか。でも女の子は礼儀作法と慎みを守っていましたわ」

ということは、彼らが互いによく知っていたのは近接して住み、身近であったことから来るのであって、率直な意見の交換や親密さからではなかったのだ。イレナ・ヤブウォノフスカは人々の家の裏庭で催されたユダヤ人の婚礼を見てきたが、そこに招待されたことは一度もなかった。誰かが病気になったとき、ユダヤ人の家族がどんなにやさしかったかを彼女は覚えている。また、ユダヤ人の女性はとてもよい身なりをしていた。彼女の考えではユダヤ人はなぜかポーランド人より「楽な暮らし」をしており、そんなに勤勉ではなかった。しかしそう言った後で、それなりに厳しい肉体労働に携わっていたユダヤ人のことを思い出す。私が、ユダヤ人の方が金持ちだったと思うかと聞いてみると、もの思わしげに答える。「よく分からないわ……あの人たちの中にも貧乏人がいたわ、ええ、いましたとも……」

ブランスクで、ユダヤ人がいないことに気づいている人が誰かいるだろうか。「人は人間に慣れるものですわ」とイレナ・ヤブウォノフスカは簡潔に言う。「彼らがいないのを私はつくづく感じているわ」。もちろん、口にはしないかもしれないが、まったく違ったことを感じている人たちもいる。

無関心から、それどころか安堵感からくる健忘症だ。

＊＊＊

ブランスクでは独立の呼び声が響き渡るやいなや人々がそれに唱和した。ポーランド臨時政府任命直後の一九一八年十一月十一日の夜間に会合が持たれ、そこで臨時国民委員会と民兵《ミリツィヤ》が設立された。両機関ともメンバーにユダヤ人が含まれていた。アルテル・トルスは民兵の中で貴重な食糧倉庫を見張る仕事を任命されていたのに違いない。なぜなら、彼は、間違いなくこのような光景には慣れていなかったあるユダヤ人女性が、「アルテル！　ライフル銃の扱いには気をつけてね」と懇願し続けていたのを思い出しているからである。

十一月十二日、二人の高名なポーランド人がつぎのような簡潔な声明を出すために管区から馬でブランスクに乗り込んで来た。「諸君、ポーランドは今や、われわれ自身のものになった」。ポーランド人にとっては、これは感動的な言葉であったに違いない。一二五年間の国のない状態の後の独立回復は最も重要な出来事であり、比類のない愛国的熱狂の爆発を引き起こした。少数民族集団にとってはこの思いもよらない歴史の展開は、さらにさまざまな問題をはらむものとなった。実際独立は、純化した民族間の緊張の雰囲気が到来したことを告げたのであった。

ブランスクでの最初の一時的感情ではどうやら巣立ちしたばかりの新たな秩序の一部にユダヤ人を含めようとしたようだが、ユダヤ人住民は事態の進展を警戒と不安の目で眺めていた。それには理由があった。それに続く数か月にわたる全面的な混乱だけでも十分だった。ポドラシェ地方は、ドイツ人が退却のために交渉していた緩衝地帯の一部だった。ドイツ軍がゆっくりと徒歩でドイツに向かって撤退して行くにつれて、ブランスクは再び小競り合いと殺人と放火の現場となった。しばらくのあいだ、山賊と強盗が跋扈し、田舎道を通るのは危険だった。ドイツ人への忠誠の嫌疑で数人のユダヤ人が捕えられ、殴打された。あるユダヤ人仕立屋は町の中で、あご鬚を切り落として屈辱を与えようとするポーランド人の若者たちに襲撃された。しかしながら、たまたまそこを通りかかった二人の通行人――一人はユダヤ人、もう一人はポーランド人――が代わりに襲撃者たちに襲いかかって、滅多打ちにした。それ以来、ブランスクではあご鬚を切り落とす事件は発生しなかった。しかし、こうしたエピソード、そして連合国側についてポーランド軍団の中で戦っていたハレル部隊――超保守的なハレル将軍の指揮下の兵隊たち――の仕業であるさらにたちの悪い暴力行為がポーランド東部の全域で発生していた。

アルテル・トルスの兄はブンド〔二一六、二一九頁参照〕の文書を所持していた廉で逮捕されたが、二リットルのウオッカと引き換えに釈放された。町の社会主義者たちは五リットルのウオッカでブンドのクラブ開設の許可をもらった。この種の一時の感情にもとづく統治は、ポーランド人の気質にとって、あるいは物事を規則どおりにやることにほとんど慣れていなかった新しいポーランド人の役人にとっては珍しいことではなかった。とりわけ、ブランスクのような小さな町では、多くが個人の気まぐれで決まった。

より大きな規模では、三つの帝国が崩壊した結果、東ヨーロッパは再び地政学的な混乱状態に置かれることになった。多くの民族と民族集団、そして相反する領土的、歴史的権利を主張するそれぞれの自称代表団を抱えていたからである。一九一九年、国際社会はパリ会議を招集した。その羨むに足りない任務は新たな諸国家の地理的形態を練り上げ、四分五裂したこの地域の紛争の前兆を抑え込み、少数民族の処遇の基本原則を確立することであった。この会議で採択された決議と合意は、一九一九年六月、ヴェルサイユで批准された。

パリ会議の前の数か月、雑多な民族が混住する領土の全域で、潜在的に影響を受ける集団間の緊張が高まり始めていた。ビャウィストクではユダヤ人共同体の代表者が、町と周辺地域はポーランドよりはリトアニアの一部になるべきだと提案した。そうなればユダヤ人が数の上で優位に立つことになるという理由からだった。この提案はポーランド人政治家の憤激を呼び起こした。同年、ポーランドの中のユダヤ教の全宗派がこの問題を議論し、見解の一致を見る会議を開くためにビャウィストクに集まった。ブランスクではこの会議に出席する候補者を選ぶための選挙に五つの政党が参加した。勝利を収めたのはブンドだった。

そもそもパリ会議で、国際調停人たちは、領土と諸権利と歴史的不正の除去を画策するさまざまな集団と民族の信じがたい数の代表団や立場、そして反対要求に直面した。ユダヤ人のあいだでは、東ヨーロッパの代表団と西ヨーロッパの顧問団とのあいだで興味深い見解の相違が生じた。東ヨーロッパの代表団は主にシオニストから構成されていて、ユダヤ人国家を獲得するという目的とは別に、新しい国々の中での大きな政治的、文化的自治権を要求していた。西ヨーロッパのユダヤ人は、実のところ、直接彼らの運命にかかわる問題ではなく、東ヨーロッパの代表たちに、少数民族の権利よりは彼らが暮らしている国々への自分自身の応化《アコモデーション》〔社会の構成員や集団間に起こりうる争いが顕在化することを回避するために、相互的に適応しようと努める過程、あるいはその結果——『ブリタニカ国際大百科辞典』〕に基づいた、公民権という、より限定された協議事項を受け入れるように促した。

ポーランド代表団もまたドモフスキが率いる強硬な民族主義的党派と、社会党出身で多くの問題でリベラルな立場をとり、さまざまな民族集団の大幅な自治権を容認していたピウスツキ陣営に分裂していた。ピウスツキの代表団が合法的なものと認められ、最終的にポーランドは、すべての新しい東ヨーロッパ諸国同様、国境内に住むすべての民族集団に全面的権利と自由、そして文化面での自治権を保証する少数民族に関する条約に署名した。

新生ポーランドの平和は長くは続かない運命にあった。一九二〇年春、ボリシェヴィキ軍が東部国境地帯に集結し始めた。ピウスツキは明らかな危険を予見して、それ以前にレーニンに敗れていたウクライナの指導者ペトリューラと結託して、ロシア人に対する予防攻撃を開始し、キエフに向けて進軍した。これはポーランド・ソビエト戦争として知られることになる〔ポーランドではポーランド・ボリシェヴィキ戦争と呼ばれる〕政治的に複雑なもうひとつの混乱の始まりであった。つい最近までロシア領の一部だったブランスクでは、ユダヤ人共同体の地位は曖昧なままだった。『イズコル書』によれば、見解は、はっきりとポーランド人の大義の側についた人々と、ブランスクは実際にはポーランドに属しておらず、したがってポーランドの軍隊に兵員を供給するように要求されるべきではないと考えていた人々のあいだで分かれていた。『イズコル書』は、ポーランド人とユダヤ人の実際の対話を初めて瞥見した中で、以下のような「カトリック教徒」たちの主張を引用している。「君たちのイツハクとモシェはスタシェクやフラネクと同じ年に生まれたのだから、一緒に兵役に服すべきだ」。単純明快な主張だが、これはポーランド人とユダヤ人のどちらの家族にも同じ運命を分かち合わなければならないであろう息子たちがいるという人間的な認識を示すものである。しかしながら、軍隊自体の中では、ポーランド人とユダヤ人の関係は時にうまくいかなかった。ポーランド・ソビエト戦争の忌まわしい出来事の中で、一九二〇年の夏、ユダヤ人将校たちがヤブウォンナ（Jabłonna）収容所に拘留された。ユダヤ人の一般的な忠誠義務違反の嫌疑からだった。この出来事は一大スキャンダルを巻き起こし、ユダヤ人議員は議会で抗議した。将校たちは九月に釈放された。

初めのうち、ピウスツキは急襲に失敗し、ロシア軍が反攻を開始してポーランド領内に進撃した。前線は七月末にブランスクを通過し、大きな破壊をもたらした。ポーランド当局はブランスクを逃げ出した。民兵が編制され、ユダヤ人の代表もその中に「きちんと加わっていた」。「赤い兵士たち」は強姦と略奪を続けた。そのあと戦闘になり、ポーランド側が敗北を喫し、その中で一人のユダヤ人兵士が軽症を負った。またしてもポーランド人は倒れた戦友をブランスクの路上に置き去りにして逃走した。ロシア軍は町を占領し、監督のためにソビエト人民委員《コミッサール》が任命された。ブランスク住民に対するボリシェヴィキの関係ははっきりしない。彼らが第一の敵はポーランド人だと考えていたことは間違いない。あるユダヤ人男性を民兵の長に任命し、それがロシア軍の伝統的な慣行であったから「パン屋の竈で何を焼いているか見るために」、つまり新しい支配者に対するあらゆる不服従行為を密告するために覗き回る情報提供者を徴発したのだった。『イズコル書』の著者たちはこうした者たちに掃いて捨てるように言及している。

これはイサーク・バーベリの短編小説――抑制された抒情性でもって、コサック兵の力強く陽気な感情表現や彼らの何気ない暴力、流血と死への馴化、そしてまたシュテットルに住むユダヤ人の高潔さと諦めを記録している小説――を生み出したのはブランスクのようなシュテットルを通過した赤軍の進軍であった。最初のソビエト占領についての『イズコル書』の記述の中にはいくらかイサーク・バーベリの雰囲気が認められるし、ポーランド人とユダヤ人が共に陥っている苦境についても暗示されていることが分かるであろう。この人民委員《コミッサール》は嫌味なユーモアセンスの持ち主で、集会では、ユダヤ人もポーランド人も等しく、彼の冗談の生贄になった。『イズコル書』の著者たちは、軍隊にはした金で食糧を売り、その結果食糧不足を引き起こしていることについて人民委員に問い質したある「カトリック教徒の男性」のことを想起している。人民委員は「われわれはお前らに辛い頭痛の種も含めて何でも持ってきてやるのさ」と言い返したものである。農民は牛を二頭ずつ飼っているのに、ユダヤ人が牛を飼えないのは公平なのかと訊いたある若いユダヤ人女性への返答では、人民委員はこう言い返した。「これまでに牛を飼ったことがあるのかね。ない？　そうか、それはよかった。これからも飼わないですむさ」。こうした無遠慮な軽口の中にはこれまでにない新しい種類の権力――無頓着なまでに厚かましく一般大衆風で、軽薄なまでに気まぐれな権力――の響きが聞き取れる。これはソビエト風のコミュニズムの響きであり、その信号音であり、その後の数十年間に東ヨーロッパのすべての人々にとってあれほど見慣れたものになる運命だったものである。

　その後の数か月間に運は劇的にポーランド人の方に向いた。反撃の進軍で赤軍はワルシャワまで達した。しかしポーランド史上ヴィスワの奇跡として知られるエピソードでは、そこで、兵員数で大きく優るポーランド軍は（一部はまだ大鎌で武装しただけであった）敵軍を包囲し、敗走させたのであった。これはレーニンを含めてすべての人を驚かせた。ブランスクでは、赤軍兵士が慌てて逃げたときに、多くのユダヤ人が彼らと共に逃げる決心をした。そのごく一部はのちにブランスクに戻ったが、大半の者はソビエト連邦に留まり、残りの人生をそこで過ごした。

ポーランド軍がブランスクに再突入したときには、さらに大きな混乱が起こった。ユダヤ人の男性は再度重労働に駆り出された。近くの村の二人の兄弟と彼らの妹の許婚がポーランド人兵士に殺された。それが反ユダヤ主義的な暴力行為だったのか、政治的報復行為だったのか、それとも純然たる犯罪行為だったのかは明らかではない。

正常とでも言えるような状態が戻ったのは、ようやく戦争を終結に導いた一九二一年三月のボリシェヴィキとのリガ条約の調印後であった。三月十七日、新憲法が発布された。それはフランス第三共和国憲法をモデルにしたものであったとはいえ、社会的な「セーフティ・ネット」を一歩先に進めた。この憲法の驚くべき条項の中には、世襲ならびに階級による特権、称号を廃止し、子供と女性の虐待からの保護を保証する規定があった。少数民族は、その宗教、言語ならびに文化的特質を保持する権利が認められ、平等の市民権も保証されていた。

原則と最善の意図はかくのごときものであった。しかしポーランドではヨーロッパ全体と同じように、時代精神にはなかんずくナショナリズムの名が冠されていた。両大戦間期のポーランド政治は、ほとんど国家としての独立と民族集団の問題を軸に動いていた。崩壊する諸帝国から誕生したほとんどすべての新興国家同様、新生ポーランドもまた民族集団の寄せ集めであった。一九二一年の国勢調査によると、民族上のポーランド人は人口の六九・二パーセントを占めるだけであった。最も大きな少数民族は一四・三パーセントのウクライナ人で、人口の八パーセント以下を占めたユダヤ人は数の点では二番目であったが、影響力と重要性の点では疑いもなく最大であった。またドイツ人とベラルーシ人のかなり大きな集団もいた。

同時に、一世紀以上にわたる分割のあとでは、ポーランド政治の最も重要な問題のひとつはアイデンティティの問題であった。この新生ポーランドとはいったい何か。どんな国家、国民、国、文化になるべきか。ポーランド性が規定されるのは市民権と国家への忠誠によってか、それとも継承された民族性によってか。こうした問題をめぐる対立の主軸は、ポーランド人の生活全体と同様に、すでに創設時に存在していた主要な政治集団のあいだで回っていた。すなわち、一九二二年まで国家元首の座に留まっていたピウスツキ元帥に率いられたサナツィア（Sanacja〔「道徳的健全化」〕と呼ばれる、思想的には雑種の中道主義運動）、国民民主党つまりエンデツィア（Endecja）とのちのその過激な右翼的分派を含む保守政党、そしてキリスト教民主党である。さらに最も重要な役割を果たし、労働組合に大きな影響力を行使した社会主義者を含む重要な左翼があった。社会主義者は二〇年代後半にいたるまでユゼフ・ピウスツキを支持していた。

これらの陣営はいずれも、ポーランド人の生活とアイデンティティにおける少数民族の役割について定見を持っていた。少数民族自身も同様であった。ポーランド人の政党と並んで、同じく左翼と右翼と中道に分裂したおびただしい数の少数民族の政党が存在していた。あるシオニズムの指導者の首唱で、少数民族政党はしばらくは議会で全国少数民族ブロックを形成していたが、この提携は短命に終わった。新生ポーランドでは、民族的アイデンティティへのこだわりも、衝突する野心が引き起こした紛争も、ユダヤ人に限られてはいなかった。たとえばウクライナ人は激しい分離主義運動を繰り広げた。それは時にサボタージュ行為とテロ行為に訴え、激しい報復の対象となった。ウクライナ人住民が集住していたポーランド東南部では、ポーランド人との暴力沙汰は珍しくなかった。

しかしながら、両大戦間期のポーランド政治がますます「ユダヤ人問題」にとりつかれていったことは疑いない。しかしこの問題の本質は以前とは異なった認識がなされていた。なぜなら、ユダヤ性のイメージが、まさに定式が根本的に変化したからである。ユダヤ人は相変わらず主要な「他者」、ポーランド人の分身であったが、この「他性」はもはや何よりもまず宗教的な、あるいはカーストに基づくものでも、文化的なものでさえもなかった。その代わりに政治的、イデオロギー的なものになったのである。新生ポーランド国家の中で、ユダヤ人は、その性質がポーランド人のアイデンティティとは根本的に異なる別の民族とみなされ始めたのである。したがってユダヤ人は、どんなに愛されていようと、どんなに侮辱されていようと、ポーランドという象徴的、社会的な存在の一部になるというよりはむしろ、なにか異質なものとして受け止められ、自己充足的なポーランド国家の象徴的世界から精神的に分離、もしくは追放可能な独立した存在となっていったのである。

このユダヤ性の現代的用語への改変を差し引いても、ポーランド社会の中のユダヤ人に対する態度にはなおも幅があった。公的な政治の舞台では、まったく異なる下位文化の存在に対するピウスツキの立場は原則としてリベラルで偏見のないものであった。ピウスツキは、少数民族がかなり大きな文化的、制度的自治を保有できる多文化的な国家概念を嫌っていなかった。それどころか、当初は、最初のポーランド共和国に立ち戻って、ポーランド地域、ウクライナ地域、リトアニア地域が連邦に加わる三民族共和国を創設しようとしたほどである。この試みは失敗に終わったが、ピウスツキはユダヤ人に友好的な人間とみなされ、親愛感をこめて「ユダヤ人のおじいちゃん」と呼ばれていたほどであった。噂では、彼は、もし彼の国でポグロムが起こったならば、自分がポーランド人であることを恥ずかしく思うだろう、と語ったということである。

ピウスツキに対して徐々に距離をとっていった生え抜きの社会党員は、国家についての普遍的な啓蒙主義的観念の相続人であった。彼らはユダヤ性について、そこには本質的になにか非ポーランド的なものがあるとは主張しなかったが、別個の民族的アイデンティティを持とうとするユダヤ人の野望を遺憾とし、民族的な連帯ではなく、階級的な連帯への関与を要求した。そこにはいささかの皮肉がこめられていた。なぜなら、ポーランド社会党員は愛国的な衝動自体と無縁ではなかったからである。

公式に反ユダヤ主義的な予定表を採用していたのはエンデツィアであった。たまたまこの運動は著しく反ドイツ的でもあったが、反ユダヤ主義はこの運動の哲学のより目立った要素となった。エンデック——この運動の支持者はこう呼ばれた——は熱烈な愛国者であっただけでなく、民族的排外主義者でもあった。すなわち、彼らは、ポーランドは本質的なポーランド的性格あるいはポーランド精神といったものによって特徴づけられていると考えていた。彼らの信念の体系では、ユダヤ性は異質なものであるだけでなく、本質的にこの精神に反するものとみなされていた。二〇年代にはこうした見解は主流ではなかったが、三〇年代のうちにエンデツィアはよりいっそう声高で、敵意に満ちた反ユダヤ主義集団となった。

不幸なことに、独立後の二番目の十年間にポーランドで優位に立ち、一般大衆の心をつかんだのはエンデツィアであった。この右翼運動の優位の高まりにはいくつかの要因を見ることができる。ポーランドの東西の両国境が不安定であったために防衛的なナショナリズムが硬化することになった。しかし最も重要な理由は、大恐慌とともに強まった深刻な経済危機であった。ヨーロッパ全体と同じく、失業と貧困の拡大は過激で狂信的な傾向を煽った。ポーランドでは古い偏見と新しい統計的現実がこの傾向にさらに拍車をかけた。二〇年代と三〇年代にはポーランドの産業経済の圧倒的部分をドイツ人とユダヤ人の企業家が所有し、経営していた。当然彼らは不相応な量の怒りを受けることにもなった。

＊＊＊

それでもなお、スタートは幸先よいものであった。ブランスクの生活はポーランド・ソビエト戦争のあと、追剥事件が続いたとはいえ、落ち着きを取り戻していった。町は略奪と火災によって再び破壊されたが、今や再建が開始された。ユダヤ人地区にとってそれは、伝統的な商業と手工業を復活させ、その多くを女性が営業していた商店や露店を再開させることを意味した。ユダヤ人はまた、移民の最初の果実を収穫し始めた。十九世紀末に設立されたニューヨークのブランスク協会が窮迫した親戚を助けに駆けつけ、事業開始の段階を大きく手助けしたのである。

当時まだ子供だったジャック・ルービンはこの時期をそれほどひどくない時期、少しも悪くない時期と記憶している。私は、彼が数十年間住んでいるボルティモアの自宅で彼と面会する。この町にはブランスク出身のユダヤ人の生存者の集団がいくつかの古い習慣を保ちながら、十分な資産を持ち、アメリカ流に数台の自家用車を持って、大きく快適な郊外の家で安楽な暮らしを送っている。彼らのほとんどは、恐ろしい艱難の年月のあと、新しい国でたいへんよく頑張ったのである。ジャックもまた同様であった。今は引退したが、彼が長年経営してきた安価な衣料品の卸売業が成功したのは、いささかの想像力さえあれば、ブランスクでの大量のガチョウの飼育・販売を含む彼の昔の家業の一種の商売替えのようなものだと見ることができるであろう。

ジャックは背の低い、がっちりした体つきの八十代前半の男だが、今なお精力的に、きびきびと体を動かす。ポーランド語と英語をほとんど同じアクセントと癖のあるイントネーションで話す。「うちには少なくとも一万羽から一万二千羽のガチョウがいてね」と誇らしげに回想する。「太らせれば太らせるほど儲けになったものさ」。何年もの歳月が経ち、ありとあらゆる経験をしたあとでもなお家業のガチョウ飼育場の話になると、いわばピントが合う。六十五年前の取引の一部始終や家禽を売るために出た旅やガチョウ飼育の秘訣を思い出す。思い出の中には興味を掻き立てるものや愉快なものもあるが、まぎれもない事実なのだと感じるものもある。それは人生、ジャックの人生だった。

ジャックの先祖は何世代にもわたってブランスクで暮らしていた。彼の祖父の一人は布の染物師だった。ポーランド人からは「シムシュキ」（Shimshuki / szymszuki）というあだ名をつけられていたが、それはおそらく、かつて家族の中にシモンという人がいたからであろう。ジャックの母親はとても信心深かったが、父はそれほどではなかった。一日に数分間テフィリン〔tefilin ヘブライ語。書写された四つの聖句が入った二つの黒い革製の小箱。革ひもで左前腕と額の上部に結びつける。成人男子が平日の朝の祈禱の際に使用する」を身に着けたが、せいぜいそんなところだった。ジャックには兄が一人と姉妹が一人いた。ほかの四人の子供は第一次大戦中の猩紅熱の流行のときに死んだ。

事業自体は競合や乗っ取りや買収といった複雑な経緯をたどったが、一九一三年に生まれたジャックが成長を遂げる時期には繁盛していた。その頃にはユダヤ人が土地を所有してもよいことになっていたので彼の両親は「かなり多くのモルガ」〔原文ではエーカー。モルガは昔のポーランドとリトアニアの面積の単位。一モルガ morga は約五六〇〇平方メートル〕の土地を買い、それをジャックと兄が成年に達したときに二人に譲渡した。ルービン一家はその土地で他の家禽も飼育していて、それをワルシャワばかりかドイツにまで送った。ジャックは定期的に首都に出かけた。そこに取引先があり、自分のガチョウに有利なランキングが得られるように商売のコツを少し用いた。人に強烈な印象を与えるような煙草を吸っていたが、それが顧客になりそうな人たちの目に、彼の威信を高めたのであった。

ジャックはヘデルに通い、同時にポーランド語の個人教授を受けた。両親は公の場所ではポーランド語を話し、家ではイディッシュ語を用いたが、多くの年配者は「ポーランド語を一言も知らなかった」。ポーランド人との関係には緊張がなかったことを覚えている。「われわれに関していえば、それは憎しみではありませんでした」と言う。「われわれのシュテットルの人たちには憎しみは見られませんでした」。ルービン一家は家業にポーランド人を数人雇っていたし、ジャックは通りでポーランド人の子供と一緒に遊んでいた。彼は体をよく動かす男の子で、町のバレーボールチームのメンバーになった三人のユダヤ人の子の一人だったが、このチームでは大人もプレーしていて、司祭も含まれていた。独立記念日の祝賀のときには自転車競走にも参加した。ある年には二着になった。次の年には一着になったと確信したが、二等賞を与えられた。それがどんなにつらかったかを今でも覚えている。彼が一等賞を取り上げられたのは、ユダヤ人だったからだろうか。彼はそうだと思っているが、十代の男の子のあいだではみなから受け入れられるための最も確かな手段は身体能力だったのである。

ヘデルでの学校教育が修了したあとは家業が若いジャックの生活の中心になった。しかし他の活動もしていた。彼の家族は蓄音機を持っていた。芝居や映画が町に来るようになった。ジャックはシュテットルで「改宗ユダヤ人」という題の芝居をブランスクに持ってきたウクライナの小人俳優の一座を覚えている。ジャック自身「神、人間、悪魔」という題のアマチュアによる芝居の上演に参加した。そこで——彼は思い出し笑いをする——悪魔を演じたのだった。彼の姉は宴会や結婚式で演奏し、時には無声映画の伴奏もした楽団のメンバーだった。彼女がバイオリンを弾き、何人かのポーランド人の少年がマンドリンを弾いた。

『イズコル書』もブランスクの文化生活の発展を記録している。川のほとりの製粉所のそばの会館で行われた「ディブック Dybuk」や「村の少年」といった芝居の上演や多くの講演や講義、さまざまな題目の講習会などである。そこにはユダヤ人共同体の中でたいへん人気があった一種の宗教的な弁士もいて、たびたびブランスクを訪れたが、そうした説教師の一人が「一般大衆」を見下す説教をしたあとで、町から冷たくあしらわれたことがあった。オーケストラの演奏とカントル〔主に安息日と祝日に祈禱を先導するシナゴーグの歌い手。そのすぐれた音楽性によってシナゴーグだけでなく、非宗教的なコンサートでも演奏して名声をはせた〕のコンサートはさほど議論を呼ばなかった。ジャック・ルー

裁縫と刺繍の教室．ブランスク，1927年．シンガーが無料で提供した教室は本来，ユダヤ人女性が対象であったが，ポーランド人女性も参加した．

ジャック・ルービンの家族
左から2人目がジャック．
ブランスク，1920年代

ビンもイレナ・ヤブウォノフスカもカントルたちの演奏がすばらしかったこと、コンサートにはポーランド人もユダヤ人も出かけたことを憶えている。

そしてまた摩訶不思議な蓄音機でもって、人々は潜在意識の中の文化混交の表現であった歌に——ポーランド・ロマン主義の詩に典型的な牧歌的イメージとメランコリックな気分に満ちたイディッシュ語だけの歌に耳を傾けたのであった。シュテットルの感傷的な歌の歌い手たちは「わが愛する人にCu majn gelibter」という歌のこんな一節に合わせて歌ったに違いない。

愛する人よ
今日、僕に愛を告白して欲しいかい
だったら一緒に牧場に行こう
一緒に行こう、お願いだから！
牧場なら誰も僕らを邪魔しない
丘の小山の牧場で
僕のありったけの秘密を君に明かそう
僕の心の秘密を

あるいは有名な独学の作曲家、モルデハイ・ゲビルティグが書いた詩「陽が沈む Di Zun Iz Fargangen」の一節。

夕闇落ち、お日様隠れ
われひとり寂しく、牧場に寝転び
思い起こす、わが青春を――あの幸せな歳月を――
わが思いはそこへと立ち帰る

大衆文化は現代性のひとつの徴候であった。しかし、人々の個人的なスタイルまでもが刷新されていた。突如として、ユダヤ人の女性はかつらと黒いドレスを脱ぎ捨て、ワルシャワの――それどころかベルリンの最新流行のファッションを追い始めたのだ！　この時期の写真では若い女性たちは首を傾げ、誘うような目でセクシーなポーズをとっていて、以前作り上げられた控えめで上品なイメージとは大した変りようだ。人々は自宅の家具調度を現代風に揃え、それまでのように年に一度ではなく、数週間ごとに隅々まで掃除をするようになった。町の中心街が舗装され、タイル貼りの沐浴場《ミクヴァ》が建てられた。進歩とでも言うべきものがブランスクにやって来たのである。

進歩、そして政治。ポーランドの政治がその傾向と対立を露わにしつつあるとき、一九二〇年代のユダヤ人の政界は困惑するほどの夥しい、多様な光景を見せていた。政治領域の隅々までカバーする政党、クラブ、団体、その他の組織、これらすべてが最も小さなシュテットルにさえあり、ポーランド人とユダヤ人の政治舞台に雨後の筍のように芽生えていった。それ自身、修正主義的なシオニズムの軍事部門の青年組織であったベタル（Betar）は言うに及ばず、ポアレイ・スィヨン（Poalej Syjon）

この十代の若者たちが手にしているイディッシュ語の新聞名『バフライウング（自由）』『アルバイテル・ヴォルト（労働者の言葉）』『ハイント（今日）』から判断すると，彼らはおそらく社会主義運動に参加していたようだ．イディッシュ語の使用を唱道していたブンドかもしれない．

左派からポアレイ・スィヨン右派、ツァイライ・スィヨン（Cajraj Syjon）あるいはドロル（Dror）に至るまで、無数の分派に分裂してはいたが、強大なシオニズム運動があった。さらにまた大宗教政党には主流のミズラヒ（Mizrachi）とハシド王朝に由来する保守的なアグダト・イスラエル（Agdat Israel）があった。また、マパイ（Mapai）労働者運動からユダヤ共産党、そしてなおもユダヤ人の政治生活と意識の中で重要な役割を果たし続けていた社会主義政党ブンド（Bund）に至るまで、左翼集団もあった。さらにすべての大政党が若い人たちの忠誠心を勝ち取り、彼らを自らの未来像に備えさせようと精を出した。そのためにハルツィム（Chalucim）、すなわち開拓者《ピオニエール》の諸組織（世界本部がワルシャワに置かれていた）、数多くのスポーツ・運動クラブ、あらゆる種類の青少年クラブが存在した。

この途轍もない多元主義は健康な生命力の証しあるいは規範の崩壊の証しと見なしてもよいが、どちらにしてもそれは次第に高まる反ユダヤ主義に直面してさえ、ポーランドのユダヤ人の自信が溢れるばかりであったことを示すものである。何かしら長期的な不確かさと当座の不安はあったかも知れないが、ポーランドのユダヤ人がカムフラージュや沈黙を強いられていなかったことは間違いない。もし政治行動が何らかの基準であるとするなら、ユダヤ人は自分の見解を大胆に表明し、公的な場で自分のプレゼンスを伝えることに二の足を踏んではいなかった。多数民族の文化と彼らの文化との差異を曝け出すことも彼ら自身の中の差違を公にすることも恐れていなかったのである。

政党の急増はしばしば新しい国々の現象であり、フランコ後のスペインや、さらに言えば、利害の調整、それどころか政治的思考のカテゴリーさえがまだ明確なかたちをとっていなかった一九八九年以後の東ヨーロッパにも見られる。突然、新たに政治に参加することになったポーランドのユダヤ人にとって、多数の政党の創出は、部分的には公けの顔と自己同定の新たなかたちを探究する方法であった。ユダヤ人はこの新しい時代に何者であろうとしていたのか、また、自らの利益をどのように規定しようとしていたのであろうか。種族への忠誠と国家に対する忠誠とのバランスをどのようにとろうとしたのだろうか。そして、そもそもそうであったとして、民族地図のどこにうまくはまったのだろうか。もし宗教的信仰が絶対的なものでなくなっていたとしたら、たとえばポーランド性に対するユダヤ性とはいったい何であったろうか。言い換えれば、ポーランドのユダヤ人とは、あるいはポーランド系ユダヤ人とは何を意味したのであろうか。

何十もの政党・小政党の存在は事実上、こうした問いに対するさまざまな提案や姿勢の、集団としての表現であった。両大戦間期のユダヤ人の考え方の真意は文化的分離主義にあったことは疑いない。同化した、あるいは改宗した少数のユダヤ人グループ、ならびに一切の民族的愛着をなくそうとした固い信念を持った共産主義者を除けば、圧倒的多数のポーランドのユダヤ人は固有の、別個のアイデンティティを守り、かなりの程度の制度上の自治を保持しようと努めていた。この立場はジレンマを生じさせずにはおかなかった。自治的なモデルでは、ユダヤ人をポーランド人の新国家に結びつけた絆は何だったのか。ユダヤ人の義務は単に形式的なもの――税金、法の遵守、兵役――に過ぎなかったのか、それとももより密接な関係、もしくは共通の利害の問題だったのか。今や全面的に公民権を賦与されたからには、ポーランドの地で暮らすユダヤ人はどのような意味で新しい国家の公民になるつもりなのか。

全面的な自由と自我を獲得しようと願うユダヤ人にとって、パレスチナへの移住が唯一の気高い論理的選択であると信じていたシオニストと、真のアイデンティティはディアスポラの中で最もよく達成することができると信じていたすべての政党のあいだに、こうした問題に関して大きな亀裂が走っていた。カリスマ的なヴラディーミル・ジャボティンスキ（Vladimir Jabotinsky）〔ポーランド語ではWłodzimierz Żabotyńskiヴウォジミェシュ・ジャボティンスキ〕が指導する修正シオニズム運動は二〇年代末と三〇年代のポーランドで、とくに若者のあいだに何十万もの支持者を獲得した。この運動はポーランドの中に実験的な「キブツ」を組織して、メンバーを計画的にパレスチナでの生活に備えさせた。その分派のベタル（Betar）は人々に、いざというときを見越して、自己防衛を容易にしうる軍事技術の訓練を行った。何年にもわたって何千ものポーランド系のシオニストが引き続くアリヤー(aliyah)〔ユダヤ人のとくにイスラエルへの移住の波。第一次アリヤーは一八八一―一九〇三年、第二次アリヤーは一九〇四―一四年〕によってパレスチナに移住した。

ディアスポラの反同化主義者には、ポーランドで――つまるところ、肥沃な土壌を見出した土地で――ユダヤ人の伝統的な暮らしを守ろうとした主要な宗教政党が含まれていた。政治舞台のもう一方の端では社会主義政党のブンドもまた、ディアスポラのユダヤ人が本物の生活を営み、さまざまな問題に立ち会ってきた「ドゥ du」、すなわち「他ならぬここで」問題を解決できると信じていた。もちろんブンドのイデオロギーは反伝統主義的、世俗的なものであったが、この政党はユダヤ人の文化とユダヤ人の慣行を守ろうと考えていたし、学校とジャーナリズム、そして文学におけるイディッシュ語の使用を支持していた。

こうした見解の多様性は、現実の要請を反映したものであったのかもしれない。しかし、イデオロギー的に重箱の隅を突っつくような議論の精密さは、タルムード的思考の遺産を反映していたのではないかという印象を禁じえない。信仰のすべての陰影や解釈のすべての見地は説明され弁護されねばならなかった。これらすべての議論的性格、激烈さと論争のエネルギーは強力な政治教育をなすものであった。未来のイスラエルのほとんどの指導者はまずはポーランドの厳しい政治的苦難の中で試され、検証されたのである。メナヘム・ベギンはその政治キャリアをベタルで、ベン・グリオンはマパイで開始した。シモン・ペレスとイツハク・シャミルもまたポーランド出身だった。しかしこの多様性にもまた代償が伴った。ユダヤ人共同体内部に対立を、時には激しい憎悪を生じさせた。分派同士が言い争い、分裂し、裏切りだ、ユダヤ人の反ユダヤ主義だと互いに非難し合った。対立する政党のメンバーが互いの集会を妨害し、街頭での流血の喧嘩騒ぎになることもまれではなかった。

こうした衝突はより抑制された形態ではあれ、ポーランド議会《セイム》の主だった公開討論の場でも再現された。この議会には「ユダヤ議会サークル Żydowskie Koło Parlamentarne」をつくるのに十分な数のユダヤ人議員がいた。これらの議員の何人かは外交官および雄弁家として有名になり、自らの選挙民の関心事を情熱的かつ率直に語った。しかしこのサークルのメンバーには多くの政党の議員が含まれており、彼らは国会《セイム》に採択して欲しい提案、およびポーランド人政治家と交渉するうえで適切と考えた戦術の点で意見が分かれた。強力な政党のアグダ（Aguda, Agudas, Agudat）はむしろ、丁寧な交渉で、個人的接触と妥協を通じて譲歩を勝ち取る戦略の方をとった。他の政党とは対照的に、公然とポーランド国家に対する忠誠を宣言していた。一方、シオニストとブンド党員は宗教政党アグダの議員を「ユダヤ人の名誉」を傷つけているとして非難し、彼らを「シュタドラニム shtadlanim」（分割前のポーランド議会《セイム》のロビイストの古い用語）と呼んだが、それは、この軽蔑的な語法では、おおよそ、アンクル・トム〔白人に対して屈従的な態度をとる黒人〕を意味していた。それに対してアグダは、「シュタドラニム」の役割は完全に尊敬すべきものになったと反駁した。ポーランド政府があまり敵対的でない議員を相手にする方を選び、たとえば、アグダの後援で運営されていた学校を他の政党による学校より積極的に支援したのは驚くに当たらない。しかし「ユダヤ議会サークル」の内部では、どれほど国家に忠誠を尽くす義務があるかという問題は絶えず苦々しい思いにさせ、場合によっては旧ロシア領出身のシオニストとガリツィア出身のシオニストを対立させたものであった。こうした絶えまない激論はそれほど生産的ではなかったかも知れないが、議会内の疑う余地のない反ユダヤ主義的な雰囲気にもかかわらず、ユダヤ人の議員は共同戦線を張らなければならないとは思っておらず、思い切った、時には過激な言葉で遠慮なく自らの要求を持ち出したことを示している。

二〇年代にはブランスクだけで、十五ものユダヤ人の政治団体が存在した。六つの主要政党と政党が後援するいくつかの青少年団体、ならびにさほど意味のないいくつかの分派である。シオニストとアグダが他を圧倒していたが、ブンドも大きな影響力を持っていた。そのうえ、多くの共産主義者がおり、若者のためのコムソモールの細胞がひとつあった。共産党は当時、ロシア国家と密接な接触があり、ポーランドの主権にとって危険だという理由でポーランドでは非合法だった。しかし、共産主義は当然の理由から国際主義的スローガンを含めてユダヤ人の信奉者を魅了した。ユダヤ人の共産党員の総数は少なかったがポーランド人の共産党員よりは多かったブランスクでは、まさにそうであった。他のユダヤ人共同体はこれらの過激な理想主義者とは距離を置いていたし、今でもなお、ブランスクの生存者たちは、彼らのことを思い出して、なかには長期間禁固刑に服した者もいたとぶっきらぼうに、少しばかり声を潜めて話す。

普通選挙権によって町議会の議員を選出したブランスクの地方選挙には、共産党を除くすべての政党が参加した。ブランスクの町長にはポーランド人が、副町長にはユダヤ人がなるという新しい慣行がすぐに設けられた。それはそれで結構なことだったが、ポーランド人とユダヤ人の協力が真にうまくいっていた唯一の場所は消防士協会だった。ユダヤ人議員が公的な資格でポーランド語を話したのかどうかは詳らかではない。ビャウィストクでは独立直後、何人かのユダヤ人議員が会議でイディッ

自警消防団．ブランスク，1926 年．おそらくポーランド人とユダヤ人が一体化して衝突することなしに最も協力した社会組織であった．

シュ語で演説したが、ほかの政治家の猛反対を招いたあと、ポーランド語ができることが行政官庁に職を奉じるための資格要件となった。

一九二〇年代には、かつてのカハルの継承機関であるユダヤ人の地方自治体は、新しいポーランド法のもとでその権力の一部を回復し、普通選挙権というよりは成年男子選挙権にもとづいて行われた独自の選挙を取り入れた。若いジャック・ルービンは好戦的な団体であるベタルのメンバーになり、何度もパレスチナへのビザを申請したが、毎回却下された。彼はビャウィストクのある集会で偉大なジャボティンスキーの演説を聴いたことを今でも覚えている。この種の集会には何千もの人々が参加し、聴衆の興奮はいや増したものであった。ジャボティンスキーは誰あろう、「誰もが嫌っていた」メナヘム・ベギン（Menachem Begin）によって集会の参加者に紹介された。ジャックの記憶では、この若き政治家が演説していたとき、集まった人たちが彼をめがけてトマトを投げつけた。一方、ジャボティンスキーは、ジャックの考えでは、「世界で最も優れた弁士」で、この情熱的な弁士に耳を傾けたほとんどすべての人がこの評価を共有している。

ブランスクもまた集会や行進、演説、デモの舞台となり、政治演説で有名な人たちがやって来た。奇妙なことに、この「アジテーション」全体に対する『イズコル書』の著者たちの非難にはどこかぎこちなさが見られる。「問題はこれらすべての政党がブランスクで何をしてきたか、何が彼らの主要な活動だったのか、だ」と修辞的に問いかけ、次のように答えるのである。「ただひとつ、互いにバラバラになることとである。もしそれが彼らの主たる目的であったのなら、見事にそれをやり遂げたと言ってよい」と。彼らの記憶では「土曜日も祝日もさまざまな政党間のバトルのない日はなかった」。ブランスクでは、他の場所でと同じく、政党集会は他のあらゆる政党の新参党員によって妨害され、その結果、街路へ溢れ出た「血まみれの摑み合い」になった。この文章にはユダヤ人の羞恥心――自分の弱点を外の世界に晒け出したくはない少数民族の羞恥心――の気分が見て取れる。「もし通りすがりの非ユダヤ人に、彼らは何のために殺し合っているのか、と訊かれたとしても」と著者たちは書く、「誰も答えられないであろう。実際、彼らは何のために殺し合っていたのだろうか」。

この不満は回顧的なものであり、過ぎ去った空騒ぎの余波であるかもしれないが、ひょっとすると、政治不信は世代的な偏好の問題だったのかも知れない。第一次大戦後、シュテットルで、世代間の断絶のようなものが目につくようになった。変化のスピードがあまりにも速くなったために威厳あるユダヤ人の生活の連続性は最終的に断ち切られ、若者がたどった道は、時には橋をかけ渡すことができないほど彼らを両親から大きく遠ざけた。ユダヤ人が政治に携わったのは主により若い世代であり、彼らにとっては熱烈な思想的確信が宗教的信仰に取って代わっていた。ブランスクでは年配の人たちは普通、政党間の乱闘には加わらず、両親が干渉したような時には、侮辱された子供たちを守ろうと立ち上がったために「本当のスキャンダルになったものだ」と『イズコル書』は伝える。しかし、政治は伝統的に結束力のある、家父長制家族の中でさえ不和の種となることがあった。『イズコル書』は四人の息子に「恵まれた」ある父親について伝えている。息子たちはそれぞれ別の政党に属していた。この哀れな父親の安息日の晩はすっかり台無しにされ、一方、息子たちは、一日一緒に過ごしたあとはしばしば「頭に包帯を巻いた」姿が目撃された。

政治にこれほどまでの情熱を注ぎ込むのは極端に思えるかも知れないが、当時の政党は票を獲得し、諸問題を解決することだけでなく、意識を変えることも目的としていた。この目的を達成する手段として、どのユダヤ人政党も、学校のスポンサーになって自らのヴィジョンに基づいて若者を育成しようと願った。ブランスクには、アグダ党がベイト・ヤアコブ（Beth Jacob）〔ベン・ヤコブ Ben Jacob とも〕という名の女学校を設立した。ビャウィストクのような比較的大きな都市にもブンドとシオニストの学校があり、ヘブライ語とイディッシュ語のカリキュラムとともに、ポーランド語のカリキュラムもあった。

『イズコル書』では世代間の衝突はたいてい喜劇のような印象を与える。しかし、私たちは他の情報源、たとえば第二次世界大戦後、シュテットルで過ごした青春時代の記憶に基づいた数編の長編小説

ラグ・バオメルを祝うユダヤ人の少女たち．子供たちが田舎に出かけて，ローマに対するユダヤ人のバル・コフバの戦いを記念して弓と矢で遊ぶ伝統行事.

ベイト・ヤアコブ女学校の生徒たち．1920 年代

を書いたポーランドのユダヤ人、ユリヤン・ストルィイコフスキ（Julian Stryjkowski）の多くの著作から、その帰結がどんなに深刻なものになりかねないものであったかを垣間見ることができる。彼の小説では世代間の断絶はしばしば極端で、正真正銘の家庭の悲劇につながる。老人たちは周りの変化にまごつき、非ユダヤ人の世界との一切の接触を恐れている者として描かれる。若者たちは、彼らを誘惑してたいていの場合見捨ててしまうあの世界に侵入し始める。息子たちは父親から宗教的戒律を犯した罪を咎められ、娘たちは、ポーランド人男性と恋に落ちたときに母親からののしられる。ストルィイコフスキの多くの主人公は彼らを拒絶する親の世界と、結局は彼らを受け入れようとしない非ユダヤ人の社会とのあいだで板挟みになる。シュテットルはそのあいだじゅう政治闘争と脆い提携、再統合と幻滅とで騒然とするのである。そこにはかすかな希望と可能性がある。ストルィイコフスキの小説のさらに興味深い一節に、ポーランド人とユダヤ人が同志ならびに対等の人間として彼らの関心事について議論しようと試みる——そして時には、ほとんど成功を収める——社会主義者の会合と論争の描写がある（ストルィイコフスキの代表的作品『宿屋 Austeria』はイェジ・カヴァレロヴィチの監督で映画化された。第一次世界大戦が始まってポーランド東部に逃走し、ドイツ軍、ロシア軍、オーストリア軍の戦闘に巻き込まれ「絶滅」を余儀なくされるユダヤ人、とりわけハシドの集団の姿がよく描かれている）。

ストルィイコフスキが回顧的に描写したシュテットルでは、文学そのものが、変化する精神構造の主たる伝達手段のひとつであり、若い世代の人々は断然それに旺盛な食欲を示した。ブランスクには、政党が維持する小さな図書館（そこの蔵書はきわめて選択的、傾向的だった）の他に、名作とたくさんの最新の出版物を揃えた立派な施設である総合図書館があった。世俗的な書物が多少罪深いものと思われていた時代は過去のものとなった。両大戦間期はヘブライ語とイディッシュ語とポーランド語とで書かれたユダヤ文学——想像力豊かな言語の土壌を生み出したこの三言語による「多体系」——の全盛期であった。ワルシャワには意識的にイディッシュ文化を守り、育くもうと企てたイディッシュ語の作家群がいた。シンガー兄弟、すなわちイスラエル・ヨシュア（Israel Joshua Singer）とアイザック（イザーク）・バシェヴィス（Isaac Bashevis Singer）が著作を発表し始めていた。また今では忘れ去られた他の夥しい数の作家が、自らの生活と変わりゆく世界の投影と省察を文学の中に探し求めていた読者層に次々と書物を届けていった。人気のある小説の中には、ユダヤ人の暮らしとユダヤ人とポーランド人の関係の自然主義的な、ほとんど報道記者によるかのような描写を見出すことができるであろう。ポーランド人の小説ではユダヤ人のイメージがしばしば型にはまったものであるのと同じように、あまり如才ないユダヤ人作家たちもまた、ポーランド人の特徴を単純化して見ていた。ポーランド人は通常、繰り返し現れるいくつかのタイプによって代表されてきた。酔っ払いの馬鹿か善良で正直な人間のいずれかである農民と貴族、すなわち向こう見ずで、先のことを考えないか、気前がよく、ユダヤ人にたいへん好意的だったポレツ［porets イディッシュ語。古ポーランド語期にシュラフタ身分の人と同義語となる。その後、正統派によって、とくにハシドによってハスカラ信奉者、さらにのちには同化論者の同義語。伝統を崩す者が原義であるヘブライ語の poric の「荒々しい、野蛮な、残酷な、むごい」の意味］、さらにしばしばユダヤ人との友好的な議論を好む教養ある司祭も加わる。イディッシュ語の小説の頁にポーランド語の単語が、時にはポーランド語から音訳された一節がまるごとちりばめられたりしていた。これはポーランドで流行していた言語的混合を示すものであった。

その頃までにはシュテットルの読書家は例のごとく危険を冒して、規則的にユダヤ・テーマの領域を踏み越えていた。ジャック・ルービンは、イディッシュ語に翻訳されたジュール・ヴェルヌ〔フランスに移住したポーランド系ユダヤ人〕の全作品を貪り読んだことを記憶している。多くの言語からの古典文学がこの言語に翻訳されていた。しかし、若い人たちは（とくにポーランド人の学校に通っていた少女たちは）ポーランドの古典文学も原語で読んでいた。これらの読者がもっと現代的な趣味を持っていれば、たとえばブルーノ・シュルツ（Bruno Schulz）のようなポーランド語で書いていたたくさんの「ユダヤ的背景」を持った作家を発見したに違いない。ブルーノ・シュルツの超現実主義的な小説とそれらの審美的、形而上学的なシュテットルの幻像は洞察力に富むポーランド人の読者からもユダヤ人の読者からも賞賛された〔工藤幸雄訳『シュルツ全小説』平凡社ライブラリー、二〇〇五年〕。最も重要なポーランドの詩人のうち五人が、その中で最も有名で、最も人気があったユリアン・トゥヴィム（Julian Tuwim）を含めてユダヤ人であったことは、あるいは偶然だったかも知れないが、両大戦間期のきわめて興味深い現象であった。これらの詩人はポーランドの文学界にすっかり溶け込んでいた。彼らは重要なアヴァンギャルドの雑誌を編集し、寄稿し、広く文壇の中心的権威と認められていた。さらにまた、堂々とポーランドあるいはヨーロッパの伝統に立ったユダヤ人の散文作家もいれば、どうにかして両方の世界にまたがって活動しようとした者も少しはいた。事実、ポーランドのインテリゲンチャの中にはかなり高い割合のユダヤ人名士、自分の出自を強調もしなければ隠しもしない人々が入っていた。さらに別の作家たちはユダヤ・テーマをぼかすためにポーランド語を用いた。

そこにはパレスチナにたどり着く夢をポーランド語で表現していたシオニストの作家たちも含まれる。

一方、ユダヤ人の出版活動が急速な発展を遂げ、定期刊行の強力なジャーナリズムが成立した。両大戦間期には一三〇点の定期刊行物が発行されていた。主だった都市ごとにユダヤ人の新聞が数紙出ていた。ほとんどはイディッシュ語の新聞で、少数がポーランド語だった。ジャック・ルービンは『デル・タグ Der Tag』と『デル・フォルヴェルツ』を読んでいた。これらの日刊紙、週刊紙、月刊誌上で作家とジャーナリストは互いに、あるいはポーランド人と、またユダヤ人共同体のさまざまな階層の人たちと論争を繰り広げていた。

シュテットルはイディッシュ文学の中でもジャーナリズムの中でと同じく、その健康状態について論客たちが論争し、詩人たちが熱狂的に詠んだ特別な定型化した主題《トポス》、「ユダヤ人の魂」の現場となりつつあった。合理主義者の左翼知識人にとってはシュテットルはなおも魅力も取柄もない場所、迷信と受身の姿勢の温床、すなわちユダヤ人全体の一種の頭痛の種だった。これはある意味でなにも目新しいことではなかった。ハスカラの先祖たちと同じく、これらの近代主義者は伝統的なユダヤ人大衆が正統派のくびきから脱するのが早ければ早いほど誰にとってもよいことだと考えていた。新しい現象だったのはシュテットルに郷愁を感じ、そこに自らの出自の遠い祖国を見ていた一種の近代的なユダヤ人知識人であった。彼らはそこに戻ろうとは思わなかったかもしれないが、その消滅を惜しみ、その独特の文化——祭儀や習俗、人間的特徴——は残しておきたいと切に願ったのであった。

こうした感情にとらわれた何人かの作家は、シュテットルを小説に描くことによって変化と時間の流れから救おうと試みた。しかし、一八九〇年代には、より実践的な保存運動がロシア系ユダヤ人の知識人、シモン・ドゥブノフ（Szymon Dubnow）の唱道で開始された。次いで彼は一九二五年に、ヴィルノ（ヴィルニュス）にイーヴォ（JIWO、YIVO）（ユダヤ）研究所を設立した。ドゥブノフは、じつに不思議なことに東ヨーロッパのユダヤ文化の歴史が存在しないことに気づき、記録文書と工芸品――共同体の年代記《ピンカス》から土地の手作りのハヌカ用蠟燭まで――貴重な収集品が屋根裏でぼろぼろになり、あるいはその歴史的価値を知らない人たちによって捨て去られる危険に瀕していることを理解したのである。ユダヤ文化を救い、記録しようという彼の呼びかけは非常に大きな反響を呼び、東ヨーロッパのユダヤ人を文字どおりの収集熱と「考古学的」調査の熱狂が襲った。ポーランドは同化していないユダヤ人の文化の最大の中心地であり、二十世紀初頭から両大戦間の二十年の最後までアマチュアの民族学者と人類学者が歌謡とことわざを記録し、刺繡した織物や埃を被った戸籍簿を、そしてまた、当然ながら写真を収集するためにシュテットルに出かけたものである。世俗の近代的なユダヤ人から見ると、シュテットルと正統派のユダヤ人は想像とはかけ離れたもの、その土地産の異国風のもの、内なる未開の「他者」になっていった。

＊＊＊

意識が変わりつつあり、生活条件もまた変化してきていたのは明らかであった。『イズコル書』では、称えられるべきは精神的変化を媒介したものではなく、ブランスクの住民の物質的欲求に取り組んだ実務的な組織と諸協会だとされている。これらの協会はかつてのシュテットルの同業組合に起源を持っていたが、新たな社会構造と区分をも反映していた。それらが設立されたのは普通の人たち、小売商人と職人が、新しい税制のもとで再度、金持ちによって搾取されていると感じたからであった。これは昔からある不平だったが、今回は不満を持った貧乏人が自ら行動を起こす決心をし、一九二三年の夏、商人組合を設立した。数か月後には、仕立屋、家具職人、肉屋、パン屋および鍛治屋といった職人がこの組織を脱退し、自らの組合を設立したのであった。

『イズコル書』の中では職人の同業組合は明らかな親愛感をこめて言及されている。同業組合はメンバーに、自分たちもまた公平かつ敬意をもって遇される権利を持つと知ったことからくる自尊心を与えた。彼らの税金は今や、同僚によって収入をもとに定められていた。この組織についての記述にさらにもう一つの新しい要素、すなわち仕事に対する誇りが加わる。それはいくつかのユダヤ人の政党によって、とりわけ、ユダヤ人の伝統的な肉体労働の軽視を打破し、働く者の尊厳を主張しようとしたブンドとシオニストによって奨励された態度であった。ブランスクのユダヤ人職人はすぐにこの新しい感性を共有し始めた。一九二七年にポーランドは、すべての労働者が免許状もしくは証明書を所有することを要求する製造業と手工業に関する規制を採択した。ブランスクの職人は非常によい成績で試験に合格したために、新しい労働者を試験して免許状を与える権利を得たほどであった。

ブランスクには、職人のギルドの他に、仕立屋組合と家具職人組合、革職人組合の三つの労働組合が生まれた。またしても『イズコル書』の著者たちがこれらの団体に対する政党の影響を有害なものとみなしていることから、共同体の中に断層線が走っていたことが分かる。ブンドは仕立屋の組合で「優位を占め」、シオニストは家具職人を支配し、一方、共産主義者は革職人のあいだで勢力を振るっていた。『イズコル書』の一風変わった見解では、労働組合は政党のくびきを脱して初めて、八時間労働とよりよい賃金と昇給の権利を勝ち取ったのであった。ブランスクの住民全員が日曜日に働くことをやめるよう求められていたかどうかは不明である。日曜休日の問題は大都市では悩ましい問題であった。なぜなら、強制的な日曜休日は戒律を厳守するユダヤ人には一週間に二日仕事を失うことを意味したからである。一九一九年に国会《セイム》が日曜法規を可決したとき、ユダヤ人諸政党は激しく批判した。しかし今や、週に一日、仕事が休みの日を保証されることになったポーランド人労働者はその措置を進歩的なものとして称賛した。しかしながら、御しがたいポーランドでは、この法律は一度として完全に執行されたことがなかったし、田舎町のブランスクの小さな工場ではこのような上からの指示は完全に無視されていたものと思われる。

草の根の行動主義の最も重要な成果は、疑いもなく二〇年代に二つの金融機関を創設したことであった。最初のものが小商店主と労働者のために信用貸しを保証した「人民銀行」であった。この銀行はしばらくのあいだ、公正かつ誰にも満足がいくように営業したが、五年後にはどうやら経営陣が「政党の手中に」落ち、「後押し《プロテクツィヤ》」あるいはえこひいきをもとに信用貸しを行い始めたようだった。幸いにも、機略縦横な職人たちが、以前の互助協会をモデルにした彼ら自身の無利子のローン組合、すなわち「カセ kase」を立ち上げた。経済状態が悪化し、この新しい貸付組合は破産の危機に瀕したが、一九二八年、三五年前にブランスクからシカゴに移住したある同郷のユダヤ人《ランツマン》が救った。この忠実な移住者はダヴィド・ファインなる人で、彼が救った団体は、「ファイン無利子金庫」として知られることになった。アメリカ合衆国では、東ヨーロッパ全体に散らばったユダヤ人共同体の支援に関与を深めていったアメリカ・ユダヤ人共同配給委員会（Joint Distribution Committee）もまた協力した。

　貸付銀行が個人的な感傷の対象になることは滅多になかったが、『イズコル書』の著者たちが、ファイン無利子金庫とこの金庫がブランスクの貧しい人々のためにしたことに好意を抱いていたことは明らかである。「素晴らしい、愉快な機関」と呼び、その「有益な驚くべき仕事」に言及している。彼らはおのが「最愛の、評判の友人」ダヴィド・ファインならびにその「度量の大きな行い」に感嘆しきりである。ひょっとするとこれは肖像画家のパトロンに対するへつらいのようなものであったかもしれないが、形式張らない銀行サービスに助けられていた借り手たちは模範的に時宜を得て借金を返済することで感謝の意を表したのであった。

　毎年、スリホト（Slichot 神の有恕を請う祈りで、ユダヤ暦の新年の前に行われる）の際に職人のギルドは設立記念日を盛大に祝ったが、第五回記念日の記述はブランスクにおける異民族間の最良の状態の雰囲気を明かしている。祝賀は「電気の明かりがついた」個人の家で行われた。「手の労苦で食べ、幸せを得、栄うべし」〔創世記31：42参照〕というモットーが入った職人の旗の隣にポーランドとユダヤの旗が並んで掲げられていた。消防団のオーケストラがポーランド国歌とシオニストの夢の祖国の国歌、ハティクヴァ（Hatikva）を演奏した。ブランスクのすべての政党が祝辞を送ってきた。祝辞のあいだ、多くの人の目に涙が浮かび、祝典は明け方まで続いた。少なくともしばらくは楽天的な気分が漲った。

＊＊＊

ポーランドで平穏で相対的な安定の幕間が可能となったのは、皮肉にも、民衆扇動家の運動によってであった。一九二六年、政府の無能ぶりに失望したピウスツキはクーデターを起こした。その後まもなく、このクーデターは選挙によって合法化され、その結果、サナツィア陣営が国会《セイム》で実権を握った。このクーデターに先立つ政治的緊張と混乱がきわめて大きなものであったために、ポーランド人左翼とユダヤ人を含めて多くの人々がピウスツキを、危機を救うことができる唯一の人間と考えていた。その権力奪取の手段は非民主的なものであったが、ピウスツキは独裁的な施策は控え、ユダヤ人に対する姿勢はリベラルなままであった。新政府の最初の首相のカジミェシュ・バルテル（Kazimierz Bartel）は一九二六年に演説の中で経済的な反ユダヤ主義を公式に非難したが、それはユダヤ人からは画期的な出来事として賞賛された。

しかしのどかな時期は長くは続かなかった。一九二〇年代末には、左翼政党――その中にはブンドも含まれる――はポーランドの生活の最悪の趨勢に歯止めをかけられなかった新政府に幻滅を感じていった。三〇年代には全般的な雰囲気が暗くなり始めた。大恐慌がポーランドにきわめて大きな打撃を与え、住民の大部分が極度の貧困に陥った。ユダヤ人が貧困の序列のどのあたりに位置していたかを判定するのは難しい。大多数の小規模な職人と小売商人が最低限の生活を余儀なくされていたが、それでもなお彼らの方がおそらく農民よりははるかによい暮らしをしていた。同時に多くの主要産業がユダヤ人事業主に支配されたままで、彼らはかなりの部分のポーランド人およびユダヤ人労働者を雇用し、そして解雇していた（第二次世界大戦勃発直前ですら、ユダヤ人の企業がポーランドの労働力全体の四〇パーセント以上を雇用していた）。両大戦間期にはユダヤ人はいくつかの職業でも同じく突出していた。一九三一年にはポーランドの半数以上の開業医と法律家の三分の一がユダヤ人だった。しかし、非特権階級の人々のあいだでは世相はどんな集団にとっても楽しいものではなかったし、経済競争は残酷ですさまじいものになった。

当時のブランスクが事情に疎い訪問者の目にどのように映ったかが分かる一枚の絵がある。このスケッチは、一九三二年の夏、親戚に会うためにシュテットルに出かけたブランスク出身のアメリカのユダヤ人の末裔、グレイス・ゴールドマンの実に魅力的な回想録の中にあったものである。ずっと後になって叙述したものだが、彼女はその時の訪問を生々しく回想している。ワルシャワへの短い小旅行のあいだに彼女は町の陽気さと優雅さ、そしてユダヤ人の生活の活気に感銘を受けていた。しかし、ブランスクなる「ぬかるみだらけの町」にたどり着くやいなや、そこに見出したのは果てしなく広がるじゃがいも畑と「言いようもなくひどい」道路と貧困であった。彼女のおじの一家は「想像しうる限り最も信じがたい原始的な環境に」住んでいた。「二部屋からなる掘っ立て小屋に毛が生えたような家」には屋内の給排水設備も、屋外に設置された厠《かわや》もなければ、椅子もなく、昼間は腰を下ろすための場所、夜はベッドの役目を果たしている木製の「寝椅子」があるだけだった。不釣合なことに、この赤貧のただ中で人々はアメリカの親戚が送ってくれた流行の服やすでに流行遅れになった衣服をまとっていた。その夏、シュテットルのぬかるみだらけの街路はビーズ飾りが付いた婦人服で煌めいていたのである（！）

もうひとつの不釣り合いはさらに深刻なものだった。物質的にはいろいろと不便だったにもかかわらず、とグレイス・ゴールドマンは書いている。「私のおじの家は神聖なものとされていました――聖なる神殿でした。彼らは博学な人たちでした。彼らの日々は一連の祈りで満たされていました……。礼拝、学問、歴史、世界の出来事、シナゴーグ……それが彼らの砦でした。安息日にはみすぼらしい家々と街路が静かなこの世のものならぬ明かりと、不思議な、まるで神聖なものであるかのような静寂を帯びていました」。親戚の家の子供たちはみな才能があり、野心を持っていることを彼女は発見した。長男は独学のバイオリン弾きで、娘はアマチュア演劇に出ており、末の男の子は駆け出しの学者だった。

グレイス・ゴールドマンは同胞のユダヤ人の「窮乏化」に衝撃を受けていたが、短い回顧録の最後を、自分が目にしたことをいくらか違った観点から見る比較人類学の注釈で結んでいる。ポーランド訪問後まもなく、彼女は夏をオザーク山地〔アメリカ合衆国のミズーリ州とアーカンソー州にまたがる台地〕で過ごし、そこの「原住民」の状況がブランスクと同じように原始的であり、いくつかの点ではさらに原始的であることを発見した。「彼らは無学と狂信という心の闇に覆われている」と彼女は山地民について書いている。「二つの世界の差異はそこにある。ユダヤ人は……有意味で道徳的な指導がなかったことは一度もない。アーカンソーの後進性を目にして以来、私はポーランドについて語るのを止めた」と彼女は結論づけている。

外国からやって来た訪問者が経験した現地観察からは見抜くことができなかったのは、より大きな社会的趨勢とそれらの日常生活への漸進的な影響である。その中で最も嘆かわしいのは、ユダヤ人の観点からは、エンデツィア（国民民主党）とその急進的な分派、一九三四年に創設された国民・急進陣営（ONR Obóz Narodowo-Radykalny）の高まる人気であった。エンデック（国民民主党員）はいっそう過激な民族主義者になり、やがて攻撃的な反ユダヤ主義者になっていった。「ユダヤ・ナショナリズム」を罵り、ユダヤ人はポーランドの国益を蝕んでいると主張し、文化的に同化してポーランド国家と全面的に同一化しない限り――ユダヤ人は生まれつきそれができない、と彼らは考えていた――ユダヤ人住民には移住が奨励されるべきだ、と断言していた。この点ではエンデツィアは逆説的に、理由は異なり、道徳的信憑性も大きく異なっていたとはいえ、本質的にシオニストと一致していた。他のすべての前提と目的で大きく対立していたにもかかわらず、この二つの政党は、この問題では、しばしば国会《セイム》で互いに支え合った。

一九三五年のピウスツキの死後は、エンデツィアの反ユダヤ主義はさらに過激なものになり、支配的エリート集団の一部を含めて、多くの住民のあいだに支持者を獲得していった。カトリック教会は反ユダヤ的な説教を黙認することによって反動的な雰囲気に貢献した。教会内部やその他で出版された反ユダヤ主義文献が急増し始めた。過激論者のパンフレットはユダヤ人をポーランドの経済的利益に有害な人々、国民の道徳的健全さを脅かす退廃的分子、共産主義の手先として描き出した。ジドコムナ（żydokomuna ユダヤ人・共産党員）という術語が広く用いられるようになった。言い換えれば、公然と反ユダヤ主義を標榜する者にとってユダヤ人はもはや「他者」であるだけでなく、内なる敵、卑劣な目的のために人にとり入る陰険な者たちであった。反ユダヤ主義文献の「古典」となった『非ユダヤ人についてのタルムード Talmud o gojach』と呼ばれる本の中で、スタニスワフ・チシェチャク（Stanisław Trzeciak）神父は、タルムードは「非ユダヤ人《ゴイ》」を搾取する許可を与えていると主張し、それに続けて長々と、ユダヤ人と共産主義者とフリーメーソンの陰謀に関する荒唐無稽な理論を説明している。

それらは明らかに憎悪に満ちた見解であった。しかしながら、ドイツの反ユダヤ主義文書とは違って、生物学的人種主義の要素、すなわちユダヤ人は本質的、生物学的に劣等であるという主張は、ポーランド語の文書にはほとんどなかった。（例外はドイツがポーランドを侵略するまで、一時的にドイツ・ファシズムに魅了されていた国民急進陣営〈ONR〉の過激派グループが出版した文書だった）。ほとんどの反ユダヤ主義文献で、ユダヤ人は強いと同時に狡猾な人々として描き出されていたが、本質的に人間以下の存在とみなされたことはなかった。

それでもやはり民族主義タイプの反ユダヤ主義は、ユダヤ人をその経済的地位から、さらにはその他のポーランドの生活領域から追放することを意図した、ユダヤ人に対する悪意に満ちた戦略を容認するのに十分なものだった。経済的な衝突は激しさを増しながら繰り広げられ、暴力が用いられるまでになった。しかしながら今日なお、この時期の出来事は、ポーランド人とユダヤ人の記憶の中で、真っ向から対立する両方の側から考察されている。ユダヤ人の共同体は貧窮化し、危機に瀕していると感じていた。工業と商業のいくつかの分野を国家の手に委ねた新たな独占法のような政府の政策は、うまくいっている事業からユダヤ人を締め出すことを意図しているように思われた。ブランスクではこうした法律はわずかな影響しか持たなかった。ひとりのポーランド人の実業家に煙草倉庫を所有す

ポーランド人の愛国的な祝日「海の日々」を祝うブランスクの行列行進．1935 年．店の看板「理髪師 D・イザコヴィ」は所有者がユダヤ人であることを示している．

ブランスク小学校の 7 年生と教師たち．1935 年．右端に座っている男性はユダヤ教を教えていた．ユゼフ・ピウスツキの死を悼むしるしとして黒の腕章を着けている教師もいる．

る独占権（煙草を販売する独占権ではないとはいえ）を与え、ひとりのポーランド人とひとりのユダヤ人に酒類販売権を与えた、といった具合だった。しかし同時にポーランド人はそれまでユダヤ人の領分だった分野に進出し始めた。『イズコル書』は一九三五年以降、ポーランド人の商店と市場の露店の登場、そしてユダヤ人の類似の商売から顧客を奪っていった「カトリック教徒」の仕立屋、大工、帽子製造職人の出現を書き留めている。ユダヤ人商人からすればこれは彼らから生計手段を奪うためのもくろみであり、彼らは可能な限りの手を尽くしてポーランド人の侵入に抵抗しようと努めた。たとえば、一九三六年には、あるポーランド人の協同組合がブランスクの中央広場に（そこはユダヤ人の商店に囲まれていた）屋根付きの市場用のホールを建設する提案をした。そこで開く店はポーランド人のものになることが了解事項として含まれていた。このプロジェクトには町議会議員の満場一致の賛成が必要だった。ユダヤ人の議員たちはプロジェクトに反対票を投じてホールの建設を阻止した。それに対して――と『イズコル書』の筆者たちは断言している――あるポーランド人の政治家がユダヤ人議員たちと密かに会い、もしプロジェクトに賛成しなかったら火をつけるぞと言って彼らを脅した。その結果、議員たちは投票先を変え、一九三八年に十二の小店舗からなる屋根付きの市場ホールが建設された。しかしながら、新たなポーランド人商人はほとんど商品販売の実を上げることができなかった。どうやら大部分の顧客は引き続きなじみのユダヤ人商店主に義理を立てていたからだ、と『イズコル書』は述べている。

ポーランド人の観点、なかんずくズブィシェクが進んで擁護しようとしている観点では、ポーランド人は、ユダヤ人による事実上の通商貿易の独占に対して当然の分け前を要求しようとしただけのこ

1930年代の反ユダヤ主義の戯画

ユダヤ人のボリシェヴィキがポーランドに死をもたらす.

ユダヤ人の工場主が仕事を懇願するポーランド人を追い払う.
小冊子『民族の自衛』より.
(ユダヤ歴史研究所, ワルシャワ)

飽食したユダヤ人が虐げられたポーランド人に立ちはだかる.
皮肉なキャプションには「同胞よ!」とある.
『民族の自衛』より.

とだ。ズブィシェクは「その時までポーランド人はわが身を守ろうとしなかった」と語り、不利な条件に置かれたポーランド人住民は言うがまま、その地位を受け入れてきたと示唆する。実際、ブランスクのユダヤ人は歴史的な理由から商業の分野で強い競争力を持っていた。一九二六年にはブランスクで購入された三百通の職人免許状のうち二七五通がユダヤ人職人に発行された。一九三八年には三一五人のユダヤ人職人がいた。当然、基本的な生活のために闘っていた町のポーランド人住民は、ユダヤ人が事実上、事務職にも管理職にも就いていないこと、彼らのさまざまな職業への参入がますます困難になるという事実にたいしてあまり注意をはらうつもりはなかった。同時にユダヤ人には自らの伝統的な収入源を簡単に手放すつもりはなかった。ブランスク住民はある事件で、ユダヤ人商人が競争相手のポーランド人所有のトラックをひっくり返して、火をつけたと主張している。

ポーランド経済がほとんど全面的に農業経済にとどまっていたあいだは、ポーランド人農民とユダヤ人商人の分業は相補的な関係を可能にしていた。しかし、経済の本質が変化するにつれて、このバランスが乱されることになった。ポーランド人は引き続きユダヤ人の隠匿財産に関する作り話を信じていた。ズブィシェクはそれを、「ユダヤ人は常にまさかの時のために何かしら隠していた」からだと説明する。彼らは自分の運命を知っていた。かくして莫大な量の金貨についての物語が生まれたのであった。ユダヤ人は金貨を重んじたが、農民は紙幣を好んだ。農民はよく「ルーブルがおまえのポケットに穴をあけている」と言ったものである。

古い習慣には古い神話。経済が新段階に入るときにはよくあることだが、ある程度は、二つの集団のあいだで正真正銘の利害の衝突が生じたが、多数派にはその主観的な受け取り方とは別に、単純で本来備わっている有利な立場があった。しかしながら、当時のイデオロギー的風土を考えれば、国の経済の衰退はユダヤ人が権力に執着するための滋養分になっていたし、政治分野では、誰をもそこに含めて、共通の利益のための紛争解決法を見出すのに足るポーランド人社会への広いヴィジョンを持つ者は誰ひとりいないように思われた。

一九三五年以後、排外主義的民族主義が政治・社会生活の中心にいっそう近づいた。エンデツィア（国民民主党）の人気の高まりに応じて以前は穏健だったサナツィア派（ピウスツキ陣営）がユダヤ人の移住（強制ではないにせよ）を奨励する政策をはじめ、反ユダヤ主義的な立法に賛成し始めた。ユダヤ人は一定の職業では仕事を見つけることが難しくなり始めた。もっとも、どこよりも激しい闘いが行われたのは大学においてで、そこでは過激なエンデツィアと国民急進陣営（ＯＮＲ）の若者がユダヤ人学生の数を制限するための見苦しい、長期にわたる戦闘に加わっていたのである。

ポーランドの独立後の初期には、法律や哲学のような本当の意味で自由入学方式をとっていた学部はきわめて高い比率のユダヤ人学生を引きつけていた。実用的な科目を設けていた「工科大学」ではしばしば非公式の割り当て数が課されていた。正統派から飛び出したばかりの新世代のユダヤ人は大挙して大学に押しかけたが、それはユダヤ人の価値体系は学問を重視していたからであり、祖先から受け継いだ特権も権力獲得の手段もないなかで、若いユダヤ人は教育を自分たちに可能な数少ない立身出世の道のひとつと考えていたからであった。しかしながら民族主義者の学生はユダヤ人学生の存在を大学の「ポーランド的性格」への攻撃と見なしていた。議会の立法措置を通じて「入学定員制限 numerus clausus」を導入しようとする試みが失敗すると、右翼青年グループは大学のキャンパス内で暴力的な直接行動に転じた。履修科目登録の最中に制服を着た暴漢たちがユダヤ人学生を袋叩きにし、かみそりで彼らに襲いかかった。いくつかの大学では民族主義者たちは悪名高い「ゲットー席」、すなわち、教室にユダヤ人学生のために分離された座席を導入することに成功した。

この脅し戦術は抵抗を受けずにはすまなかった。ブンドのメンバーとシオニストは不穏な情勢になると大学構内に姿を見せるようにし、危険に晒された学生たちの支援に駆けつけた。教室の中では若いユダヤ人は、ゲットー席の屈辱に屈するよりはむしろ講義中立っている方を選んだ。ポーランド人側からも抗議の声が上がった。個々のポーランド人の教授と学生の中には、ユダヤ人学生との連帯のしるしに講義中立ったままの者もいた。左翼的な学生グループはエンデツィアと国民急進陣営の戦略と闘った。とりわけ彼ら自身がその標的になってからはそうであった。有名なポーランド人知識人と学者たちが学問の自由の侵害を非難する声明を出し、多くの教授が職を辞した。ルヴフ（今日のリヴィウ）大学の学長が辞表を提出し、よりエンデツィアに共鳴する新学長が任命されると、副学長も辞任した。大学は状況を沈静化するために数週間にわたって閉鎖された。しかしこれらの名誉ある対応はいずれも成果をあげられず、才能に恵まれた若いユダヤ人は留学するか移住する方を選んだために、三〇年代末には大学のユダヤ人学生の在籍者数は劇的に減少した。

『イズコル書』はこれらの不幸な動向に言及しているが、ブランスクにとっては、それとの関連で最も苦痛だったのは経済政策だった。一九三六年、新首相は「経済闘争は――もちろん、どうぞ《オフシェム》。害を与えるのは――だめ」という標語を発表した。一九三八年三月、儀式屠殺を制限する最初の正真正銘の反ユダヤ主義の法律が国会《セイム》で可決された。もっともこの法律は事実上、一度も施行されなかった。

この悪名高い「もちろん、どうぞ《オフシェム》」政策には、暴力的な戦術を規制する意図があったが、実際には逆効果をもたらした。ブランスクに近い村落では、週に一度の市に「荒くれ者たち」が姿を見せ、農民がユダヤ人の露店に近づいたり、ユダヤ人商人とその商品に手荒なまねをしたりしないようにしていた。秩序を保つために警察が投入されたが、成果はさまざまだった。エンデツィアのある村落への大規模な襲撃計画が露見したときには、ブランスクのユダヤ委員会がそのことをビャウィストク市長に通報し、市長は警察部隊を投入した。警察との衝突で、数名のエンデツィアのメンバーに死傷者が出た。それでもやはりこの村落のユダヤ人は、ブランスクに移り住まざるをえないと感じていた。

ことブランスクに関してはボイコットが始まったのはもっと遅かったが、醜い対立をもたらした。ジャック・ルービンが危険の徴候に最初に気づいたのは、エンデツィアの前哨地点として知られる場所を避けて通り始めたワルシャワでだったことを記憶している。その後、ボイコットはブランスクに到達した。ジャックはブランスクの人間は誰も加わっていなかったと考えている。ボイコットはよその町からやって来た「ごろつき」たちによって指揮されていて、最初は主として脅し戦術から成っていた。彼らはユダヤ人が自分の生産物を陳列するのと、ユダヤ人の露店にポーランド人が近づくのを邪魔しようとしたのだった。警察が投入され、また騒動が起こるたびに、ブンドが報復作戦を試みた。それにもかかわらずその後も暴力は続いた。

イレナ・ヤブウォノフスカはエスカレートする緊張と競争心と「仲間のもとに帰れ」〔ポーランド語の Swój do swego〈ciagnie〉類は友を呼ぶ、から〕」と書かれたポーランド語の看板を覚えているが、同時にあるユダヤ人が中央広場区域にある店をポーランド人に貸すのを断った出来事も覚えている。

「殴り合いですか……いいえ、殴り合いはしませんでしたけれど、ひどいストレスでした」とボイコットの初めの頃のことについて述べる。

ジャック・ルービンはこの雰囲気の変化に驚いただろうか。「そりゃ、私たちは常々、ポーランド人が反ユダヤ主義者だということを知っていましたから」と、彼はあたかも前に話したこととのあいだに矛盾などないかのように答える——「憎しみはありませんでした」。おそらく彼は、それがあまりにも揺るぎないものなので、それ自体が偏見のかたちとなっている確信を表現しているのであろう。おそらくこの矛盾はあまりにも執拗なので、一種の単一化された真実——優しく、温かくさえある受容といつでも湾にまで広がりうる裂目とが同時に存在することになったのであろう。

一九三七年初めには、市日の騒動は暴力的なものになり始めた。ユダヤ人商人は警察が来ていたにもかかわらず攻撃された。ジャック・ルービンはユダヤ人を攻撃する者を片っ端から「ひっ捕まえ」、この悪党どもを警察に引き渡していたポトツキ伯爵を見たのを覚えている。農民たちはたいてい、もめ事に巻き込まれないように努めていた。

この夏のある日、ボイコットの参加者は、町の別の地区で、にせの火災警報を作動させて警察の注意を逸らし、その後ユダヤ人の屋台をひっくり返し、略奪し始めた。数週間後、ひょっとして警察には彼らと衝突する気がないことを察知してであろうか、エンデツィアのメンバーはもはや一切注意を逸らせる戦術も用いずに次の攻撃に取りかかった。今度はけんか騒ぎは全面的な暴動へとエスカレートした。略奪して回る若者たちがユダヤ人の店の窓ガラスを割り、人々の家を壊し、何のとがめも受けずに人々を殴った。『イズコル書』によれば、数人が負傷し、ビャウィストクの病院に入院しなければならなかった。

イレナ・ヤブウォノフスカはことが起こったとき、父が彼女と妹にこう言って家の中に入るように命じたのを覚えている。「家に入れ！　これはわしらが口出しすることじゃない」。「わしらが口出しすることじゃない」、最も一般的な処世訓《モットー》の別の言い方、面倒が起こったときに、最良の意図を持った人々によってさえ本能的に用いられる表現。いつまでたっても、イレナ・ヤブウォノフスカは叫び声や悲鳴、叩き割られた窓ガラスの音を思い出す。「もしかするとあの人たちは見せびらかしたかっただけかもしれないわ」。いまだに彼らの意図の核心を本当は認めずに、彼女は暴漢たちについてこう言う。彼女の考えでは、ブランスクの人間は一人か二人、あの出来事に巻き込まれたかもしれないが、しかし、全体としてみればブランスクの住民は、暴力を働いたのは「輸入された」ごろつきだという点で意見が一致している。まるでエンデツィアは、隣人が隣人に物理的に敵対しようとはしないし、親密さの構造は今なお維持されていることを理解していたはずだとでもいうように。

数日後、事件のニュースが西ヨーロッパのマスコミに届くと、アメリカの親戚たちから電報が殺到し始めた。二人のユダヤ人議員が損害の視察のためにブランスクを訪問し、国会で抗議を表明した。暴徒たちに対して地方裁判所に訴訟が起こされた。罰せられた者はいなかった。

エンデツィアのメンバーは戦前、もうひとつの攻撃を仕掛けていた。この時は町当局に対してであった。これは、当局はユダヤ人に対して好意的過ぎると考えていたエンデツィアの右翼の、より狂信的な分子に賛同した行動であった。この時には警察が発砲し、それ以来ボイコットは違法と宣告された。実際にはボイコットはそもそも大して効果的ではなかった。ブランスクでは市日にユダヤ人の露店に近づけてもらえなかったポーランド人が、すぐ次の日にはそこに戻ってきたからだった。「人々は、あの人たちは、本当はユダヤ人の店で買い物をしたかったのですよ」とジャック・ルービンは言う。「なぜって、そこの方が安かったのですから」。こうした状況はポーランドの他の地域でも何度も見られたものである。

一九三七年と三八年を通して、ポーランドの経済状態は悪化の一途をたどった。ブランスクのユダヤ人共同体はひどく困窮し、ニューヨークのブランスク協会に支援を仰がなければならなかった。第二次世界大戦直前の数か月は、反ユダヤ主義のプロパガンダが収束した。ポーランド人がドイツ発のより現実的な危険に目を向けたためであった。興味深いことに、ユダヤ人に対する「経済闘争」を支持していた主な農民党が、遅まきながら、農民が抱える問題の原因はユダヤ人ではない、農民の怒りは貴族と政府に向けた方がよいとする声明を発表した。

第二次世界大戦勃発前夜のポーランド人とユダヤ人の関係はかくのごときものであり、おそらくそれはポーランド史上のどの時期もそうであったように、緊張に満ち、もしかすると新たな均衡へと一変したかもしれないし、そうでなかったかもしれない困難で溢れかえっていた。それでもやはり次に何が起こるか、誰一人期待も予測も希望もしていなかった。三〇年代末になってさえユダヤ人の諸機関と劇場、学校、新聞は隆盛をきわめていた。ポーランドのユダヤ人にとってそのあいだ、日常生活はいつもとほとんど変わらなかったし、最も暗いエピソードが示唆するほどずっと悲惨だったわけではない。

一九三九年の春、ジャック・ルービンはポーランド軍からの召集令状にどう対応すればよいか答えを見出そうとしていた。以前すでに二回徴兵が猶予されており、この召集は型どおりの方法で忌避できる型どおりのものであるように思われた。「ユダヤ人は軍隊に入りたくなかったのです」とジャックは、ポーランド人の非難を自分ではそれと知らずに鸚鵡返しに繰り返す。ひとつには軍隊は反ユダヤ主義だとの評判だったし、さらに父が家業で彼を必要としていた。そこでポーランド人の実力者《マヘル》、つまり仲介者——ビェルスクの長老を知っていたポーランド人のオルガン奏者の助けを借りて、五か月間の短縮基本教練の手はずをとってもらった。自分の駐屯地に着いてみると、ジャックはそれほどひどいところだと思わなかった。彼とともに軍務についていたユダヤ人の若者——彼の考えでは、弱虫ども——の中にはちょっとした嫌がらせに遭った者もいたが、ジャックはふざけたことを言われたことは一切なかった。彼は強健だったし、射撃の名手で、これがものを言った。「ユダヤ人の若者の中には、僕のところにやって来て、「あら探しをするのを止めさせてくれないか」と頼むのがいてね。で、やめたよ。僕にいちゃもんをつけることはなかったな、一度も」。ジャックは数人のポーランド人の新兵と、とりわけ以前、彼の家族のガチョウ飼育場で働いていた若者と親しくなった。

八月、ジャックは除隊になり、家に戻った。その七日後、ドイツが宣戦布告なしにポーランドに侵攻した。

第五章　ショア

ブランスクの農民と私との会話では、「あなたは当時の何を、戦時中の何を覚えていますか」という質問が必ず出てくる。ついさっき、ブランスクにユダヤ人がいなくなってほっとした、と言った屈強な体つきの農民が、いろんなことを覚えていますとも、と答える。戦争が勃発したとき、彼はかれこれ二十歳だった。ドイツ人が侵攻して来てまもなく、彼の兄は労働収容所に送られた。彼の方はどうにか同じ運命をたどるのを免れることができた。「どうやって?」と私は尋ねる。「へのこにだって頭がありゃ、そいつが使えますよ」と悦に入って答え、そのあとこう付け加える「いやはや、これはどうも、お許しを。とんだことを口にいたしやして」。

では、ここのユダヤ人がどうなったのか、彼は知っているだろうか。「ええ、そりゃ」と熱心に目を輝かせて答える。「いろんなことが起こりましたよ」。ドイツ占領下の一時期、とある銃撃の夜が明け、朝になってみると、通りにたくさんのユダヤ人の死体が転がっていた。ドイツ人はすべての死体を一か所に山積みにした。そして彼が荷馬車で通りかかると、死体を集団墓地に運ぶように命令した。

「ええ、そりゃ、連中がそう言うのですから、やむをえません」と思い出しながら言う。「そこであっしはこう言ってやりました。ですが、旦那方、こんなにたくさん死体があっては、誰か手を貸してくれる人がいませんと、ってね」。そのあと彼は、誰かに手伝ってもらって死体を川向こうに運んでいき、ぱっくり口を開けた大きな墓穴に放り込んだ。多くのユダヤ人の服の縫い目がほどけていた。ドイツ人が金《きん》を探したからだ。

「そんなわけで、やるべきことはやって引き返しました」

「それだけですか」と私。

「それだけですよ。あっしらは家に帰りました。ですが、川を渡ってです。だって、あっしの荷馬車がどんな状態だったか想像がおつきでしょう」

この恐ろしい物語についての感慨も話を和らげようという気持ちも、同情も哀惜も一切ない。これは記憶法の硬化か、それとも道徳的な動脈硬化によるものだろうか。遅過ぎた――知るためには、ここに来るのが遅過ぎたのだ。同行しているズヴィシェクは、あの出来事から五十年が経過しているこ と、おそらく農夫は以前にもこの話を何回となく繰り返してきたことを指摘する。農夫にとってこれは今ではただの話でしかない。しかし当たり障りのない距離以上の何かを私は感じ取っている。話し続けるうちに、ユダヤ人に対する敵意、そして深い恨みの層が農夫の体から剝げ落ちるのである。彼は戦争当初、東から侵入したソビエト軍を歓迎したユダヤ人のことを持ち出す。なかにはごく一時的な権力によって報酬を得、折に触れてそれをひけらかした者もいたことは疑いない。「ソビエト支配下では、ユダヤ人はポーランド人に対して実にひどい仕打ちをしました」と農夫は話す。「あるとき、新しい制服を着込み、銃を手にした友達のシュムルコにばったり会いましてね。「おい、シュムルコ、どうしたんだい」と話しかけると、やつは、あっしに向かって尻を突き出して――嗅いでみろ、と言いおったんですよ」。私が疑わしげに彼を見ると、「嘘じゃありません。本当にそうだったんです」と農夫は断固として言い張るのである。

そうだったかも知れない。しかしシュムルコの仕草はいわれのない下品な行為であり、彼の束の間の、どちらかと言えば痛ましい特権の濫用だったのだろうか。それともまた過去に、彼に向けてなされた侮辱への仕返し、卑劣ではあれ、ささやかな意趣返しだったのだろうか。今でもまだ腹立たしいユダヤ人による搾取なるものを信じているこの農夫は、ユダヤ人の店の前に立って客を中に入らせなかった人たちの一人だったのだろうか。確かに、彼ならボイコットに賛成したに違いない。

それはもはや知ることができない。ユダヤ人の知人がかくも不躾に彼に顔を背けた瞬間以前にあった対立と不正、そして屈辱のもつれを知り、解きほぐすことは不可能である。さらに遠い過去へと記憶をたどるにつれて、農夫はさらに多くのあざなえる先入見の縄とステレオタイプの断片を暴わにするのである。平和時なら、こうした偏見が彼の胸の中で煮えたぎっていて、ことによると市場で周囲に思い上がりや攻撃的な空気を生み出したかも知れないが、大きな危害は何ももたらさなかった。だが、戦時にはどうだろうか。おそらくこの人はぞっとするようなことは何もしなかったに違いない。今ではもうこうしたことはブランスクでは知られており、何か隠しておかなければならない具体的な事情があるにしては、彼はあまりに陽気だし、あまりに率直すぎる。

彼と同じような他の人たちはどうだろうか。耳に残っているナチスの語り口にそそのかされて、目の前の反ユダヤ主義のポスターに描かれたものを見たがゆえに、ユダヤ人を手助けすれば死刑に処せられるという警告を再三耳にして、またユダヤ人を当局に引き渡せ、さもないと……とドイツ語で怒鳴りつける命令を聞いて、何にもまして、公衆の面前で迫害され、辱しめられ、殺されていたユダヤ人を目にして、これらすべてのせいで、農夫の曖昧模糊とした観念とぼんやりとした嫌悪感が、ユダヤ人に対しては何をしてもよい、すべて許されるという明快な認識へと変わったかも知れないと私は想像することができる。こういう人間は、こういう時代には、いわば心の闇に陥り、その暗闇の中で致命的な裏切りを犯すか、あるいはまったく思いがけなく、白昼、人殺しを働いたかもしれないことが私には分かる。

＊＊＊

夕方、私はズブィシェクとともにまったく別のタイプの人間に会いに出かける。手助けした人たちの一人だ。その名はヤニナ・ヴォインスカ、ハート形の顔をした、しとやかで柔和な物腰の小柄な、年輩の女性だ。退職した薬剤師で、戦争が勃発したときには、ブランスクに引っ越して来ていくらも経っていなかったのに、すでに薬局で働いていた。彼女にはこの時期を非常に鮮明に記憶している理由が存在する。兄がポーランドの地下抵抗組織のメンバーとして、オシフィエンチム〔アウシュヴィッツ〕に、その後ブーヘンヴァルトに連れて行かれたのである。当時彼女は二十代初めの若い女性だったが、兄を助けようと自分の蓄えをすべてかき集めた。兄を逃がす計画を立て、多額の金を調達したがうまくいかなかった。彼女は郵便でブーヘンヴァルトの兄のもとに小包を送り続けた。一二〇個入りの卵の箱の中で、四個だけ、割れた状態で届いたことが今でも不思議でならない。

彼女が、いつの間にか他の人をも手助けし始めたのは、ほとんど偶然といってよかった。一九四一年にブランスクにゲットーが設置されたとき、薬局の建物はその真ん中にあり、指定されたユダヤ人地区からは勝手に塀で仕切られていた。ゲットーの中で行われていることが窓から見えたが、初めのうちは恐ろしげには見えなかった。こっそり抜け出すことも、中に忍び込むことも簡単にできた。ポーランド人は食糧を売り込みに中に入り、一方のユダヤ人は商品をひそかにビャウィストクに運び出し、またそこから持ち込んだ。しかし、その直後の一九四二年十一月には、何もかも一変した。この月の初めのある晩、誰かがゲットーの塀を乗り越えて薬局に駆け込んだ。薬局の戦前の所有者、レイブ・シャピロだった。彼はヴォインスカに、ゲットーが包囲された、何が起こるか誰にも分からないと言った。彼は妻と二人の息子と弟の婚約者と一緒に薬局の地下室に隠れようとしたのだった。ヴォインスカとこの建物に住んでいた他の二人の女性は、この計画は自殺行為だという結論に達した。薬局はゲットーのど真ん中にあり、そのうえ、ドイツ人とポーランド人が出入りしていたからだった。代わりにシャピロ一家は、すぐそばにあるが、ゲットー区域の外側に建つ別の建物に行くべきだということで意見が一致した。ヴォインスカはそこの、材木の山の裏に隠れ家を用意した。それから数日間、彼女は他の二人の女性とともに逃亡者たちに食べ物を運んだ。

「どんな危険があったかご存知でしたか」と私は尋ねる。「もしかするとはっきりとではなかったかも知れません」と答える。「私はとても世間知らずでしたので」。彼女のような行為に対する刑罰は死刑だった。だが、もしかすると彼女は、危険を冒していたとき、ちょうど生き延びようとしている人間には死が差し迫っていることを感じることができないのと同じように、自分がそのことをはっきりと認めることができなかったのかも知れない。

しかし、彼女の危機感は数日後、ゲシュタポが短い電話のあとに薬局にやって来て、捜索を命じたときに高まった。そのときにはすでに、シャピロ一家はある若い司祭の助力で、ブランスクの外の、別のより安全な場所に移っていた。ゲシュタポ警官は彼らが薬局の屋根裏に置き忘れたスーツケースを発見した。「ここに誰かいたな！」とドイツ人の一人が言った。「ここに誰かいたかどうか、どうして私に言えるのですか」とヴォインスカは答えた。

「筋道を立てて話しましたわ、とても怖かったですけど」と今は言う。「あのゲシュタポの警官をあなたに見せたかったわ。例の長靴を履いていて、話すんじゃなくて喚き散らしていましたわ」。薬局にはたまたまブランスクの「エリート」が全員集まっていた。医者も司祭も教師もいた。全員、シャピロさんの家族が隠れている場所を知っていた。誰も一言も口をきかなかった。

捜索のあいだ、別のゲシュタポ警官がある農夫をひどく乱暴に殴り始めた。彼は真に残忍なゲシュタポ警官ではなかった——彼はブランスクの「善良なドイツ人」で、ユダヤ人に最悪の事態を免れさせようとしていたが——何らかの反応を示さざるをえなかったのである。彼は薬局をゲットーからもっとしっかりと遮断しろと命じた。

「私たちが生き延びたのは奇蹟ですわ」とヴォインスカは言う。そのことをさらにはっきりと彼女に悟らせたのは、シャピロ一家が姿を現したあとの数昼夜に見聞きした悲鳴、銃声、路上に倒れて死んでいく人たちだった。ゲットーは撤収されようとしていた。夜な夜な薬局の中庭を通って逃げようとしている人たちのシルエットを見て取ることができた。一度は二人のポーランド人が（「口にするのも恥ずかしいわ」と彼女は言う）人々が逃げる時に通った塀の穴をゲシュタポ警官に教えているのを目にした。ある日の午後、人々が馬車に追い立てられるのを見た。トレブリンカへの死の旅に連れ出すためだった。

そのあと、奇妙な出来事が起こった。ゲットーの撤収が完了して数日後のことだった。イザヤシュ・ツキェルという名のユダヤ人がゲシュタポに護衛されて薬局に入って来ると、シャピロ一家に親戚からことづけを預ってきたと告げた。ユーデンラート、すなわちドイツ人が設置したユダヤ評議会のかつてのメンバーとして彼は人々の隠れ家を知っており、シャピロ一家が今も薬局にいるものと確信していた。彼らの居場所については何も知らない、とヴォインスカは言った。しかしツキェルは、ここにいるはずだ、名乗りを挙げれば危険はないと言い張った。さらに親戚はビェルスクで彼らと落ち合いたいと言っている、とつけ加えた。ヴォインスカは困惑した。時間を稼ごうとして、ある年輩の女性で、やはりこの建物に滞在している女教師の方を向いて「ここにいたというユダヤ人のこと、ご存知かしら」と訊いた。すると女教師はきっぱりと否定した。ヴォインスカは彼女に倣って、シャピロ一家は見なかったと繰り返した。ツキェルはついに彼らを見つけることができなかった。おかげで、彼がその運命を決することになった他の人たちとは違って、シャピロ一家は生き延びた。

ヤニナ・ヴォインスカはたまたま目にすることになった恐ろしい出来事の偶然の目撃者となった。それは、ある意味で彼女とはまったく関係のないことだったが、偶然に間近で起きたために、彼女を人の生死に関わる選択に巻き込んだ。彼女はほとんどふとしたことで、顔を背けるのでなく、命を救う手助けをする決心をしたのだった。

しかしなぜ。なぜ、彼女は他ならぬそうした行動をとったのだろうか。ことによるとただ単に、はずみで、か。しかし自分の安全を顧みずに、だ。「人間に変わりはありませんわ」と彼女は答える。「人間を助けようとしただけですわ」

それは本当のことであったに違いない。なぜなら彼女は信念のうえではどうみてもユダヤ贔屓《びいき》ではなかったからである。戦前彼女は学校にユダヤ人の親友がいたが、ユダヤ人全体について言えば、彼女の考えは決して高潔なものではなかった。「ユダヤ人はお金を握っていて、頼りにしている他の人たちを搾取してきた」と思っている。大学への入学許可定員強制の試みについては、素朴で寛大な賛意を示して言う――彼女にはそれは当たり前のことに思われたのだった。「知的職業の八〇パーセントはユダヤ人に握られていました」と、彼女はかなり誇張して言ったが、それは明らかに、大げさなプロパガンダの数字を繰り返したものだ。「学生たちは自分の権利のために闘ったのよ」(ここのところで、ズブィシェクが口を挿み、学生数割り当て制度には断固として反対だし、強く非難する、自分は自由競争に賛成だ、と表明した)。

「しかしシャピロ一家が助けを求めて来たときには、どう思いましたか」と、私は彼女の動機の謎を究明したくて再度尋ねる。

「人が助けを必要としているときには、助けてあげなければなりません」とヴォインスカは答える。「それが私たちの考えです。とにかく、困っている人を助けるのは私たちの信仰でもありますから」

彼女の住居の中にはカトリック教徒の敬虔の証し――壁面に数枚の宗教画が飾られ、ローマ教皇と一緒に写っている彼女自身の写真があった。

シャピロ一家のために二番目の隠れ家を手配し、短いけれども危険に満ちた旅に同行した若い司祭はユゼフ・フファウコ（Józef Chwałko）司教代理だった。上役の主任司祭、ボレスワフ・チャルコフスキ（Bolesław Czarkowski）は説教の中で、困っている「人は助けなければならない」と繰り返し語っていた。司祭の言葉、司祭の手本にはブランスクのそれのような会衆のあいだでは大きな道徳的な重みがあった。もしかするとヴォインスカのような人々の意識に決定的な影響を及ぼすに足るだけの重みがあったのかも知れない。彼女の記憶と理由に探りを入れ続けていると、彼女は、心の中のどこかにいつか誰か他の人が兄を助けてくれるかも知れないという思いがあったのだと言う。あるいは、愛他的なそぶりでもって運命のご機嫌を取り、自分が正義の秤を、あるいは慈悲の秤を逆の側に傾けないことを確かにしようとしたのかも知れない。

＊＊＊

第二次世界大戦中、国境線はもう一度、不吉な状況下に置かれた。ブランスクにとってそれは、この戦争の特徴がひとつではなく二つの侵略、すなわち東からのソ連軍の侵入と西からのナチスの猛攻撃だということを意味した。

これらの主要な行動に先立って一種の不気味な前触れが見られた。一九三九年九月一日未明、ブー

1939年9月7日のドイツ空軍による爆撃後のブランスクのユダヤ人地区.

ンという飛行機の大きな音がブランスクの上空に響き渡った。同日、朝九時、ラジオ放送が町の住民に、ドイツがポーランドに侵入したと告げた。このニュースはみんなの胸に激しい怒りと信じ難い気持を呼び起こしたが、ユダヤ人住民は恐れなければならない理由が他にもあることを知っていた。ドイツにおけるナチスの反ユダヤ主義政策に関する噂はおそらく気がかりではあれ、はるか遠く離れていた。しかし今度は、ドイツ人の考え方が分かっていたことが、全体的な恐怖心の一因となった。

九月七日、再び上空に飛行編隊が姿を現した。ドイツ空軍《ルフトヴァッフェ》は明確な理由もなくブランスクを爆撃した。ユダヤ人地区が最も大きな打撃を受けた。破壊は一瞬の出来事だった——砲火、倒壊した建物、路上には焼け焦げた死体が転がっていた。

九月十日、ドイツの地上部隊がポドラシェ地方に移動し始めた。圧倒的な力の差があるポーランド軍と何度か戦闘になり、ドイツ軍の戦車がポーランド騎兵隊の前に立ちはだかった。結果はいうまでもなく最初から目に見えていた。そのあと、ドイツ人はある村で二十三名の一般市民と三十名の兵隊を処刑し、別の村は焼き払った。すでにドイツ人に占領されていたさらに西の地域では、一般市民のポーランド人の処刑が荒れ狂った。

九月十四日、ドイツ軍の戦車がブランスクに乗り込んで来た。ただちに反ユダヤ的な政策が実施に移され、三百人が教会に追い込まれ、ドイツに輸送された。二十三日にドイツ人は古シナゴーグ(Stara Synagoga)に火を放ち、管理人とその家族を炎上する建物の中に駆り立てた。

九月二十四日、ドイツ軍は、ドイツとソビエト連邦がポーランドを分割し合ったリッベントロップ＝モロトフ条約の協定に基づいてブランスクから撤退した。この秘密不可侵条約の条項に基づいてブランスクはソビエト領内に入ったのだった。ドイツ軍が西に撤退して行くにつれて、東からソビエト軍が、彼ら「のものである」ことを主張するために町に侵入した。序幕が終わり、今や第一幕が切って落とされた。

ソビエト軍の出現はブランスクの住民の二つの部分できわめて異なる迎えられ方をした。ポーランド人にとってロシア人は、ほとんどドイツ人と同じく嫌われた宿敵だった。ユダヤ人にとっては、赤軍は何よりもまずもっとずっと大きなドイツの脅威からの解放軍とみなされていた。そのうえ、ユダヤ人住民の一部はソ連邦にイデオロギー的親近感を抱いていた。シュテットルには共産主義の信奉者はごくわずかしかいなかったが、他の人たちにとっても、インターナショナリズムやすべての階級と民族集団の完全な平等というスローガンはきわめて魅力的だった。金持ちから奪い取り、プロレタリアートに権力を委ねるというロビンフッド的約束は、貧しい人々と不満を抱く人々に訴えかけた。しかしながら、何よりもまずロシア人はドイツ人ではなかった。

そのためにユダヤ人共同体のかなり大きな部分がソ連兵を花と横断幕と歓呼の声で迎えた。ポーランド人にとって、それは苦痛に満ちた、厭わしい光景であった。ブランスクのすぐ東にある村落には主としてベラルーシ人が住んでいたが、彼らはロシア人を当然の同盟者と見なしていた。その結果、ブランスクは地域の包囲されたポーランド性の稜堡、愛国的防衛の最終ラインを自任していた。少なくともソビエトによる占領のはじめにはポーランド人とユダヤ人の利害は、またしても完全に異なっているように思われており、この歴史上のエピソードはなおもポーランド人とユダヤ人の対話のいっそう困惑させる、デリケートなテーマのひとつであり続けている。

ソ連邦は直ちにユダヤ人住民に好意的な新秩序を導入した。ポーランドの行政府および他の諸機関が徐々に廃止され、新たな機関が創設され、ほとんどの高い地位にユダヤ人が、とりわけ共産党と協力関係があったユダヤ人が就いた。『イズコル書』が述べているように、ブランスクに「新たな特権階級が出現した」のであった。そのメンバーは必ずしも権力を誇示したいという誘惑を抑えることができたわけではなかった。たとえば、ラビの息子が就労許可証を申請しようとしたとき、ある若いユダヤ人女性から、あなたのために何かしてあげられるには、その前に、自分は「自由思想家だ」と名乗ってもらわなければならない、と言われたものであった。

しかし間もなく、新しい統治の不利益がポーランド人にもユダヤ人にも同じように感じられ始めた。ソ連邦はすべての店舗を「国有化」し、すべての「ブルジョアの」財産を没収した――それはユダヤ人商人に途方もない損害を与えた施策であった。昔ながらの征服者の伝統にふさわしく、占領者は直

リガ
ラトビア
バルト海
リトアニア
カウナス
ヴィルノ
グダンスク
東プロイセン
ソ連邦
グロドノ
ティコチン
ビャウィストク
ビェルスク
トレブリンカ
ブランスク
ワルシャワ
ブレスト
ウーチ
ドイツ
ポーランド総督府
クラクフ
アウシュヴィッツ
(オシフィエンチム)
ルヴフ
ソ連邦
ボヘミア・
モラヴィア
スロヴァキア
ハンガリー
ルーマニア
リッベントロップ＝モロトフ・ライン
ドイツに併合された地域
ソ連邦に併合された地域
0
300km
0
200miles
1939年9月7日　ドイツ空軍がブランスクを空爆
9月10-11日　ドイツ空軍がブランスクを占領
9月24日　リッベントロップ＝モロトフ条約下，ドイツの抵抗なしに赤軍がブランスクを占領
1941年6月22日　リッベントロップ＝モロトフ条約を破り，ドイツ軍砲兵隊がブランスクを砲撃
6月23日　ドイツ軍がブランスクを再占領
8月1日　ソ連軍がブランスクを「解放」
占領された
ポーランド
1939-1944

ちにロシア化、いや今回はソビエト化のキャンペーンを開始した。通りの名前は変えられ、ロシア語が官公庁の義務的な言語になり、教区教会の建物だけでなくヘデルやミクヴァのような宗教施設も廃止された。農民は協同組合と集団農場すなわちコルホーズへの加入を強制された。ヒトラーとスターリンが抱き合っているところを描いたポスターが塀や壁に貼られた。

十一月半ばにシベリアへの流刑が始まった。強制移住はポーランド全土で大規模に実施され、あらゆる階級の人々が、インテリゲンチャと貴族と森番が、標的にされた。森番は武器の使い方を知っていたからだった。全体で何十万ものポーランド人が――いくつかの推計ではその数は百万人を上回る――戦争中にシベリア流刑にされた。ブランスクでは一一三人が連れ去られたが、うちポーランド人が九十四名、ユダヤ人が十四名、ロシア人五名だった。アルテル・トルスは流刑者の第一陣に入っていた。『イズコル書』によれば、流刑の憂き目にあったユダヤ人は主にかつての団体の活動家で、新たに特権を与えられたユダヤ人の扇動によって気に入られた人々であった。ズヴィシェクは、その当時は密告はありふれたことだったし、それどころか「はやり」だった、場合によっては主張の反対者を「反共主義者」とする宣誓証言に被疑者の家族の一人が署名したことさえあると断言する。こうした行動を奨励するのはもちろん、人々のあいだの基本的な信頼関係の枠組みを破壊し、友人を友人に、縁者を縁者に背かせようとしたソ連邦のもうひとつの十八番だった。しかし、思いがけない運命のめぐり合わせで、流刑はユダヤ人流刑者には吉と出た。おかげで彼らはナチスの死の装置の手の及ばないところに追われたからである。ブランスクから追放された一一三人のうち、十六人が生き延びられなかった。他の人たちはさまざまな理由で町に戻らなかった。

イレナ・ヤブヴォノフスカもまた「好ましからぬブルジョア分子」に分類された家族とともに五年間シベリアで過ごした。彼女は新たなユダヤ人エリートには彼女の家族が移送を免れる手助けができたかも知れないと思っているが、この推測は「そうよね」という手首をさっと動かすあきらめの仕草でけりをつける。彼女の信念では、そもそもソビエト政権に加わったのは「クズみたいな」連中だけで、彼女が知っていた礼儀正しいユダヤ人の隣人やその家族たちではなかった。彼女の兄は、戦争終結後にポーランドに戻るのを恐れた一人だった。というのもすぐに、新しい共産党政府からの報復に直面することを知っていたからだった。代わりに兄はイギリスに亡命した。

ジャック・ルービンにとっては、ソ連による占領の二十一か月は人生の中で最悪の時期というわけではなかった。ジャックの本能は最初から生存者《サヴァイヴァー》の本能、その能力と警戒心のすべてを、危険を察知し、裏をかくために用いてきた人間の本能だった。ドイツ人がブランスクに近づくやいなや、ジャック兄弟はさらに東の村へと進んだ。当時彼がドイツ人について知っていたのは、「噂でしか」なかったが、彼の逃げようとする本能を掻き立てるには十分だった。ブランスクに向かって行進する赤軍の密集隊形を見て初めて兄弟は、戻っても大丈夫だと判断したのだった。

ルービン一家に対するロシア人の最初の一手は、すべてのガチョウと会社の他の部門の接収だった。「連中は、何もかも持って行きやがった。われわれはすっからかんになってしまった」とジャックは語る。かてて加えて、ルービン一家の家はドイツ空軍《ルフトヴァッフェ》の砲火で焼け落ちてしまった。

ジャック兄弟は挫けなかった。彼らは直ちに、ポーランド語の単語からの意訳で言うと「策《マニピュ》をめぐらし《レイト》」始めた。「ロシア人は最初からわれわれに大して迷惑をかけなかった」と彼は断言する。奇妙なことに思えるかも知れないが、ロシア人は組織の厳密な運営ということができず、人々はそのわずかな間隙の中で多少とも監視を受けずに生活し続けることができた。この占領者たちは酒浸りだったことと、簡単に、子供みたいに賄賂が効いたこと――とりわけ腕時計には目がなかった――で知られていた。もっともその時計をいつでも読めたわけではなかったのだが。ズヴィシェクが耳にしたところでは、兵士の中には、それぞれの腕に時計を数個ずつ嵌めて、まるで見事な装飾品のように見せびらかす者もいた。

ジャック兄弟は禁制の食料品店を始めて、繁盛した。大麦と小麦粉と肉をビャウィストクに密輸して大儲けをし、二、三か月で新築の家を一軒建てた。ジャックは一時逮捕され、十二日間投獄されたが、再度「策をめぐらして」釈放を手にした。しかしそれ以来、密輸に携わるのは止めた。幸い、ロシア人と一緒に軍需品を生産する企業に勤めることになった。「連中はひどくおかしかったな」とジャックは、ロシア人の気まぐれなやり方に驚嘆して言う。あるとき、町のすぐ近くにたっぷりあったにもかかわらず、五〇キロ離れた場所から材木を運ぶように彼に命じた。それでは非常に金がかかることを指摘し、なぜそんなに遠くに行かせるのかと訊くと、上司は「そういうお達しだからだ」と答えた。ジャックはそれを一切無視して、材木をずっと家に近いところで入手した。結局はジャックは上司をいたく感心させ、スタハーノフ運動者――模範的労働者――の地位をもらった。ポーランド人の「作業班長」がシベリア送りになったとき、ジャックがその仕事を手にした。ジャックの上司は「ルービン同志、あなたが新しい作業班長だ」と言った。「でも私は何をすればよいか分かりませんが」とジャックは言ったが、どうやらそれはどうでもよいことだったようだ。そういうのがソビエト政権の不合理な慣行だった。それにもかかわらず、後になって分かったことだが、それはもっと後の、彼らの合理的な慣行よりはましなものだった。

私はジャックに、ポーランド人が彼や他のユダヤ人に腹を立てていたのは、その特権的な地位に対してだと思っていたかどうかを訊いてみる。またしても彼は「われわれの町には、憎しみはそんなに見られませんでした」と、最初の矛盾した二つの見方のひとつでもって答えた。

占領が長引くにつれて、ブランスクは次第に不安な静けさのようなものに包まれた。新たな教育コースと娯楽が組織された。ダンスパーティが、しばしば野外で、そのために組み立てられた舞台で催された。一九四一年六月二十一日の夜には、ダンスパーティは夜更けまで続いた。近くの森のパルチザン部隊に加わり、のちに自分の体験について回想録を書いたユゼフ・ブロイダは、このダンスパーティを叙情的なことばで回想している。当時彼はまだ十代で、その晩には、人生は可能性に満ちているように思われたし、まわりの人々の顔は輝き、喜びで溢れかえっているように見えた、と。

六月二十二日の早朝、ブランスクに砲弾の爆発音が轟きわたった。それは完全な混乱を引き起した。ソ連兵ですら混乱して、砲撃は自国軍の演習の一部だと考えたほどだった。実際には、それはヒトラーの裏切りを告げる轟きだった。ヒトラーは突然一八〇度方針を転換させ、不可侵条約を破ってソ連邦への攻撃を開始したのである。日没までには、ドイツ軍が再びブランスクに侵入して来た。今回は大きな戦闘はなかったが、森の中では二つの軍隊に挟まれた一般市民が虐殺された。また、逃亡するソ連兵たちはある家族を残忍な方法で殺し、女たちの乳房を切り取り、目を抉り出した。イレナ・ヤブウォノフスカの父はシベリア移送を待っていた四十人の中の一人だった。この人たちは直ちに殺害された。百人ほどのユダヤ人が、それが生き残るための最善の賭けであると分かって、ソビエト軍とともに逃走した。

六月二十五日、ナチスはその統治を、当時ソ連軍によって虐殺された家族の死骸を埋葬していた十人のポーランド人の殺害から開始した。再び権力の移行が起こった。ドイツ人が一組の自らの「代表」を任命したからであった。『イズコル書』では「有名なユダヤ人虐殺者」であるとされ、一方、ズブィシェクからは「公然たる反ユダヤ主義的な考え方の持ち主」と評されたヴワディスワフ・ドンブロフスキ（Władysław Dąbrowski）という名のポーランド人が町長に任命された。しかし間もなくある民族上のドイツ人《フォルクスドイチュ》に、つまりポーランド国籍のドイツ人に交替させられた。ナチスの駐屯部隊が町の中に配置された。一九四三年にはこの部隊はウクライナのファシスト集団が加わって増強された。

最初にポーランド人とユダヤ人の警察部隊が創設された。同時にドイツ人はユダヤ人住民に関するナチスのすべての指令の遂行を任務とするユダヤ人評議会《ユーデンラート》を設置した。たとえば、人々を強制労働班に割り振り、ドイツ人への報酬ならびに賄賂のための「税金」を徴集したのは他ならぬユダヤ人評議会だった。一面ではナチスは、ユダヤ人評議会を創設することによって占領地の古い習慣に従ったのであった。しかし今やこの行政機構はおよそ擁護できない選択をし、ナチスの悪魔的な要求を実行するように巧みに操られたのであった。

七月十二日、ドイツ人の支援を得て書かれてはいるが、新町長の署名がある命令がブランスクに貼り出され、町の全住民に対する夜間外出禁止令を設定し、十歳以上のすべてのユダヤ人に、腕に黄色の星あるいは円盤をつけるように命じていた。この屈辱のバッジの寸法と仕様は詳述されていた。牛の儀式屠殺は禁止された。

命令にはまた、すべての住民にかかわる次のような項目も含まれていた。たとえば、「他人に感染させる危険がある性病にかかっている者とこの病気について、あるいはそれを引き起こした事情について知っていて当然であった者は誰であれ、完治するまで医学的な管理下に留まる義務がある……完治するまでは、感染を引き起すかも知れない一切の接触が……禁止される」といった類いのものである。これらの命令の違反は厳しく罰せられることになっていた。さらに「もし接触を通して、ドイツ人が感染したならば、町のドイツ軍司令官は死刑を宣告しうる」ものとしていた。

ナチスのファナティシズムの独特のトーン――敵意のトーン、いやそれどころか憎悪のトーンだけですらなく、嫌悪のトーンが、そしてまた植民地化された住民を不快な者たちに思わせ、彼らを社会的ならい病者として描き出す冷酷な意図のトーンも感じ取れた。ナチスのイメージでは、ポーランド人とユダヤ人は性（行為）感染症にかかっているように思われた。彼らとの接触は穢れをもたらしてきた。また彼らが穢れていない健康な人種に迷惑をかけるのであれば、彼らの存在は抹殺されればよいだけのことであった。

しかしながら、ユダヤ人は普通の敬意と関心の境界のさらに遠くへ押しやられていった。一見些細な、しかし悪意に満ちた命令の中で、ユダヤ人はドイツ人に挨拶することを禁じられた。挨拶というのはそもそもある程度、人間は対等であることを前提としているが、ユダヤ人は人間以下の、注目に値しない存在であった。この屈辱の政策は時に創意に富んだ倒錯的なやり方で行われた。たとえばブランスクのユダヤ人の長老たちに、ソビエト支配下で建立されたレーニン像にきちんとした葬式を出すように命じた。純粋にユダヤ人を嘲りに晒すことを狙った趣向である。この種の命令とサディスティックで奇抜な趣向の対象は実際には想像上のユダヤ人であり、もはやその経済的な力が恐れられたり、その信仰が拒絶されたりする者ではなく、笑い者にされる者、人間以下の者、人間の本性の中の全面的に不快で嫌悪すべき部分なのであった。

ジャック・ルービンはユダヤ人評議会がユダヤ人男性の全員に熊手とシャベルと帚を持って市場に出向くよう初めて命令した時のことを覚えている。人びとは他の町から、ドイツ人のために働いていれば心配ないと伝え聞く。しかしその一方で命令は、労働の登録を怠れば死刑に処せられると告げていた。「こういうとき、人間、どうしていいかわかりません、突っ立ってぶるぶる震えているだけです」とジャックは言う。だがドイツ人は安心させるような口調になって言うのである。「われわれのために働けば大丈夫」

その時点ではまだ脅威のレベルを判断するのは困難だった。ジャックはワルシャワ近くのドイツ占領地域からそれ以前にブランスクに来たある少年を覚えている。少年は父親を亡くしたばかりで、淡々とした抑揚のない声で、ドイツ人によるぞっとするような残虐行為の話をした。ジャックは彼を信用しなかった。「あの子は泣かなかったのですよ」と思い出して言う。「物語でもするかのように話していました。私は、まったくもって恥ずかしいのですが、こんなふうに考えたのです。父親が昨日死んだばかりだと言うなら、どうして泣いていないのだろう」と。ジャックはのちに、涙が出なくなるような恐怖のレベルというものがあることを自ら知った。しかしあの時には少年の話を無視した。疑うまでもなく、そんな陰気で恐ろしい話は誰も信じたくなかったからだ。

ユダヤ人評議会は作業の選択とブランスクの近くのワプィ（Łapy）村にある最もきつい労働収容所に送る者を選ぶ厄介な任務を課せられていた。アルテル・トルスはナチス占領中シベリアにいたが、さまざまな出来事についての彼の見解では、いちばん割を食ったのはいつものように最も貧しい人たちであった。彼はのちに自分が収集した情報に基づいて執筆しながら、ユダヤ人評議会に対して批判的な立場をとっている。彼の考えでは、ナチスによって任命された組織はさらにもうひとつの権力形態でしかなかったし、かりに『イズコル書』の中に何らかの教訓があるとすれば、それは、権力は腐敗するという教訓である。トルスは、メンバーの一人、モシェ・ティコツキ（Mosze Tykocki）だけを、自分自身の生命を危険に晒すことを承知のうえでユダヤ人の逃亡者を引き渡したり、同胞のユダヤ人を密告したりすることを拒んだ人間として賞賛している。しかしたいていの場合、トルスはユダヤ人評議会を冷笑的なまでに自己の利益に奉仕する集団として描き出し、メンバーによるあらゆる種類の特権濫用を詳細に記述している。

ブランスク出身の他の生存者は、この不幸な機関の苦しい立場にもっと理解を示している。ジャック・ルービンは、あるユダヤ人評議会のメンバーがドイツ人の命令で革手袋や腕時計といった品目を集めに歩き回っていた時の、些末なものではあれ示唆に富んだ出来事を覚えている。ジャックの父は要求されたものはすべて厭わず渡した。しかしある隣人の女性が不公正に声高に抗議した。「どうして私の娘の時計なの？」と彼女は叫び続けた。「あなた自身の時計じゃなくて」と。

基本的には、ユダヤ人評議会はゼロサム・ゲームを余儀なくされたのであった。彼らには、ナチスの監視人を懐柔するためにその下劣な方策の道具となるか、それとも協力を止めて、もしかするとユダヤ人住民をより大きな危険に晒すことになるかの選択があった。のちに、次第に恐怖が増していったとき、大小の都市のユダヤ人評議会は要求されたユダヤ人の割り当て数をナチスに引き渡すことによって、せめて他の人たちを死に追いやらないことができればと思っていた。しかし、評議会のメンバーの中には、従順で言いなりになっていれば死を免れることができる、あるいはよりよい生活条件を保たさせてくれると信じる者もいた。どちらについてもユダヤ人評議会のメンバーだった人々は痛ましくも、悲劇的な間違いを犯したのであるが、前もって、それどころか破局の入り口にあってすら、そのことが分かっていなかったのである。

『イズコル書』はポーランド警察とユダヤ警察のどちらの警官に対しても容赦ない。アルテル・トルスによれば、ピェチュシャク（Pietrzak）という名のポーランド警察の署長は、「ユダヤ人女性を殴るのを楽しみにしていた」残忍な乱暴者だった。ズブィシェクはこの男の別の顔を描き出している。この男はついには持ち場を放棄し、ブランスクの森で農民部隊を編成したのだった。全体として、ポーランド警察の存在はズブィシェクにとっての泣き所だった。彼は、戦時中、実際に罪を犯したのは警察官のうちの二人だけだと信じていた。別の二人は地下抵抗運動の側のスパイとして警察に入り、他の者はレジスタンス活動に駆り出された。数人はのちにすさまじい任務に耐え切れずに逃げ出した。

アルテル・トルスはまた、ユダヤ警察が「最低の分子から徴募されていた」ことを懸命に証明しようとする。長官は「のっぽの」ヴァッセルとして知られたイツハク・ヴァッセル（Icchak Wasser）で、何人かの証言では、自分の雇い主と喜んで提携するつもりだった。彼はイディッシュ語よりはむしろドイツ語で話し出し、黄色の星を着けていない者を指し示すのに熱心だった。他のユダヤ警察のメンバーは賄賂を取り、ナチスの規則を守らなかった廉で人々を罰した。

しかし、個々の人格とは関係なく、町の社会構造がいびつになっていく様はおぞましく、またグロテスクなものであった。最低の人間たちに権力が与えられ、最悪のことをするように勇気づけられた。礼節が罰せられる一方、残虐さが寛大に扱われた。人間性、とりわけユダヤ人の人間性という考え自体が意図的、組織的に破壊されていった。ナチスのイメージ、語彙、行動の中でユダヤ人はなにか動物、もしくは物に近いものに姿を変えていった。ブランスクのポーランド人は（その点ではユダヤ人も同じだったが）判で押したような毎日の出来事の繰り返しから、ユダヤ人を殴ることは文句なしに容認されることが分かったのであった。

ブランスクのナチス司令部は最初「よいドイツ人」のシュトゥルマン（Sturman）中尉が率いていた。彼はどうやら賄賂には弱い人間だったようだが、それでもユダヤ人に対して、ピウスツキのニックネームの奇妙な影響でついた「おじいさん」というあだ名にふさわしい思いやりを示していた。この人の好意の程度を確かめることはできないが、確かなのは彼のような地位の人間でさえ、ナチスの基本方針を変更することも、それが意図した結果を防ぐこともできなかったということである。状況の構造はあまりにも強力に決定されていた。だがしばらくは、シュトゥルマンは最も残酷な手段は避けることができた。一九四一年の秋、ゲットー設置の命令が出されたとき、彼は設置される予定地内の区域をユダヤ人が選ぶことを許し、二つ目の「小ゲットー」を設置する計画を支持して、生活環境を少しでも堪え易いものにした。約二千四百人が二つのゲットーに追い立てられた。そこには近隣の村のユダヤ人も含まれていた。この区域内に住んでいたポーランド人は移住させせられた。

私はその様子を想像してみる。家財道具を荷車に積み込む家族、慌ただしいとまごい、家に鍵をかけるかどうか決めかねている一瞬を。このことをもっとも如実に示しているのは何の意味もない仕草だ。そして怯え、胸と神経の締めつけ、あらゆるものに未知の運命が迫っているという感覚。ゲットーへの旅は長くはかからなかったが、それは取り消すことのできないラインを跨ぐことでもあった。ユダヤ人は今や「向こう側」に、象徴的に言えば社会の、あるいは連帯の外側に置かれたのであった。それだけではない。街の中に貼り出されたポスターは、ユダヤ人を助けたり、彼らに食糧を持って行ったり、匿ったりすれば死刑だとポーランド人に警告していた。憐憫の行為は犯罪行為とされ、ほとんど手の届かないものになったのである。

ゲットーの中では過密状態が、高い疾病率と死亡率をもたらした。食糧は厳しい配給制だった。靴工場が操業を開始し、ユダヤ人は労働力を供給しなければならなかった。初めのうちはなおも一種、生活のごときもの、一種のコーピング〔心理学で環境のストレスに対して、単に受動的に反応するのでなく、能動的に対処・克服しようとする適応機構による行動〕のようなものが続いた。これはジャック・ルービンが冗談めかして、「ひとつの台所で料理している三人か四人の女と一緒だったら、どんなことになるか想像できるでしょう」と言った時期のことだった。正当な理由なしに収容者は家を離れてはならなかったとはいえ、ゲットーはまだ封鎖されてはいなかった。なおも物理的な障壁がなかったことが、密かに移動するのをかなり容易にしていた。ゲットーの内と外への密輸が花盛りだった。時には牛がまるごと持ち込まれ、しかるべく屠殺された。過越しの祭の前には密かに種いれぬパン《マツォー》が作られた。驚くべきことには、ポーランド人の家で靴職人や仕立屋、奉公人として働きながら丸々何日間もゲットーの外で過ごす者もいた。ゲットーの中では時には怒りが爆発し、暴動が起こることもあった。ユゼフ・ブロイダ（Józef Broida）は、嫌われ者の「のっぽのヴァッセル」が、黄色の印をつけずに歩きまわっていたという理由で彼の（兄）弟をさんざん殴りつけたというエピソードを記述しているが、ブロイダは他の若者らとともに、仕返しに、いきなりヴァッセルに襲いかかり、気が済むまでめった打ちにしたのであった。

　ブランスクからビャウィストクへの物資の不正取引はユダヤ人によってもポーランド人によっても行われた。ジャックはできるだけ長く密輸を続け、はるかに大きなビャウィストク・ゲットーに食糧を届けていた者の一人だった。それはきわめて危険なことだった。あるとき、ジャックとユゼフ・ブロイダをも含むポーランド人とユダヤ人の密輸業者を乗せていた二台の馬車が、ドイツ警察とポーランド警察の警官に停止させられたことがあった。ジャックがこのエピソードを感動的な劇的事件だったと記憶しているのは、結果としてたいしたことは何も起こらなかったからかも知れない。それはこんな具合だった。彼らを止めようとする「停まれ《ハルト》！」というドイツ人の怒鳴り声、キリスト教徒は片側にユダヤ人は反対側に並ぶようにという命令。ジャックはキリスト教徒の列に加わった。告げ口をする者はいなかった。そのあと、突然、大混乱の乱闘が始まり、そのあいだにブロイダとその相棒たちは警官たちを取り押さえた。格闘のあいだに、ジャックは逃げた。自分がどこにいるのか分からなかった。数分後、気がついてみると、いくつかの建物の近くで一人のドイツ兵とばったり顔を合わせていた。「ここで何をしておる?」とドイツ人が尋ねると、彼は「私は警備員です」と落ち着き払って答えた。この時も彼は無事に逃げおおせたのであった。

一九四二年の夏、二つのゲットーは一つの区域に統合され、ゲットーの主要部には一二フィート〔約三・六六メートル〕の高さの塀が巡らされた。シュトゥルマン中尉は解任された。自分の義務を十分な熱意を持って果たさなかったためであろう。後任になったのはバルヴィンスキ（Barwiński）という名の民族上のドイツ人《フォルクスドイチュ》で、そのあとはどうやら職務の遂行に必要な熱心さと気性を持っていたらしいG・シュミットなにがしであった。

ゲットー封鎖にはひとつ、一時的に肯定的な副作用があった。人々が今やゲットーの通りを自由に歩き回り、考えや情報や悲しみを交換し合えたことであった。時には噂と区別するのが難しかった情報は暗いものだった。人々が人狩りと移送について聞き知ったのは他の町からだった。トレブリンカ建設については聞いていたが、何のためのものかはまだ定かではなかった。

しかしまだ一種、生活のごときものが続いていたし、非合法活動の余地が存在していた。『イズコル書』によれば、キリスト教徒がどうにかゲットーに出入りしていたし、その中にはゲットー内のユダヤ人の職人のもとで働いている者さえいた。食糧をお金に換え続ける者もいた。しかし最悪の事態の予感は強まっていったに違いなかった。宗教的感情と宗教儀礼が強まっていった。ハシドは自らの祈りの家で祈り、他の人たちは「自由思想」から神に移った。

私はこの様子を想像してみる。背の低い小さな家にびっしりと覆われた、ほとんど小村落と言っていいぐらいの町の一画。今は第二ゲットーの収容者が越してきた時に建てられたさらに小さな粗末なバラックが点在する。何もかもがおそろしく小さく、おそろしくむきだしで、おそろしく透け透けだ。日が暮れると、この悲惨な場所のあらゆる動静を監視するためにサーチライトを照らした哨兵たちの寝ずの番から身を隠し、逃れることができるという望みを誰がいったいどのようにして持つことができたであろうか。

一九四二年十一月一日の夜、ひとつの警告がビャウィストクから届いた。それはブランスク・ゲットーが、翌日撤収される予定だというものであった。絶望と大きな混乱があとに続いた。作戦行動が実施に移される前に逃げ出そうとする者もいれば、こうした事態に備えてゲットー内に作られた隠れ家に向かって走っていく者もいた。

十一月二日の明け方、人間狩りが始まった。ドイツ人は他の町でやったのと同じように、支援のためにリトアニア人とウクライナ人の護衛兵からなる特別部隊を参加させた。ポーランド人はこの残酷な措置への参加を強制されなかった。ポーランド人はあまりに反ドイツ的とみなされたか、あるいはあまりに手に負えない者たちとみなされたか、あるいはこの仕事向きの気骨に欠けると思われたのかも知れない。ゲットーのまわりを不吉な哨兵線が取り囲んでいたにもかかわらず、多くの人々が塀を乗り越えたか、地下に掘った抜け穴を伝って逃げた。そのうちの何人かは外に出る前に傷を負うか殺されるかした。数百人が近くの森に逃げ込むか、農家に隠れ場所を探し求めた。隠れ家を見出したのはごくわずかな者のみであった。他の人たちは殺戮の雰囲気によって、あるいはユダヤ人を手助けすれば死刑に処せられるという――拡声器でしきりに繰り返される――脅しに怯えたポーランド人によって追い払われた。それに続く数日間に、多くの人が他になすすべを知らず、ゲットーに戻った。

十一月六日、ゲシュタポがゲットーの中心に集合するようにと命じた。その時点で人々は何が自分たちを待ち受けているか分かっていた。彼らは別れの挨拶を交わした。家を出る前にカディッシュ

〔アラム語の「聖者」を意味する、祭儀の各部分の終わりに、あるいは親族の死のあとに、あるいはその逝去記念日にハザン〈カントル〉によって唱えられる祈り〕を唱える者もいれば、迫害者のためにあとになにも残すまいと財産を破壊する者もいた。『イズコル書』は、ユダヤ人が他の人たちを見捨てたくないために、ポーランド人が提案した支援を断った事例をいくつか記録している。あるケースでは、「あるキリスト教徒の靴屋」がユダヤ人の友人のために隠れ家を用意した。しかしこのユダヤ人は土壇場で、家族と運命を分かち合うために歩いてゲットーに戻った。

ドイツ人が、町からユダヤ人を搬出することになっていた五百台の貨車に彼らを追い立て始めたとき、共同体のラビ、イツハク・ザアヴ・ツケルマンは、何世代ものユダヤ人を見て来たブランスクに、そして目の前の人々に向かって別れの挨拶をした。この時に彼が語ったことが人々の記憶に残っている。「これは天国で下された判決なのだ。われわれは死ななくてはならない。しかし、生き残った者がわれわれの苦しみを他の人たちに語ってくれるものと思っている」と。これは『イズコル書』ならびに他の証言が果たした道徳的命令である。

次の三日間に二千人がビェルスクに、そしてその後トレブリンカに運ばれた。十一月十日、強制収容所に到着して数時間後に、全員がガス室で殺された。

ゲットー撤収の混乱の中でポーランド人住民からはさまざまな反応が見られた。あるポーランド人警察官のように、恐るべき残酷さの例もあった。彼はいわれなく三人のユダヤ人の子供を射殺した。ある者はユダヤ人をゲシュタポに引き渡した。オレクシン（Oleksin）村では、ユゼフ・アダムチュク（Józef Adamczuk）という名の村長が何人かの住民に、近くの森にいることが知られていたユダヤ人の捜索に加わるように強いた。彼は十四人の死因を作った（一九四八年にポーランドの裁判所は彼に終身刑を言い渡した。この判決はのちに十年に減刑された）。

しかし、方々に散在する物語や回想から判断できる限りでは、住民のあいだにまだ普通の共苦《コンパッション》の感情が残っていたことが分かる。『イズコル書』に記述された出来事には、一人のゲシュタポ警官がゲットーから逃げようとしていた何人かのユダヤ人を逮捕したとき、悲痛な哀訴の声に呼び寄せられた一群のポーランド人が警官のまわりに集まって来て、ユダヤ人の釈放を要求したことが書かれている。ポーランド人の罪の言いつくろいはめったにしないユゼフ・ブロイダが、ゲットーの中での虐殺の様子を話しながら涙を流していた一人のポーランド人のことを回想している。

続く数日間に「ブランスクにユダヤ人はいない《ユーデンフライ》」と告げる張り紙が貼り出された。それにもかかわらず、ナチスはその官僚的能力によって相当数の人がうまく彼らの網の目をかいくぐって逃れたことをはっきりと自覚していた。実数を突き止めるのは難しかった。ズブィシェクの推定では二百人から三五〇人の消息が不明だった。いずれにせよナチスは隠れたユダヤ人の捜索を告知した。このとき、一人のカトリック司祭が立派にも説教を行い、人々にこうした殺人行為には「手を染めない」ように呼びかけ、困っている人たちを助けなさいと命じたのであった。

引き続く数日間に、隠れていた人々の多くが捕えられた。主たる二件の逮捕と降伏の物語はことのほか痛ましいものだ。イザヤシュ・ツキェルがゲシュタポとともにビェルスクから戻って来て、彼らをいくつかの隠れ家に案内した。（彼は以前のユダヤ評議会のメンバーで、シャピロ一家のことを聞き出すために薬局に出かけた人間で、その奇妙な振る舞いはヤニナ・ヴォインスカに目撃されていた）。彼は全部で七十人の密告に対して責任があるが、その中にはどうやら、隠れた集団のひとつにこっそり食糧を運んでいたらしい二人のポーランド人も含まれていた。ツキェルの行動の動機は謎のままである。ヴォインスカは、自分が見たときには、彼は明らかに怯え、混乱していたと言って彼を擁護している。何人かのユダヤ人の生存者は、彼がビェルスクで拷問にかけられたか、あるいはユダヤ人は労働収容所に連れて行かれるだけだと単純に信じて行動していたのだと推測している。ゲシュタポに従うことで自分の命を救おうとしたのだと考える者もいる。手入れの次の日の朝、七十人の不運な人たちはユダヤ人墓地に連れて行かれ、そこで服を脱ぐように命じられ、そのあと銃殺された。『イズコル書』によれば、多くのポーランド人が大虐殺に立ち会うことを強いられた。

ゲットーの中にはもうひとつ大きな隠れ家が残っていた。中に三十人近くが詰め込まれた地下掩蔽壕である。それは、一人の女性が料理中に不注意にも火事を出した時に破壊された。人々が燃え上がる閉鎖空間から外に出て逃げようとしたとき、地元ではマルティーンと呼ばれていた軍人が指揮をとっていたナチスによって射殺された。そのうちの二十三人が殺され、キリスト教徒たちによってユダヤ人墓地に埋葬された。

ブランスク・ゲットーとユダヤ人共同体の終焉はかくのごときものであった。それからあとは生き残りたち、森の中とポーランド人の家に散らばったごくわずかな人間しかいなかった。彼らには生き残る道は孤独な創意に賭けるか、それとも同じような危険に晒された他の人々と協力するように試みるかの二つしかなかった。

ジャック・ルービンは孤独な道を選んだ。ゲットー解体の前夜、ある知り合いのポーランド人が彼の家の窓を叩き、これから起こるはずのことを警告した。それはまだ比較的容易に逃げることができたぎりぎりの瞬間だった。ジャックは家族とともに、かつて父のガチョウの家業のために働いていた農夫の家に向かった。そこに着いた時にはもう次にどうするかを考えなければならなかった。ジャックの父は彼に何が起こると思うかと訊いた。ジャックはきわめてまずい事態になっている、自分は森に隠れるつもりだと答えた。両親はそれには自分たちは歳を取り過ぎているので、自発的にゲットーに戻ることに決めた。母親は、それなら残ったお金をジャックにやると言った。自分たちにはもう必要ないから、と。ジャックはどうしても受け取る気になれなかった。これは間違いの警報かも知れないし、もしかすると悪いことは何も起こらないかも知れないと説得を試みた。しかしそれは、彼が両親を目にした最後だった。彼は、六十四年が経った今、この時のことを思い出して泣く。あの時には、そのための時間も場所もなかったのである。

ただただ、生き残ることが急務だった。翌日ジャックは、他の数人とともに、信頼していた農夫の家にいた兄と落ち合った。コズウォフスキという名のこの男は、のちに彼らに対してほとんど自己犠牲的な雅量を示したが、この時には怯えきっていた。ブランスクは険悪な空気に包まれていた。ゲットーは有刺鉄線で要塞化され、サーチライトで照らされていた。いたるところに大きな犬を連れたドイツ人とリトアニア人とウクライナ人の歩哨が見かけられた。そこでコズウォフスキは逃亡者全員に食事をとらせたあと、自分の家を出て行くように求めた。さもないと全員が発見され、殺害されるだろうと彼は確信していた。

ジャック兄弟と他の親類たちは数週間森の中で過ごし、やはりこの原始的な避難場所に身を隠した他のユダヤ人と出会った。夕闇が落ちたあと、彼らはブランスクに忍び込み、百姓たちに食べ物と納屋か馬小屋に一晩匿ってくれるように頼んだ。彼らは幸運だった。発見されることもなければ、裏切られることもなかったからだ。とはいえ田舎はひどく危険になりつつあった。ユダヤ人狩りはまだ続いていた。油断怠りないドイツ人とその仲間だけでなく、彼らが追跡から逃れるのを困難にするために密告するのを厭わないポーランド人にも不足しなかった。ブランスクの近くの森では、地面に掘った穴に隠れていたユダヤ人の集団を誰かが発見し、ドイツ人に通報した。うまく逃げおおせた者も少しはいたが、ほとんどの者はその場で殺された。

『イズコル書』にはこうした記述がさらにたくさんある。気にせずに済ますにはあまりに多い。密告者がどのような動機でそうしたのか、あるいは密告者が何人いたのかはもはや知ることができない。しかしユダヤ人に測り知れない打撃を加えるにはわずかな数でも十分だったろう。ドイツ人との協力に失敗するのを恐れた者もいたかも知れない。また、ユダヤ人が持ち合わせていると信じていた金《きん》を狙っていたか、あるいはささやかな褒美——ユダヤ人を一人ゲシュタポに連れて来たら五〇〇グラムの砂糖！——をもらおうとしたことは疑いない。そしてまた相変わらずユダヤ人と共産主義者とが手のつけられないほど複雑にからみ合っていた、そしてまたユダヤ人を殺すのは政治的な復讐だと見なしていた者たちもいた。ユダヤ人に拷問を加えることを楽しんだ、その残酷なことで名高いルィチュ（Rycz）兄弟は、アルテル・トルスの兄を殺そうとした際、「ユダヤ人も共産主義者も一人としてわれわれの手から生きて逃れることはない！」と叫んだと伝えられる。ブランスクの住民は喉を引き裂かれて川に浮かぶユダヤ人の死体と血に染まった水を長いあいだ記憶していた。ナチスに鼓舞されて残虐さは常態化していった。ユダヤ人の生命の価値が下がるにつれ、ユダヤ人の男女が狩り立てられた獣に還元されるにつれて、何人かのポーランド人が自らを侵略者と同一視し、彼ら自身と犠牲者との感情的距離を広げ、ユダヤ人の生命を人間以外の生きものを殺すかのように平然と、ただ同然で売り渡すことがいっそう容易になっていったのである。

また、あるポーランド人たちにとっては、恐るべき転移攻撃の要素――現実の到達不可能な標的からさらに無防備な標的へと逸らされた憤怒であったのかもしれない。ドイツ人に対して武装行動に出る試みは大量虐殺で逆襲された。一九四二年にはブランスクに近いライスク（Rajsk）村が四人のドイツ人殺害に対する報復として、徹底的に焼き払われ、一四〇人の住民が全員殺害された。一九四三年にはコシェヴォ（Koszewo）村が同じ運命に見舞われ、二百人の住民が虐殺された。パルチザンを支援しようとしたときのことだった。その年の九月にはレジスタンスの部隊がブランスクのドイツ軍司令官を射殺したとき、どうやら誰かが地元住民のためにとりなしたようだったが、ドイツ軍はその代わりとしてビャウィストク刑務所で一一八人を殺害した。

ジャックはすべての危難を巧みに回避し続けた。彼の生きる意欲には大きなものがあったし、最悪の事態は数週間もすれば終わっているはずだと考えていた。当時を振り返りながら彼は、もし隠れていた者たちが、戦争がどれほど長く続くことになるか分かっていたら、生き延びようとする決意が萎え、すっかり諦めていたかも知れないとしみじみ思う。ジャックは諦めなかったし、しばらくするとコズウォフスキが、三人のユダヤ人に――ジャック兄弟とその友人に――自分の馬小屋に留まることを許した。しかしながら、そこにジャックの義姉とさらに友人のガールフレンドが加わった時には、コズウォフスキは気が気でなかった。女は一切駄目だ、と彼は言い張った。ジャックは彼の意に沿うふりをした。しかし、女たちはコズウォフスキには無断で馬小屋に留まった。

数日のうちに危機が訪れた。ジャックはそれを細部にわたって記憶している。ジャックの義姉は九か月になる乳児を、世話を約束してくれたあるポーランド人の家に預けていたが、今ではその子供をコズウォフスキの馬小屋に呼び寄せたいと思うようになった。それは恐ろしい、悲劇的な選択の一瞬だった。ジャックは「その子が来たら、われわれは全員死ぬぞ」と告げた。子供がいなければ、生き残るチャンスがあった。哀れな母親はジャックに向かって金切り声で、あんたは悪党だ、人殺しだと叫んだ。ようやく彼女が折れ、馬小屋の集団は彼らが信用していた別のポーランド人の仲介者を――子供の暮らし向きを調べるために送ることに決めた。この仲介者は戻って来ると、子供はよくしてもらっていると母親に告げて安心させた。この使者は数日ごとに、一時的な保護者へのささやかな心付けを携えて子供を見に出かけた。

そうこうするうちに馬小屋はひどい状態になっていった。ジャックのグループは薄汚く、しらみだらけで、皮膚損傷のせいで出血していた。遠い親戚が会いに来たとき、彼らの様子を見てショックを受け、より楽に冬を乗りきれるに違いない大きなビャウィストク・ゲットーに行くように提案した。ジャックの言うところの「作戦行動《アクツィオン》」がちょうど行われたばかりで、一万人が移送させられた。ということはしばらくはそこは平穏なはずだった。ジャックはこの話をしながら、こうした考察の持つ恐ろしさについて、立ち止まって考えてみようとはしない。あの当時は立ち止まって死について思いめぐらしたりしなかった。生き残るための退避所《ニッチ》を見つけなければならなかったのである。

ジャックと他の人たちはビャウィストクがよりましな選択肢であることに同意し、出発の準備に取りかかった。彼らは赤ん坊を連れて行くことに同意した。その子を引き取りに行くと、かの農夫はドイツ人が家に現われた時に、パニックに陥って、赤ん坊を誰かよその人の家の戸口の段の上に捨ててきたことが分かった。子供は、その存在が今ではドイツ人に知られてはいたが、元気なことが再度確認された。そこでグループは危険を伴う計画を立てた。ジャックの義姉が、今子供を預かっている家の中に入り、その子をかっさらい、若干の金を床に置き、待機している橇のもとに駆けつける手はずになっていた。彼女はこの計画を完璧にやってのけた。「しかもあれはどこかのピストルを持ったギャングなどじゃなかった」とジャックは感嘆して言う。「母親だっただけだ。子を取り戻そうと戦った母親だったんだ」

母親も子供も長生きできるはずもなかった。ビャウィストクのゲットーに向かった十四人のうち、目的地にたどり着いたのはジャックのみであった。氷点下の天候のなか、橇で行く途中、通りすがりの人が、彼らが入ろうとしている村は労働収容所に送るための男性を探すドイツ人で溢れ返っていると警告してくれた。他の道を知らなかったから、ジャックのグループは別のポーランド人に道順をたずねた。このポーランド人は道を教えてくれたが、二時間ぐらい後、暗闇の中で休憩をとり、食事にしようと足を止めたとき、近づいて来る橇の音が聞こえた。そのあとはもはや一瞬の出来事だった。ジャックは二頭の馬が橇を引いていることに気づくやいなや、反射的にドイツ人だと悟った。彼は引き返し、走った。事実上彼と肩を接して立っていた兄は彼について来なかった。他の人たちも誰もついて来なかった。ジャックはやみくもに先に先にと走りながら、機関銃の銃声を耳にした。次の日か二日後、ビャウィストクへの路上で十三人が殺されたと話しているのを耳にした。ジャックは道で出会ったあのポーランド人がばらしたのだと確信している。

これは物語の中で、ジャックが顔を歪め、涙をこらえて話を中断せざるをえない個所のひとつだ。「今でも兄に警告しなかった自分を許すことができないんです」。口にされるのはこんな言葉だ。「森では絶対に泣きませんでした。私は他の人が泣くと、われわれの家族が殺されたから泣くべきなのではなくて、われわれがまだ生きているから泣くべきなのだ、と言っていたものです」。しかし実際には、彼は生きたいと強く思っていた。その銃撃があった晩、彼は走った、そしてそのあと何十キロも歩いた。彼は躓いて凍った川に落ちた。そのあとは、歩き続けるには疲れ過ぎていた。誰かに助けを求めなければならなかった。だが誰に？　どの家を選べばよいかどうして知ることができよう。不思議なことに、追われている者にとって、貧しそうな家の方が安全だというのが経験則だった。ジャックは村落から離れたところに立っている一軒の家を選んで戸を叩いた。短い言葉のやりとりのあと、男は妻と相談するために家の中に戻り、そのあと彼に中に入れと言った。ジャックに食べ物を与え、一晩泊まらせてくれた。朝、ジャックは主人にいくらかの金を差し出し、男は彼をビャウィストクまでずっと案内してくれた――危険が近づいたときには合図できるように先に立って歩いて行った。

男はジャックをビャウィストクの町はずれに残して去った。今やジャックは自分以外に頼るものはなかった。彼の話の中に気の滅入るような孤独感が入り込む。ジャックはどうにかうまくビャウィストク・ゲットーに潜り込み、またしてもその才能を金儲けの「策をめぐらす」ために使いながら、数か月をそこで過ごした。ゲシュタポの手入れの合間には現実離れした見せかけの平常が続いた。労働のために何人かのポーランド人がゲットーに連れてこられた。一方、ユダヤ人は毎朝、ゲットーの外での労働に連れ出された。かてて加えて、ビャウィストクからワルシャワ・ゲットーへ品物を密輸する地下護送団もあった。ジャックはこの活動に加わろうと試みたが、銃を突きつけて追い払われた。ゲットーには武器を持っている者がいたが、それはのちに蜂起の中で用いられた。

ジャックは、他の約七十人と一緒に、ある建物の四階の隠し部屋に隠れて「作戦行動」を生き延びた。そこでは集団が一か所に固まって、人間狩りの恐ろしい物音にこわごわ耳をそばだてながら座っていた。どこか暗闇の中で赤ん坊が次第に落ち着きを失くし、むずかり出した。泣き声が危険すぎるまでになったとき、赤ん坊は母親の手から取り上げられ、隠れ家の別の端に連れて行かれた。まもなく泣き声がやみ、母親は子どもが絞め殺されたと悟った。集団がようやく隠れ家から出られたとき、ジャックは外に運び出すようにと小さな死体を手渡された。まるで木片のようだったのを覚えている。

ゲットーは次第に無人化していった。ゲットーを離れる潮時だった。ジャックはそのときに備えてベン（Ben）という名の相棒を見つけていた。最悪なのはまったくの一人ぼっちになるということなのは、誰もが分かっていた。ジャックは生き残りのためのパートナーとしては魅力的だった。屈強で機知に富んでいたし、すでにしばらく森の中で過ごしていたからだった。ジャックとベンはどんなことが起こっても一緒にいて、助け合おうと、約束を握手でもって確かめ合った。

ブランスクに戻ったあと、ジャックは以前彼を匿ってくれた農夫のコズウォフスキのもとにもう一度戻る決心をした。コズウォフスキは訝し気だったが、ジャックとの再会に胸を打たれた。ジャックはビャウィストクへ行く途中で他の人たちと一緒に死んだものと思っていたからである。彼はためらうことなくジャックとベンを匿う決心をし、その後すぐに、比較的安全な——少なくともブランスク近郊の平坦な田園地帯の中ではおそらくとても安全だったに違いない——隠れ場所を作っていた馬小屋に、さらに隠し部屋を増築した。ジャックと友人は、戦争の残りの数か月をそこで過ごした。冬はそこはひどく寒かった。夏になると息苦しい空間の屋根に太陽が照りつけて、耐え難いほど暑かった。だが彼らは安全だったし、彼らのためを思ってくれる人たちに守られていた。

ジャックはコズウォフスキのことを「天使」「紳士」と呼び、礼節の人で、また思いやりの人だったと言う。農夫はジャックとベンの命を救っただけでなく、彼らの苛酷な運命を、できるだけ和らげようとしてくれた。いつもよりも安全だと思え始めた時には、家族と一緒に食事をするように彼らを家に招き入れた。気がかりな知らせが耳に入った時には、彼らが食事を終えたあとで伝えた。新聞も届けてやった。ある時、ドイツ人が近くにやって来た時には、彼はひどく神経質になった——ジャックにはそれが分かった。なぜなら麦藁で歯をほじくり始めたからだ。コズウォフスキは二人の男が一時的にそこを離れるべきだと思っていると告げたが、この考えを思い止まらせたのは、まだ十代の彼の息子だった。コズウォフスキの見地からすると、彼の行動はどれも最も大きなリスクを伴うものだった。ブランスクのある老婆がユダヤ人を匿ったためにナチスに殺されたことを人々は知っていた。別のポーランド人一家は、ドイツ人に家を焼き払われたとき、危うく死を免れ、その後、戦争が終わるまで隠れていた。さらに別の人はごくわずかな支援をしたために強制収容所に送られた。さらに別の人々が労働収容所に送られた。そのうちの一人は、幼いユダヤ人の少年が無断で彼の畑にうずくまっているのが見つかった時に罰せられた人だった。地元の住民にとって最もショッキングだった出来

1943年，封鎖されたブランスク・ゲットー跡にナチスが建てた強制労働収容所．中央が「しゃれ者」という綽名の親衛隊将校で，のちにパルチザン部隊によって暗殺された．

事のひとつは、国内軍（ＡＫ）のメンバーだったヘンルィク・オピャトフスキという名の司祭が、一九四三年七月にユダヤ人と労働収容所から脱走したソ連軍の捕虜を助けたために処刑されたことかもしれない。コズゥォフスキや他の彼と同じような人たちは、彼らが自分の生命だけでなく、家族の生命も危険に晒していることを知っていた。

しかしながら、ついには、二人の逃亡者がそこに留まるのはあまりにも危険な状態になった。ドイツ人はソ連邦から退却しつつあり、前線が再びブランスクに近づいていた。いたるところで小競り合いや火災が発生した。コズゥォフスキの馬小屋はそのど真ん中に位置しかねなかった。ジャックと友人は歩いて町外れの沼に行った。そこで木の枝で、厄介な水の上にかろうじて彼らを保つ井桁のようなものを作った。ドイツ人が金切り声で叫んでいるのが聞こえた。「連中の喚きようったらなかったな！」とジャックは回想する。ある晩、遠くで不気味な動きをする戦車を目にした。激しい撃ち合いが始まった。そのあとは、「しんと静まり返り、何の物音も聞こえなかった」。彼らの方にやって来る護衛隊が見え、一心に会話の声に耳を凝らした。ようやく聞き取れた。ロシア語だった。二人は手を上げて沼から出た。「同志たち《タヴァーリシ》、俺たちはユダヤ人だ《ムィ・イェヴレイ》」とジャックがロシア語で言った。目の前に立っていた「同志《タヴァーリシュ》」は安心するようにと言い、タバコを振る舞った。アメリカ製のタバコだった！

それは一九四四年八月一日のことで、彼らは自由の身だった。二人は真っ昼間、幹線道路を通って、彼らの隠れ家だった場所に戻った。コズウォフスキは彼らを出迎えると、ジャックの方に歩いて行った。「いやあ、ヤンキェルさん」と両手を広げて見せながら言った。「生き延びましたね」。ジャックが取り乱し、泣き出したのはその時だった。

＊＊＊

ジャック・ルービンが二十一か月に及ぶ身の毛のよだつような旅を続けているあいだに、一群のユダヤ人は違った方法で生き残りを試みていた。森の中で最強の敵に立ち向かう自衛団を編成したのである。このパルチザン活動に関する二つの記録、『イズコル書』とユゼフ・ブロイダの回想録『ブランスクの森にて』は、細部のどこを取ってみても、合致しない。回想録は初め、口述の懐旧談をもとに書き起こされたが、ブランスクの生存者たちはこの英雄的で手に汗握るような話には多くの誇張と自画自賛の要素が含まれていることを認めている。しかし、出来事の輪郭ははっきりと識別できるし、それらの短縮版の中でさえ実に興味深いものになっている。

武装抵抗という考えはどうやら、十七歳のヘルシェル・ルービン（Herszel Rubin）（ジャックとの血縁関係はない）が、おそらくは隠れ共産党員であったドイツ軍人から武器を買い始めた時にゲットーの中で生まれたもののようである。ゲットーから脱出したあとヘルシェルは妹のドラ（Dora）とともに森に身を潜めた。そこでユゼフ・ブロイダを含む別の数人が合流した。最初、小集団にとっての最大の危険は思いがけないところからやって来た。ソ連軍の脱獄囚集団であった。彼らもまた森の中で戦争を生き延びようとして、彼らの領域にユダヤ人逃亡者が入り込むのを防ごうとしていた。ユダヤ人集団は敵対するロシア人を攻撃すべきか、それとも彼らと共同戦線を張るように説得すべきか考えあぐねていた。彼らは後者の道を選択し、ユダヤ人が自衛の意志と能力を証明するにつれて、この二つの小集団は次第に協力して行動し始めた。

驚かされるのは、ユダヤ人集団の中で扇動者と主役の役割を務めていたのはほとんどの場合、ごく年端の行かない者たちだったことである。もちろん大きな肉体的負担を必要とする任務であることを考えれば、ある程度は無理からぬことだった。とはいえ、アルテル・トルスでさえその当時、若者たちが実に見事な機転を利かせて行動したのを目にしている。政治的思考と直接行動主義の中で鍛えられた若い世代はこの恐ろしい状況をはるかに容易に集団的に考えることができたのかもしれないし、また、戦闘の部類の主導権さえとる準備がはるかによくできていたのかも知れない。そもそもヘルシェルとドラはユダヤ人グループの広く認められた指導者であった。ブロイダの回想によれば、彼らはたとえば、ドイツの悪名高いゲシュタポの犬の訓練センターに対する攻撃計画のようないくつかのき

ブランスク近郊の森の中のユダヤ人パルチザンたち.
1943年の撮影と思われる.

わめて危険な戦闘を企てた。『イズコル書』とユゼフ・ブロイダは英雄的な死はそのためではないかと考える。だがこれは、悲しいかな、真実ではない。森で過ごしたあと、彼らはある農民の家に潜伏することを選び、一九四三年の夏、ドイツ人に発見された。ヘルシェルは撃とうとしたようだが、ピストルが詰まってしまった。ヘルシェルとドラは二人とも殺害された。『イズコル書』は、キリスト教徒の村人たちが兄と妹を「彼らの記念に大いなる敬意を込めて」埋葬したと述べている。

森のパルチザンは機能し続けた。それどころか、ゲットー撤収後のビャウィストクから、さらにはトレブリンカへの移送列車から逃げ出した人たちも加わって拡大し続けた。一九四三年からはこのようにして生き延びようとするユダヤ人は八十人を超えていた。彼らは武器が使えない人たちを守る「家族陣地」ならびに「防衛陣地」とから成る部隊を組織していた。武器は、彼らの苦境に同情していた学校教師たちと一人の司祭をはじめとする「聡明なポーランド人たち」が補給してくれた。さらに、ユダヤ人が今や正式に協力していたロシア人集団がいた。ロシア人のより豊かな戦闘経験を尊重して、部隊全体がロシア人の指揮下に置かれた。

ユダヤ人戦闘員による、またユダヤ人戦闘員についてのすべての証言の中に一貫している要素は、甚大な人的損害にもかかわらず、武器を手に入れ、使い方を身につけるやいなや、彼らの士気が高まったことである。武器は、もちろん、文字どおり彼らが自分を守ることを可能にしたが、しかし屈辱感と無力感、もっぱら犠牲者になるという意識も和らげてくれたのである。ユダヤ人集団は次第に掩蔽壕を出て地上で暮らすに足る自信をつけていった。武器を持ったことで飢餓はあまり問題でなくなった。さまざまな条件を考えて、食糧の入手法にはうるさくこだわらなかった。農民の倉庫を急襲して略奪するか、銃を突き付けて「徴発」した。また自発的に彼らに食糧を届けてやろうとしていたポーランド人とも接触があった。略奪はのちの報復行為の原因となったが、記述は、交渉の場にやって来たユダヤ人が武装していることが分かってからは、ポーランド人は彼らにより大きな敬意を示すようになったことを強調している。

この部隊には交戦能力があった。一九四三年十二月に、残忍なことで名高いシュマンスキなる男が指揮するドイツ人とウクライナ人のグループが森の野営陣地を攻撃した。シュマンスキはパルチザンのロシア人司令揮官によって殺害され、ドイツ人は撤退した。部隊のメンバーは二度にわたって、反ユダヤ的な残虐行為で知られていたポーランド人に死刑を執行した。いずれの事例においても軍隊儀礼の原則が遵守された。銃殺の前に証人の前で判決が読み上げられ、周囲の村には何があったのかを知らせる告示が貼り出された。こうした光景は不快なものではあったが、ユゼフ・ブロイダの回想録と『イズコル書』の中の記述にはもっともなことであるが、安堵と誇らしさの感情が満ち溢れている。

一九四四年初めには、森に入り込み、装備と落下傘兵と戦闘技術を持ち込んだソ連の正規軍部隊がブランスクのパルチザン集団に接触してきた。森に囲まれた雑多な逃亡者の集団が組織されたパルチザン部隊に姿を変え、ソ連軍の指揮下に置かれた。四部隊があり、ブランスクの部隊はジューコフ・グループと名づけられた。パルチザンには任務が割り当てられた。電話線を切断し、ドイツの食糧貯蔵庫を襲撃し、戦略的に重要な橋を破壊するというものだった。村の中のどんな怪しい動きも通報させるためにポーランド人を入隊させ、負傷者の治療のためにポーランド人の医師を一人、森に連れて来た。ポーランド人は彼らにスパイの存在についても通報し、スパイは処刑された。のちに一人のロシア人女性が取り調べを受け、彼女もスパイ容疑で銃殺された。一九四四年五月には、森がドイツ人とウクライナ人の歩兵大隊によって包囲された。パルチザンはこの部隊を最小限の損失で撃退した。

ユダヤ人の話の中に繰り返し現われるもうひとつのテーマはアカ（ＡＫ）として知られる国内軍（Armia Krajowa）がパルチザンにとって脅威となっていたことである。国内軍は、ライバル関係にあった共産党の地下組織を除けば、ポーランドの主たるレジスタンス勢力であった。ポーランドのレジスタンス運動は国民のすべての階層に及んだ。その割合はすべての被占領国の中で最大であった。ブランスクでは国内軍部隊は軍事作戦行動をそれほど行わなかった。民間人に対する報復を恐れたためであった。国内軍は主に諜報活動と将来の大規模な衝突に備えた武器の集積に取り組んでいた。『イズコル書』は国内軍のメンバーと思われていた者たちがユダヤ人を襲撃したり、あるいは殺害したりしたいくつかの事件について苦々しげに言及している。ズブィシェクは自ら実施した調査をもとに、こうした主張をやっきになって否定する。彼はそうした暴力行為は国内軍を盾に取った強盗によるものだと考えている。彼は、国内軍から銃を盗み、それを「汚い仕事」のために用いた二人を国内軍が処刑したことを指摘する。国内軍が直接関係した時には、ズブィシェクの考えでは、それは別の理由からだった。食糧調達のための襲撃に際しての乱暴な振る舞いへの報復として、国内軍が八人のソ連人と四人のユダヤ人から成るグループを攻撃したエピソードを引き合いに出す。この小競り合いでユダヤ人が一人死亡し、ロシア人が二人負傷した。ズブィシェクはまた、隠れ家が発見されたかドイツ人に通報されたかしたときに、国内軍のメンバーがユダヤ人に警告して助けようとしたことに言及している。

ポーランドでの国内軍とユダヤ人の関係は全体として複雑なものであったし、今日なお痛ましいほど異論のある問題であり続けている。ユダヤ人は国内軍を、自国民の最も残酷に迫害された部分を助けるためにそれほどのことはしなかった、ほとんど何もしなかったことを非難する。ポーランド人は、国内軍は自分のことだけで精一杯だった、きわめて脆弱な陣地から、不十分な資金と武器で、西ヨーロッパからの支援もほとんど受けられずに、ポーランドの生き残りのために戦っていたのだと言い返す。同時に、国内軍を弁護するために、国内軍はユダヤ人の運命に完全に無関心なままだったわけではないことがしばしば指摘されてきた。大都市では国内軍の細胞は、ユダヤ人が非ユダヤ人として通るのを可能にする偽造身分証明書を配布した。レジスタンス運動は政策として密告者を強く非難しており、国内軍のいくつかの左派の部隊はユダヤ人を密告したことが知られていたポーランド人を処刑すらしたほどである。疑いもなくこの組織の最も誇るに足る功績のひとつは、一九四二年にユダヤ人支援評議会（Rada Pomocy Żydom ジェゴタ Żegota として知られる）を創設したことである。これはユダヤ人がゲットーから逃げ出し、アーリア人側に身を隠すのを手助けしたカトリック教徒とユダヤ人とから成る組織である。一九四三年四月にワルシャワ・ゲットー蜂起が勃発したとき、国内軍は公然と、ゲットーの中で戦う人々との連帯を宣言した。一方、ゲットーの闘士たちは、声明文と支援要請文の中で「あなた方の自由と私たちの自由のために」というポーランドの地下抵抗運動の古くからのロマン主義的なスローガンを用いた。しかしながら最近、いくつかのユダヤ人殺害はおそらく極右グループに所属していた国内軍メンバーによるものであったことが明らかになった。

東部国境地帯ではポーランド人とユダヤ人の関係の政治学は、ソ連邦への近さのゆえに、より複雑であり続けた。活発な戦闘行為は一九四一年、スターリンがドイツに対抗してポーランドと同盟を結んだときに中断されたとはいえ、民族主義者のレジスタンスはその後も、ソ連人と共産党の地下組織に対して油断ない疑いの目で見ることを決して止めなかった。戦争末期には、ロシアの前線がブランスクに近づいて来たとき、森の中でソ連軍司令部と国内軍の会合が開かれた。ソ連人は武器を引き渡して降伏することを要求し、国内軍は拒否した。一九四四年八月二日、赤軍がブランスクを解放した次の日、ソ連は権力掌握を試みたが、失敗に終わった。

戦争のこの段階では、ポーランド人にはソ連に対して、新たな抑えがたい激しい怒りを抱く理由があった。ブランスクの人々はワルシャワでの出来事をよく知っていたに違いなかった。八月一日、国内軍はそこで、ナチスに対する最後の抵抗たる蜂起を呼びかけたのであった。町の住民がそのすべての持てる力を絶望的な戦闘を行うことに向けていたとき、友好的と思われていた赤軍は、ヴィスワ川の対岸に止まったまま、ワルシャワが完全に破壊され、住民が次々と虐殺されていくのを待ちながら、動かなかった。蜂起は六十三日間続き、その間に二十四万人の一般市民が命を落とした。すべてが終わったとき、赤軍は川を渡っただけで町を占領した。ポーランド人の長い戦闘の指導者の中には彼ら自身の英雄的な行動の先例としてワルシャワ・ゲットー蜂起を引き合いに出した者もあったが、生き残りと自由のためのどちらの試みも最初から失敗を運命づけられていた。

ブランスクにとって戦争は、一九四四年、それどころか一九四五年になっても終わらなかった。ソ連軍は一九四五年一月まで町に留まった。一九四四年の八月と十一月のあいだに、ブランスクでもポーランド全土でも、新たな逮捕とシベリアへの強制移送の波が始まった。それは主に、国内軍とポーランド人エリート層に狙いを定めたものだった。近隣の村では二十人の国内軍のメンバーが殺害された。続く三年間にポドラシェ地方では事実上の内戦状態が広がり、共産主義者と国内軍のあいだで、そしてさまざまな武装パルチザン部隊と自警団のあいだで、ポーランド人とベラルーシ人のあいだで、そしてまた、その少し南では、ポーランド人とウクライナ人のあいだで残虐な武力衝突が勃発し、互いに大量殺戮を行った。それどころか、ズブィシェクの言うところの「ありふれた強盗」がはびこった。国内軍のある事件では司祭が強盗未遂に遭って殺害された。別のいわれのない殺人と襲撃も発生した。国内軍の脱走兵の中には強盗に身を落とし、国内軍自体に処刑された者もいた。

生き残ったユダヤ人は隠れ家を出たあと、ブランスクの一軒の家に集まった。生存者は総計七十六人だったが、うち六十四人がそこにいた。彼らは自分たちの共同体と生活様式が完全に破壊されたことを痛感していた。彼らは打ちひしがれていた。損失の実態をつかんだのはこれが最初だった。彼らは、故郷にいながらまだ不安を感じていた。ユダヤ人の家を占有したポーランド人の農民たちが以前の所有者が自分の財産と家財の返還を要求するのを心配しているのが分かった。彼らは無法と混乱の空気を感じ取っていた。一九四五年三月、ポーランド人のお針子から裁縫を習っていた二人の若いユダヤ人女性が理由は定かでないが殺害された。お針子も同じように殺害された。その時点で、何人かの生存者がビャウィストクに移る決心をした。一九四七年にはブランスクの市場にやって来た一人のユダヤ人が白昼射殺された。男はなにがしかの金を盗んだ、あれは無法な報復だったと噂された。しかし、それ以来というもの、長いこと、ユダヤ人はブランスクに姿を見せなかった。

生き残ったブランスクのユダヤ人のほとんどが一九四八年までにアメリカ合衆国とイスラエルに移住した。ポーランドを出た理由を問われてジャックは簡潔にこう述べる。「大地が血にまみれた場所に、どうして留まることができたでしょう」

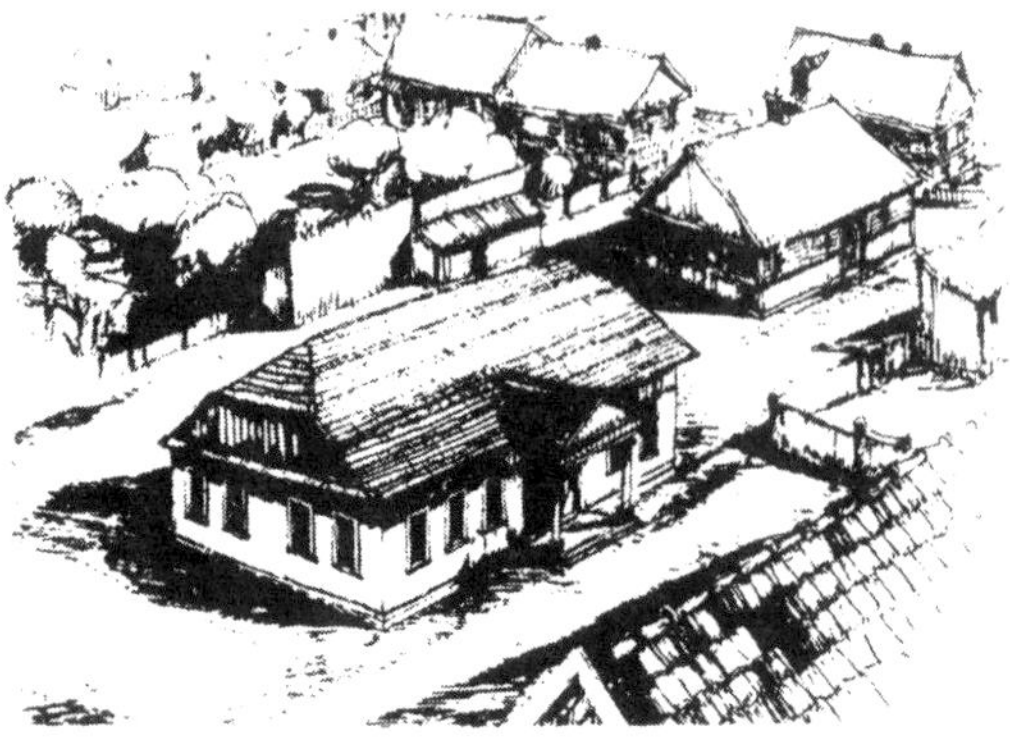

夜、私はブランスクで、目を覚ましたまま、カラスの合唱を聞きながら横になっていた。その気味の悪い、甲高い鳴き声はどれも、闇をかき乱すのにあまりにもぴったりだ。ブランスクのユダヤ人の物語、ホロコーストの期間のポーランド人とユダヤ人の物語、そして戦争中のポーランドの物語は、どんな基準に照らして見ても、すさまじい物語である。それは畏怖の念を、そしてまた恐怖を呼び起こす。この物語にかかわることは道徳的な眩暈の、死に至る病の危険を冒すことだ。しかしもし私たちがそれを前にして黙り込まないことを選ぶとしたら（黙り込みかねないのであるが）、もし熟考し、分析することを選ぶとしたら、そのことをどう判断したらよいだろうか、どう解釈したらよいだろうか。

助けた者がいたし、傷つけた者がいた。ある面からすると、これが私たちが知るすべてである。たいていの場合、なぜ人々がそのような行動をとったのか、彼らがそのように行動した心の状態や十分な考慮、動機を知るには遅すぎる。もしかするとそもそも動機について語ることすらすべきでないのかも知れない。戦争はポーランドでは比類のない恐ろしい事態を引き起こしたために、通常の原因と意図と結果というパターンは、分子の性質が異常な圧力を受けると変化するように、変化を被った。

もし私たちが理解を試みようとするならば、この道徳的な歪みの心理的効果を私たちの判断規準の中で考慮しなければならない。

ナチスによる占領は、とりわけユダヤ人に関しては途轍もなく転倒した倫理観の世界を作り出した。それは、通常の礼節の質や他者に対する責任、気遣い、共苦《コンパッション》が犯罪として扱われ、残忍さとサディズムがそのランクの中で常態になった世界であった。私たちは次のことを想像してみなくてはならない。そこでの生活は表面上ほとんど正常なものに見えるが、実際には、合法化された逸脱の街区に、あまり教育水準が高くなく教養のない土着の住民が、隣人の生命を売り渡したことに対して（たとえわずかなものであれ）報酬が与えられ、助ければ殺された街区になっており、そしてこの法律の趣旨が残忍な占領者と武装した警備隊、さらには凶暴な警察犬があまねく存在することによって補強された街区になっているのである。

こうした雰囲気の中で、新しい規則を卑劣な行為を許容するものととった者もいれば、それによって獣性と暴力がくびきを解かれたと感じた者もいた。犯罪に報酬が与えられるとき、この報奨を喜んで利用しようとする人間は常に存在する。サディズムが合法化され、解き放たれるとき、普段の抑圧から解放されたその潜在的な残忍さが頭をもたげ、隆盛を極めるようになる人間は存在する。ポーランド人とユダヤ人の状況は当時、同じものではなかったとはいえ、とことん追い詰められたユダヤ人の中にも最高の道徳基準に従って行動しなかった者もいた事実をあまり簡単にやり過ごしてはならない。ズブィシェクの推計では、ブランスクのポーランド人の中には、ユダヤ人をドイツ人に密告するのを仕事とした「人狩り」集団が二組存在した。さらに明らかに、自分の手でユダヤ人を殺害するのを楽しみにしていた者も何人かいた。そうした姿を隠した人々からの人間性の剝離が強固な無関心に変わったときにはとくに、隠れ家を見つけ出すのはゲームのようなものだった粗野な若者もいた。

しかしながら、普通の良識をもって行動したいと思った――こうした行動には並々ならぬ勇気と無私の精神が必要とされた時に――人々もいた。救助した人々の動機ですらつねに通常の道徳用語で理解できるわけではない。時には助けるかどうかの決定は熟慮のうえでの信念に基づいてなされ、時とともに繰り返されたものであった。こうした行為を続けようとする精神の高潔さを持っていた人たちに敬意を！　しかし生死に関わる選択はしばしば瞬時の予測に基づいて即座になされなければならなかった。真夜中に、見も知らぬユダヤ人のために戸を開けるべきかどうか、誰かを家に入らせ、宿と食事をすすめるべきかどうか。こうした緊急時になされる意思表示はしばしば衝動的なものであり、一種の、深く根ざした価値観と本能的反応が凝縮したもの、あるいはその結晶である。疑いもなく、このような状況の帰結は、その人がそれ以前にユダヤ人一般に対してどのような態度をとっていたかにかかっているが、助けを求める声にどう応えるかは、その人の食糧備蓄の事情や戸口に現れた人間の顔の表情によっても左右されるかもしれない。ひょっとして通りをはさんだ隣人のユダヤ人は喜んで保護しても、町のもう一方の端に住む見知らぬユダヤ人は追い返した人はいたかもしれない。これは普段ならとるに足らぬ、ありふれたものであったかもしれない好みと反感が、究極的かつ悲劇的な結果をもたらした時代の歪んだ道徳観のもうひとつの特徴であった。

ポーランドは戦争中、ユダヤ人に対する政策を持っていなかった。持てる立場になかったのである。絶滅を予定された人々に対してどのように振る舞うかの決定はもっぱら個別に下された。すっかり見捨てられたと感じた生存者にとっても、彼らの民族的性格に疑義が呈されたと感じたポーランド人にとっても、比率の問題が重要性を増している。助けたポーランド人の方が多かったか、それとも危害を加えたポーランド人の方が多かったか？

こうした問題を数に還元する試みは傲慢さの現れであり、両義性に対する寛容を、正反対のことを同時に顧慮することを要求する。それにもかかわらず、指摘されなければならないことがある。生存者の話に注意深く耳を傾けていると、あるいはその記録を読んでいると、彼らを助けるために大なり小なり進んで危険を冒した人の数に驚かされることである。ジャック・ルービンの話に登場する納屋で寝かせてくれた農民たち、義理の姉の子の様子を見に行った仲介者、先に立って彼をビャウィストクに案内してくれた男性――コズウォフスキの家族は言うまでもなく、何か月にもわたって二人のユダヤ人の潜伏にかかわったすべての人たち。しかしながら（家族の死の経緯に関するジャックの直観が正しかったとすれば）、一人の人間のたった一つの行為が、夜中、たまたま路上で橇に行き会い、ひょっとしたらたまたま目にしたことをゲシュタポに通報しようという決断を下した一人の人間のたった一つの行為が、一撃で十三人の生命を奪ったのであった。当時の信じがたい計算法では、一人のユダヤ人の生命を救うのには、少なくとも数人の人間が必要だったが、多くの人間に死を招き寄せるには一人の人間で十分だった。かてて加えて、ユダヤ人がいることを進んで密告しようとする者が数人でもいれば、他の多くの人たちを金縛りにするのに十分だった。密告者に対する恐怖は隠れていた人たちにとってと同じく、助けた人たちにとっても大きいものであったに違いない。

よく注意して聞いていないと、残虐行為の衝撃が物語の他の部分を圧倒し、私たちの理解の力を越えるのはたやすい。生き残った人たち自身にとっては、数人の生命を破滅からもぎ取ろうと必死になっていいたときのポーランド人の密告は彼らの視界を覆い隠し、魂を闇で満たしたに違いない。この冷淡さと残酷さの行為はいわれのない無慈悲なものであり、大量虐殺政策に追い打ちをかけた耐えがたいものであった。それは、すでに追い立てられた、極度に無防備な状態にあった人々に狙いを定めた。人々の心を傷つけたのは、ポーランド人の作為と不作為の犯罪がなじみの場所で起こったことであり、なじみの人たちによって、その顔や性格が分かっており、よく知られていた人たちによってなされたことである。戦後、生き残った人々の悲しみと憤激と道徳的な怒りは直接の加害者に向けられた。これらの人々の行為は許せないものであったし、今もそのことに変わりはない。しかし、生き残った人々の思い出の中には、ごく当然の憎しみに加えて、しばしば一種の憎しみの脱落、彼らの苦しみの第一原因からすぐ手近な原因への転移のようなものが認められる。結局のところ、非人格的な死のマシーンに対して、一枚岩的なナチスに対して、本当の、強い憎しみを向けるのは難しい。ブランスクのドイツ人兵士は恐ろしい、険しい顔をしていた――その点では全員が一致している――が、彼らは権力ならびに暴力と紙一重の存在であったために、およそ個別的な存在ではなかった。それは抽象的な力の化身であった。しかし、ユダヤ人の生命を「手中にし」、密告し、商売にしていたポーランド人の振る舞いは、身近な人の裏切りと同じような嫌悪感を呼び起こした。こうした行為は生命を左右するものであっただけでなく、耐え難い、苦痛に満ちた深い傷を負わせた。「もうお分かりでしょう、なぜ私たちがポーランド人を憎んでいるか」。話の中で、ポーランド人の側からの数多くの支援の事例について述べていた一人の生存者の女性は話をこう締めくくった。ドイツ人に対する憎しみの言葉は一言もなかった。ナチスは憎しみを超越したところにあって、心的外傷《トラウマ》の領域へ、麻痺と沈黙の領域へ転移されたのかもしれない。

実際、大地は血にまみれていた。だが、五十年以上も経った後では、なすべきことは当時とは違っているかもしれない。戦争直後は罪を犯した者たちを裁判にかけることが必要だった。嘆き、そして憎むことが必要だった。今日記憶が果たすべき任務は、罪を犯した人たちを許すことではなく、その図像のまったく異なる部分、部分を一つにまとめること、あの恐ろしい状況の構造を全体として理解することであるのかもしれない。

＊＊＊

ズヴィシェクと一緒にブランスクを歩き回り、美しい眺めを、河岸の角度のある斜面や川の緩やかなカーブをじっと見つめていると、川から伸びる広々と続く平坦な大地が、見たところ、より安全に思える場所への逃亡路だったと思わずにはいられない。夜中、そこの、一種の夜の帳《とばり》になっている並木の下を移動する黒いシルエットを思い描くことができる。その帳は多くない。ドイツ司令部が宿営にしていた教区会館はこの平地よりひときわ高いところにあり、川と対岸を見下ろしていた。パトロール中の兵士が点した明かりは誰でもその輝きの中に捕えることができた。どこをとってみても素朴な田園風景で、完全に人目に晒されている。そしてもちろん、この人目に晒されているということがポーランド人の不安を大きくしたに違いない。潜在的な殺人者あるいは密告者の油断のない視線から何かを、あるいは誰かを簡単に隠しおおせるものではなかった。

ズブィシェクは密告者について語るのをあまり喜ばない。私が、ブランスクの生存者の統計数について質問すると、ポーランド人によって引き起こされた被害について私に話す前に、彼は一瞬戸惑いを見せる。「本当に話さなくてはいけませんか」と尋ね、困った顔をする。しかし、もし真実を理解したいのなら、あらいざらい話さなければならないという点で、私たちは意見が一致する。ズブィシェクは数字を挙げる。彼の推計では、ブランスクの「ギャングたち」は三十二人のユダヤ人の死に責任がある。もし近隣の村を含めれば、彼の計算では、この数字は七十に増える。

ズブィシェクはブランスクの約四十人を含めた九家族がイスラエルのヤド・ヴァシェム〔ホロコーストの時期のユダヤ人の受難と英雄的行為を記念する場所であるイスラエルの公的機関〕から「世界の諸国民の中の正義の人」の栄誉を与えられたとすぐに付け加える。彼はこうした人たちを誇りに思っており、彼らはポーランド人の規範を代表しているし、また人間の正常な本能を代表していると信じている。彼の考えでは、殺人者や密告者というのは逸脱であり、ナチスの無法の風潮の中であっさり犯罪に駆り立てられた、お定まりの周縁部の人々であった。ユダヤ人の生存者たちの考えは正反対だった。彼らは、反ユダヤ主義的な憎しみがポーランド人の規範であり、戦争中は、すべてのポーランド人の中に潜んでいた反ユダヤ主義が表に出て、真の毒性を見せつけたのだと考えている。この問題では、他の多くの問題についてと同様、ポーランド人の記憶とユダヤ人の記憶は断固として、それどころか頑強に、分裂したままである。

この問題に対する見解の相違がもうひとつの、より構造的な問題が存在することを示している。戦時の状況は例外的であり、歴史的過去とは何の関係もない、封じ込められた時期とみなすべきか、それともこの時期の行動はポーランド人とユダヤ人のそれ以前の関係の結果だったのか、ということである。皮肉なことに、「前」と「後」の間で歴史的に連続しているもののひとつが、こうした事柄に対する記憶と見解の相違の中にはっきりと認められる。戦前に「彼ら」と「われわれ」が存在したように、この言い争いには、なおも「彼ら」と「われわれ」が存在しているのである。ユダヤ人にとっての関心事はなおもポーランド人にとって「われわれのものではない」し、その逆もまた然りである。

今日もなお二つの共同体を分け隔てている溝は、両者の共通の歴史の中で最も持続する事実であり、ことによるとまさにこの溝にこそ、ポーランド人の行動の連続性を探るべきかも知れない。戦争中は、個人的な姿勢に微妙な違いはあっても、意識的に支援を決断したポーランド人の誰もが乗り越えなければならなかったのはこの分離の意識であった。戦前、ほとんどのポーランド人とユダヤ人は互いを相互的で当然の義務の領域には含めていなかった。ユダヤ人のために自分の家と生命と家族を危険に晒す決心をしたポーランド人は、自分の共苦《コンパッション》の手を絶対責任の範囲を超えて差し伸べていたのだった。一方、もし役割が逆転したなら、彼らが今も「ゴイ〔ユダヤ人から見た非ユダヤ人〕」と呼んでいる人たちに対してどのように振る舞うか保証できないと、正直に語るユダヤ人の生存者もいる。

もし両集団を分け隔てている溝がなかったならば、人道的行動と非人道的行動の比率、親切と冷淡の比率が違ったものになっていたということは十分にありうる。もっと多くの人が助けねばならないというやむにやまれぬ道徳的責務を感じていたかも知れない。しかしこれが状況を実質的に変えることはなかったであろう。ユダヤ人を除去しようというナチスの意図は「最終的解決」の第一原因であり究極原因であったし、大規模な国際的な介入がなかったならば、この意図は実現されていたことであろう。しかし、いくつかの命は理不尽に抹殺されずに救われたことであろう。また同じく重要なことであるが、もしポーランドのユダヤ人（その点では他の国々のユダヤ人もだが）が関心の範囲に入っていたならば、彼らはその最も悲劇的な最期の時においてそれほど孤独で、見捨てられたと感じなかったであろう。

＊＊＊

ポーランドのユダヤ人の世界、シュテットルはもはやなく、二つの民族、二つの国民は、二組の記憶を突きつけ合っている。この対決においては、両方の側が自らの道徳的真実が踏みにじられたと感じてきた。ポーランドは戦争中に三百万の非ユダヤ人の市民を失った。どの占領下の国よりも力を合わせて抵抗したが、腹立たしくも不当なやり方でもって独立を奪われた。あまりにも当然のこととして、しばしば、なぜもっと多くのユダヤ人を死から救えなかったのかと世界が尋ねたとき、ポーランド人はこのことは少しも認められていないと感じた。

ポーランド人が、彼らの土地で行われたジェノサイドとユダヤ人の苦しみと損失への自分たちの加担についてはあまり注意を払わぬ一方で、戦時中の自らの英雄的行為を強調したとき、ユダヤ人はまさに侮辱され、傷つけられたと感じた。ポーランドで大人になろうとしていたころ、私は、この国には二つの大きな異変があったこと、私が知っているほとんどの大人が悲劇を経験したとはいえ、私の

「シュトゥトホーフ強制収容所の死体焼却炉の前で」1945年
マレク・ヴウォダルスキ（1903-60）画．（ユダヤ歴史研究所，ワルシャワ）

両親にとっての戦争は、長らく口に出せなかったほど、私たちのポーランド人の隣人が経験した戦争とは別のものだったことを次第に理解していった。

しかしこのホロコーストというもう一方の戦争は、秘密と沈黙のヴェールに包まれることになった。完全にでもないし、直ちにでもなかった。戦後すぐには中央ユダヤ歴史委員会（Centralna Żydowska Komisja Historyczna）が、戦時中の出来事の証言を記録し、犯罪の実行者を裁判にかけるために、たいていの市や町に支部を設置した。また同様のポーランド人による委員会も設置された。その結果、数名のナチスの指導者が裁判にかけられた。なかんずくアウシュヴィッツ収容所長ルドルフ・ヘスが一九四七年に処刑された。ユダヤ人に対する罪状で有罪となった少なくとも数人のポーランド人が禁固刑に処せられるか死刑を宣告された。もう一つの事実認定の意思表示として、ワルシャワ・ゲットー蜂起五周年に際して、かつてのゲットーの敷地に記念碑が建立された。ナチスに対するポーランド人の絶望的な反乱、ワルシャワ蜂起は、同様の記念祝典でもっては顕彰されず、多くのポーランド人の少なからぬ憤激を買った。共産主義政府は、厚かましくも真実を転倒させ、国内軍を親ドイツの組織として描き出し、ポーランド人の地下抵抗運動の公的な追憶は数十年にわたって禁じられてきた。

にもかかわらず、戦後すぐの時期に、醜悪な反ユダヤ的な暴力行為の勃発が見られた。そのひとつが一九四六年の悪名高いキェルツェ・ポグロムである。このポグロムでは四十二人のユダヤ人が、おそらく共産党政権が挑発した虐殺の中で殺害された。その後の数十年間にこの国は当局の嘘と個人的怨恨と欲求不満という道徳的に不健全な雰囲気の中に落ち込んでいった。私が大人になるまでには、ホロコーストの話題はすでにタブーの雰囲気に包まれていた。こうなったのは部分的には間違いなく心理的理由からだった。たいていの国では、また生存者自身でさえ、恐怖の記憶に再び向き合い、個人的意識と集合的意識への同化を始めることができるようになるまでには、一種の潜伏期が必要だったようだ。

一九五〇年代半ばまで、まだかなり大きなユダヤ人共同体があったクラクフでは、確かにそうだった。ユダヤ人はまったくおらず、おそらく、彼らの身に何が起こったか意識してはほとんど考えることがなかった、かつてシュテットルであった小さな町や村では、なおさらそうであった。ブランスクにも、戦後吐露されたポーランド人の最も不快な心情の中で、「ユダヤ人問題」の解決をヒトラーに感謝していたルィチュ兄弟のような人たちもまた少数ながらいたかも知れない。自分の町の半数以上の住民の不気味な失踪に対して、奇妙な虚脱感、ことによると後悔の念を抱いたイレナ・ヤブウォノフスカのような人たちが他にもいたかも知れない。感受性とごくわずかな善意に恵まれた人間であれば、大量虐殺の場所の近くで、消え失せたかつての友人や隣人の亡霊のごとき存在に満たされた街路で、重い心を抱かずに暮らすのは容易ではない。しかし、ほとんどのブランスクの住民は、おそらく災難の大きさにいまだ気づいていないであろうし、この「他者たち」の運命に無関心なままであろう。ことによると、時おり、記憶のかけらや会話の断片がよみがえることがあるかもしれない。「ヘデルのように騒々しい」といったイディッシュ語の単語を含む表現を、知らず知らずのうちに用いているかも知れない。しかし日々、人々は自分自身の少なからぬ問題に忙殺されてきた。共産党政権からわずかな自由を掠め取り、経済の停滞と衰退に対処することに追われていた。ブランスクに対する共産党の報復には経済制裁が含まれていた。ブランスクとポーランドはいま一度極度の貧困に見舞われようとしていた。

起こったことは、誰か他の人の身に、完全に表現できる意識領域の外側で起こった。もしかするとポーランド人の側でも、ホロコーストは否定と無感覚の精神的領域へ追いやられていたのかも知れない。戦後すぐには身を隠していたユダヤ人も彼らを匿っていた人々も、匿名であることを望んだ。自分の秘密を明かすことを恐れたのである。それは、彼らが他のポーランド人の非難を恐れたからなのか、それとも起こった事柄に対する奇妙な恥ずかしさの感覚のせいであったのかを知るのは難しい。

その後数十年間、国内のポーランド人とユダヤ人の関係は全体として幾度か紆余曲折を経た。まことに驚くべきことに、ユダヤ人はほとんど全滅したにもかかわらず、一般的な観念の中では、ふたたび強大な権力を持っていると考えられた。共産党ならびに、とりわけ嫌われ者のウベ（UB 公安部、国内治安部隊）はほとんどがユダヤ人から成ると思われていた。さらに反ユダヤ主義的な理論によれば、ポーランドの抑圧はユダヤ人＝共産主義者の陰謀に原因があるとみなされていた。これは、過去においても何度も見られたように、多少の真実を糧とする誇大妄想的な空想であった。というのも、ユダヤ人は、決して主流派でなかったとはいえ、実際に共産党と公安部の中で不釣合に多かったからである。彼らの影響力の限界は一九六八年、党内闘争の結果として、ほとんどのユダヤ人が党を除名され、事実上、残るポーランドのユダヤ人の大多数が出国を余儀なくされたときに決定的に明らかになった。反ユダヤ主義的な政策は一般の人々のあいだに肥沃な土壌を見出したが、それが政府の政策であったために、そして政府がひどく嫌われ、信用されていなかったために、とりわけ反体制派の人々のあいだに一種の親ユダヤ的反応を、あるいは少なくともユダヤ人との連帯の衝動を呼び起こした。

しかし、ブランスクのような、もはやシュテットルとは呼べないような場所では、すべてが存在していないか、忘却とでもいうべき状態が存在していた。出国した生存者と戦争中彼らを救ってくれた人々とのあいだに時たま交流はあった。たとえばジャック・ルービンは、コズウォフスキ一家に手紙を出し、時にはプレゼントを送った。こうしたことはプライベートな事柄であり、なかには、誰かが外国からのお金で買った牛だとか、のちにはそればかりか自動車だとかについておしゃべりしていた者もいたかもしれないが、おそらくあまり話題にされなかったことであろう。

見せかけの健忘症は一種の休止記憶と魂《プシケー》のどこかに保存されていて、適当な機会にいつでも表面に現れてくる閾値下のステレオタイプと、そしてもう一方ではユダヤ人の習慣やフォークロア、音楽の懐かしい思い出と共存できた。ブランスクの住民はまだイディッシュ語の歌の断片を覚えているし、他の村ではユダヤ人のことわざとユダヤ人の伝承の断片が今日なお農民の想像力の世界の生きた一部をなしている。村人たちはたまに、「ツァディク」とラビの墓に、その場所とそこに眠る人たちの霊魂が魔力を持つと信じて祈りに出かける。

一九七〇年代、ポーランドの政治の自由化とともにユダヤ人の観光客がブランスクにやって来て、より具体的な記憶を呼び覚まし始めたのは疑いない。イレナ・ヤブウォノフスカはユゼフ・ブロイダとの親交を復活させた。シャピロ夫妻が訪問し、ジャック・ルービンも訪問した。しかしこれらの訪問が社会全体の意識や「ユダヤ人問題」についての議論を甦らせることはなかった。

こうした状態は何もかもが突然、劇的に変化した一九八九年まで続いた。それ以後の話題を要約するのは難しい。絶えず変化し続けたからである。しかしポーランドでは、それどころか東ヨーロッパ全域で共産党による規制が解除されるとともに、抑圧された過去の中身がしばしば、完全に保存された形で再び姿を現したように思われた。それはあたかもかつての姿勢、好みと反感が、時の経過によって和らげられることなく、歴史の凍結から解き放たれたかのようである。ポーランドの中のユダヤ人について言えば、というよりユダヤ性という抽象的観念について言えば、これは反ユダヤ主義的な観念と、強い、時にはノスタルジックなユダヤ人の歴史と文化への興味の両方の復活を意味した。

ズビグニェフ・ロマニュクはより建設的な傾向を代表する。ズヴィシェクは孤独な探究者として、ブランスクの過去への一風変わった旅路に就いたのであった。ここ数年は、『ブランスク』という題名のジャーナルを発行し、町のユダヤ人の歴史に関する記事を定期的に取り上げている。しかし彼は決して一人ではない。ポーランド中で、学者や文書館員、さらには文学史家や美術史家がポーランドのユダヤ人の過去を研究し、記録している。ユダヤ人の文化のフェスティバルや大学のユダヤ史学科、ユダヤ事情の研究所が存在する。近年はポーランドと国際的なユダヤ人社会との関係を改善しようとして、政府は、離散《ディアスポラ》のユダヤ人のための正式な「大使」を任命した。また、ポーランドのユダヤ人の歴史を研究するユダヤ人学者の数も増えている。

残念なことに、今日のブランスクにはもっと気がかりなものの存在も感じ取ることができる。ズブィシェクはその最大の関心事のゆえに、しばしばユダヤ人への追従者として攻撃され、以前住んでいた家の階段は、彼の考えでは、若い「ごろつきたち」が書きちらした反ユダヤ主義的な落書きで定期的に汚された。驚くことに、ブランスクには、不可解な筋によって配布された「ポーランドの利益にとって有害なユダヤ人」なるリストが出回っている。そのリストの山は、他の場所にもあるものの、教会の中に、戦争中、あれほど栄誉ある役割を果たしたあの同じ教会の中に置いてある。これらの偏執狂的な出版物には、多くの、ユダヤ人ではない政治家の名前が含まれている。なぜなら、新しい反ユダヤ主義の純粋に象徴的なレトリックでは、誰であれ、その影響力や見解が好ましくないと思われる者はユダヤ人と呼ぶことができるからである。

この種のリストや反ユダヤ主義のスローガンは、今日のポーランドではほとんど反響は呼ばないし、選挙民の投票パターンにはほとんど影響を及ぼしていないように思われるが、しかし、それは昔ながらの偏見が最も非現実的で頑迷なかたちで根深く続いていることを示している。このような時代遅れの姿勢を示すことは、当然、ポーランドの国際的イメージを傷つけるものになっており、同時に、ことによるとポーランド国家の安寧をも損なっているかもしれない。ユダヤ人はポーランドの例証的な

「他者」であったし、反ユダヤ主義はポーランド人の魂《プシケー》の中ではあらゆる偏見の例証なのである。それは反ユダヤ主義そのものを表象しているだけでなく、狂信的愛国主義の傲慢さと防衛意識過剰の排外主義のよりいっそう不快な重圧をも表象している。

それにもかかわらず、こうした徴候はポーランド人の生活の中では周辺的なものであり続けている。より中心的なのは、そしてずっと希望が持てるのは、その最も痛ましいエピソードを含めてポーランド人とユダヤ人の歴史に関する公開討論が再開されたことである。ジャーナリズムやその他の公開の場で行われたこうした討論はしばしば激しい議論と興奮を呼び起こしているが、しかし同時に自省と自己批判、そして個人的、集合的良心の徹底的な探索に満ちたものである。

これらは国内でのポーランド人の対話ではあるが、ポーランド人とユダヤ人の対話のための条件をずっとよいものにする。この対話では相対するユダヤ人もまたしばしば防御的な姿勢をとり、相手側に悪意以外の何ものをも想定せず、自らの歴史の人を困惑させる面は軽く扱い、実際にはいかなる償いも不可能であるか満足できないところで、全面的な道徳的償いを要求してきたのであった。どんな怒りも恨みも失われたものを元に戻してはくれない。しかし、事実や認知、見解を並置し、共有するために、対話が必要であることに変わりはない。なぜなら、共同で組み立てたイメージだけが、相互理解だけが、完全なヴィジョンに近づくことができるからである。

この歴史を歩んできた、あるいは自らそこに関わったと感じている人たちにとって、すべてを記録し、すべてを理解することは、差し迫った、この上なく重要な要請である。だが、ポーランド人とユダヤ人のあいだの過去から、どういった類いの理解を導き出すことができるのであろうか。この過去はどのような光を現在に投げかけることができるのであろうか。人は教訓について語るのを、あるいは知恵よりも信心の方がより簡単に手にできる領域で結論を引き出すのをためらうものだ。それにもかかわらず、ことによると、ポーランド人とユダヤ人の共存についての長く、魅惑的な物語には、結局のところ、何か私たちに伝えるべき今日的なものがあるのかも知れない。ホロコーストはナチスの反ユダヤ主義の最も極端な形態の、考えられる限り最も極端な結果であった。ある意味では、あの大惨事から引き出されるべき結論は単純明快である。人種差別主義的偏見は容認しがたい感情形態であり、そこに陥らないように私たちは絶えず用心し、自己鍛錬しなければならないということである。この歴史の教訓が明快だからといって、もちろん、それが学ばれるであろうこと、あるいは学ばれてきたことを保証しない。この数十年間に私たちは幾度も、休眠状態にあった民族間の緊張がいかにまたたく間に、思いも寄らず、憎悪と暴力を焚きつけうるかを目にしてきた。偏見に関する道徳的観念は、イデオロギー的情念が燃え上がるときには雲散霧消してしまうもののようである。

そしてポーランド人とユダヤ人の実験の歴史に関する研究が有益でありうるのはそのためである。最悪の場合のシナリオの例証のためではなく、より繊細でより両義的な提案のためにである。多文化主義的関係の可能性と陥穽について、偏見を封じ込めることができる状況について、集団感情が険悪になる情況について、暴力の爆発をもたらす政治的誘因について、そして敵意を抑えられるさまざまな要因についての提案である。私自身の見方、あるいは偏見が――私たちの誰一人として偏見を免れているわけではない――明確に述べられるべきであることは当然である。なぜなら、あえて危険を冒して私はいくつかの要約した指摘をしているからである。ポーランド人とユダヤ人が直面していた苦境は、どんな長くて親密な関係にも見られる、自分自身であり続けながらいかにともに暮らすか、というジレンマであった。ポーランド人もユダヤ人も強力で誇り高い、デリケートなアイデンティティを持った「民族」であった。両者ともに、時にうぬぼれた自らの道徳的価値の、ある時期には自らの殉難の意識を持っていた。彼らは互いにそれぞれの強力な「他者」であったし、両者の文化が、何世紀にもわたるしばしばポーランド人とユダヤ人の結婚と呼ばれたものの中で豊かになったことは疑いない。

この結婚には牧歌的な和合の時期があったが、あまりにもしばしば激動と不和に満たされたものであった。私にはそれは、両パートナーが、関係する政治組織体が、再三にわたり、遠慮と自制に失したからだと思われる。文化的同化の圧力はポーランドでは、たまたま他のどの西ヨーロッパ諸国よりも弱かった。それにもかかわらず、ポーランド人もユダヤ人も差違に対する敬意と共通の帰属意識を結合させるための満足のいくような枠組《パラダイム》みを見出すことができなかった。ポーランド人には、より寛大で包括的な社会モデルの構想に対する第一の責任があったことは疑いないが、しかし少数民族のユダヤ人もまた、その対話の中で、無力だったわけでも無関係だったわけでもない。とくに両大戦間期のポーランド・ナショナリズムが日の出の勢いだった時期には、多様なナショナリズムと個別的な利害を超えた、あるいはそれらを合体させるような構想が欠けていた。ポーランド人もユダヤ人も互いを、自分の利益を守るために論陣を張る敵対者としてではなく、ひとつの社会組織のメンバーとみなすことができるような共通領域を見出すことはなかったし、理論づけることさえしなかった。

この失敗は必然的なものでも不可避のものでもなかった。なぜなら、ポーランド人とユダヤ人の実験の良好な時期は、十分な条件に恵まれ、十分に要請に応えられれば、平和的な共存の願望と他者をあるがままに受け入れる力量が、疑念の衝動どころか冷静な偏見をも克服できることを明白に示しているからである。ほとんどの時期を通して、ポーランドの都市の街路とシュテットルの路地が憎悪で煮えたぎっていたわけではない。いくつかの分野ではユダヤ人とポーランド人の交流と真の友愛の時期があった。ブランスクのようなシュテットルでは住民はその習慣と信仰の点では互いに干渉しなかったが、しかし彼らは一緒に働き、冗談を言い合い、取引をし、互いに馴れ親しんでいた。ポーランド人とユダヤ人の歴史から導き出すことができるより希望に満ちた教訓は、利害の衝突が激しくも極端でもなかったとき、狂信的な考えが意図的に煽り立てられていないときには、偏見の本能と同様に基本的なものである寛容の本能が息つく場所を見出すことができるということかも知れない。

この協調と親密さの時期をなぜもっと持続させることができなかったのであろうか。何世紀にもわたってポーランド人とユダヤ人は共通の社会構造と信念の効果的な基盤を構築してこなかった。私には、ポーランド人とユダヤ人の実験が示唆しているのは、最も概括的な言い方をすれば、「アイデンティティ・ポリティクス」は連帯感なしには不十分ではないか、ということのように思える。もし多文化社会の中でともに暮らそうとするなら、私たちは差違を守り育てることに加えて、世界の共有という感覚を持たなければならない。これは私的領域において強力な文化的、精神的、そして民族的アイデンティティを保ち続ける可能性を、それどころかそれを育む可能性を排除しないし、そのようなアイデンティティを崩壊させ、普遍的な「人間の本性」に帰着させることを示唆しもしない。しかしながらもし多文化社会がばらばらの、防備を固めた孤立した小集団の集合ではなく、社会であり続けようとするのなら、個別的な利益から個別的な利益のために発言できるだけでなく、社会の成員として公益の視点からも発言できる公的な場が必要となる。

もしも歴史の糸があのように有無を言わさずに断ち切られることがなかったならば、ポーランドのシュテットルがどうなっていたかを知るのは難しい。第二次世界大戦の前夜にはそれは新しいエネルギーと可能性に満ち溢れた世界だった。イスラエルとアメリカ合衆国、西ヨーロッパで暮らす子孫たちは、まさにシュテットルの遺産の活力を十分に証明した。もしも時間と変化があったならば、小さな町のポーランド人とユダヤ人は新たな応化を見出したかも知れず、両者の文化の相互浸透の拡大と伝統的なユダヤ教への近代性の接ぎ木がもう一度なにかユニークで豊かなものをもたらしていたかも知れない。

＊＊＊

私のブランスク滞在の最後の日、ズブィシェクは自ら修復し、運んだ墓石から作り上げた記念墓地を見に連れて行ってくれた。それは陰気な囲い地であるが、しかし同時に妙に慰めをもたらしてくれる。誰かが、墓石と殺害された人々に敬意を表して、自分のものではないものの世話をしようと思ったのだ。何ものも失われたものを元に戻すことはできない。ホロコースト以後、私たちは象徴的行為の時代にいる。しかし象徴的に言えば、これは統合と和解の行為だ。可能な限り、そうした行為に注意を払う時、互いの過去につき添う時だ。戦争中の憐れみの欠如があまりにも暗い結果をもたらした

ブランスクの記念墓地にてズビグニェフ・ロマニュクとマリアン・マジンスキ.
この墓地はロマニュクが自ら修復し，運んだ墓石からつくられた.
©Frontline/Slawomir Grunberg

ために、その影が認知の地平を覆い隠してしまった。その後、あまりにも長いあいだ二つの記憶は絶縁状態となり、その結果、古くからの裂け目と傷を深めた。ポーランド人とユダヤ人が、寛大さの記憶と記憶の寛大さを取り戻し、共苦《コンパッション》を持ちすぎて失敗するくらいの危険を冒す時である。私たちとしては、私たち自身の記憶と認識を二分するのを止め、認めたり告白したりするには苦痛すぎる部分を払いのけるのを止めなければならない。非業の死を遂げた人々について言えば、私たちの十分な記憶に包まれて、安らかに眠ってもらう時が来たのかも知れない。

訳者解説

本書はEva Hoffman, *Shtetl. The Life and Death of a Small Town and the World of Polish Jews.* Secker & Warburg, London, 1998を訳出したものである。刊行から二十年余りを経てようやく邦訳が出たことになる。

エヴァ・ホフマンは「移民の体験と、二つの文化を持つ人間のアイデンティティという困難な問題を生き生きと描写する。自伝に新次元を開いたと全米で激賞された」著書*Lost in Translation. A Life in a New Language*（『アメリカに生きる私——二つの言語、二つの文化の間で』木村博江訳、新宿書房）や*After Such Knowledge: A Meditation on the Aftermath of the Holocaust*（『記憶を和解のために——第二世代に託されたホロコーストの遺産』早川敦子訳、みすず書房）で日本でもよく知られる。本書はユダヤ系ポーランド人としてクラクフで生まれ育ち、一九五九年、十三歳で両親とともに国外に移住したエヴァ・ホフマンが、ポーランドのユダヤ人の歴史と文化の最も重要な要素を成す「シュテットル＝小さな町」について著わした本である。

本書もまた緻密な構成と懇切丁寧な叙述、鋭い直観と深い洞察でもって、最初の頁から読者の想像力を掻き立て、一気に読み進めさせてくれる。ポーランドのユダヤ人の世界、その歴史と文化、ユダヤ人とポーランド人の関係の歴史、ポーランドのユダヤ人と世界のユダヤ人の結びつきを魅力あふれる筆致で、総体的かつ細部にわたり、原資料と著者自身の探究の旅を通して、このテーマの問題性をめぐって、歴史学、社会学、心理学、政治学、言語学、文学理論等々の学問的蘊蓄を傾けている。あらゆる点から過不足なく「調査し、解読し、私たちの記憶の領域を拡大する」（序文）おそらく他に類をみない著作と言ってよい。

とりわけ「序文」と「エピローグ」のいくつもの思索の層からなる魅力的ではあれ、安易な理解を拒否する論述は、胡椒《ピルプル》と呼ばれる、ユダヤ人の間に「聖書と注釈との間の矛盾と逆説、語の多義性、さらには隠された地口の骨の折れる詮索という」思考モデル（第二章「初期」に詳しい）、解釈の方法を発達させたタルムード教育の成果を受け継いでいるポーランドのユダヤ人の末裔たる氏の面目躍如たるものがある。

だがそれだけではない。これもまた本文に詳しいが、とりわけ両大戦間期以降のポーランド文学の代表的詩人、作家、批評家の中心になって活躍した、言い換えればポーランド文学を中心になって担ってきたのはユダヤ人であったが、明らかに氏の中にもこれらの文学者たちと同じ物語を紡ぐ能力、言葉に生命を吹き込む才能が息づいているように思われる。第二章「初期」以降の章で紡がれる「シュテットル」の描写は、実に見事な物語となっていることも付け加えておきたい。

実のところ、本書に関しては、訳者による解説のあれこれは蛇足もしくは無用の長物でしかないであろう。叙述そのものがこのテーマの見事な「解説」であり、およそ訳者が解説し直す必要がないからである。ぜひ、「序文」が示唆する本書のテーマを丹念に読み解くことから始めていただきたい。

著者がテーマにどのように取り組んでいるかを著者自身の言葉を借りて若干の「解説」をしたとすれば、少しばかり本書をひもとく一助とし、併せて訳者のこのテーマとの格闘の一端も紹介したかったからに過ぎない。

エヴァ・ホフマンの企図

エヴァ・ホフマンが本書の執筆にあたってシュテットルに焦点に据えたのは歴史学的な企図からであった。なぜならシュテットルは「他に類をみない社会・文化モデル」であり、「多文化の実験が最も本質的であり、最も検証されることのなかった場所であった」からだと言う。しかし同時に、ここには個人的な企図もあるという。なぜなら著者の両親が戦前、本書の物語が繰り広げられるブランスクからさほど遠くない小さな町、シュテットルに住んでいたからで、本人は「戦後の共産主義の時代に、クラクフの、大都会の世俗的な環境で成長を遂げたとは言え、シュテットルの雰囲気の中の何かが、そこの住民の精神的気質と道徳的態度や人間的な身振りと情感豊かな言語の中の何かが、両親の言葉と人格を通じて私の精神の中に浸透したと思っている」故に、「シュテットルの生活とそこに住んでいた人々を本当に理解するためには、より深く過去に遡り、このシュテットルが生み出された歴史的文脈について何かしら知る必要があると私は感じていた」。そして当時ポーランドと西ヨーロッパで取り組まれ、次第に増えていた研究成果を利用してこの膨大な資料と情報、思索に満ちた本書の執筆にあたるのである。

訳者と同世代の、しかもカナダ経由でアメリカに移住した著者は、「毎日、新しい言葉、新しい表現を覚え」「学ぶ言葉は自国語のように疑問の余地なく事物を表してはくれず」、「書く段になると辞書にあるあらゆる言葉を使い、言葉に密度と重量を加え、物事に特有の重力を生み出そうとする。ばらばらな言葉の断片を集めて、言葉を持たなかった子供時代の言語の完全さを再創造しようと」する。そして「文化の感覚が最も生きて現れるアメリカの断片、口語の慣用句に飛びついた」が、「しかし依然として二つの言語、二つの文化の間にとらえられたまま」だという著者の「自国語の」世界、自らの出自と避けがたく結びついた世界とその歴史を解き明かす企図には特別な感慨があったに違いない（引用は『アメリカに生きる私』より）。

「謝辞」に詳しいが、本書の執筆にはアメリカのテレビ番組「フロントライン」で放映されたマリアン・マジンスキ監督のドキュメンタリー・フィルム『シュテットル』に触発されて取りかかったことが述べられている。（このドキュメンタリー・フィルムは訳者がまだ大学で教鞭をとっていた頃に学生がアメリカ滞在中に録画してくれたVTRを持っていたが、まさか、この番組がきっかけで本書を訳すことになるとは思いもよらなかった。シュテットルを扱った書籍は当時、一九六二年刊のノスタルジックな「シュテットル」論の代表とされるマレク・ズボロフスキとエリザベス・ヘルツォーク Marek Zborowski and Elizabeth Herzog 著の *Life Is With People. The Culture of the Shtetl*. Schocken Books, New York 以外なかったと思う）。著者はマジンスキがさまざまな情報と資料を提供してくれたことに感謝している。

また、とりわけ本書の中で絶えず言及されている記憶の書『イズコル書』は、同じく一九八〇年代末からポーランドのユダヤ人の歴史と文化に関心を抱き始めた訳者にとっては入手不可能な資料であったし、ブランスクのシュテットルの年代記「ピンカス」はもちろん、一九八六年からロンドンとポートランド、オレゴンで出ているポーランドのユダヤ人の歴史を扱った英文誌『ポーリン *Polin in Polish Studies*』でさえ、ポーランドのユダヤ人関連の書籍を集め始めた頃には、まだ数巻しか出ていなかった。『イズコル書』はみすず書房編集部の川崎万里さんから、英訳されてネットで全文公開されていること、書籍としても出版されたことを知った。エヴァ・ホフマンの『シュテットル』は歴史を生きた人々の、あるがままの現実としてのシュテットルをこうした資料と探究の旅をもとに初めて描き切った稀有な著作と言ってよいであろう。

ポーランド人とユダヤ人

そして本書の主人公――もはやかつてのシュテットルではなくなったブランスクの住民で、マジンスキのドキュメンタリーにも登場し、著者のブランスクへの旅の案内人になってくれたズビグニェフ（愛称ズブィシェク）・ロマニュク――について、著者は初めてブランスクのポーランド人・ユダヤ人関係の歴史を丹念に調べ出したのは他ならぬズブィシェクの論文を通してであったと言う。

ズビグニェフ・ロマニュクについては第一章「ポーランド・ユダヤ人の世界――歴史的背景」で詳述されている。「戦前、彼の町の一般市民の半分以上を占めていた、このもう一つの集団のことをほとんど何も知らなかった」ズビグニェフ・ロマニュクは、「不思議な、ヘブライ語の文字が刻みつけられた、およそふさわしくない場所で次々と出くわす大きな墓石にとくに好奇心をそそられ」、「掘り起こし」、「文字が見えるように洗浄し、修復し始め」、ついには「ブランスクのすぐ外側の、戦前はユダヤ人墓地があった、木々に囲まれた場所」に運んで「記念墓地」創設に努力したのだった。マジンスキのドキュメンタリー・フィルムに登場するロマニュクの立ち居振る舞いは、どこにでもいそうな実直な典型的なポーランド人に見える。ポーランド人に対する世界の批判から身を守ろうとする〝閾値下〟の反応は、彼のものでもあるのは興味深い。

この章では、東ヨーロッパにもあったに違いない、遠くバビロニア離散にまで遡るユダヤ人入植地についての言及から十九世紀までのポーランド人とユダヤ人の間の波乱に満ちた関係の歴史が綴られる。一二六四年のボレスワフ敬虔侯が署名した「カリシュ身分法」は、「新たな入植者に、生命と財産、ならびにシナゴーグと墓地の全面的な保護を保証し」「（ユダヤ人に）自らの職業に従事する自由を与え、法廷での彼らに対する差別を禁じ」、さらにはユダヤ人を「血の中傷」で侮辱してはならないこと、「ユダヤ人の宣誓はトーラーに対してなされるべき」ことなど、寛容と市民的平等の規範になることを願って作られたものであり、本書を貫く「ポーランド人とユダヤ人の共存の公式の実験」、「共存と分離」が同時に可能になるような国家組織の発展をもたらした。十四世紀半ばには「木でできたポーランドを発見し、煉瓦でできたポーランドを残した」と言われるカジミェシュ大王によって「カリシュ身分法」のユダヤ人の特権が確認され、ポーランド国家全体へと拡大されたことが述べられる。

十六世紀のポーランドの繁栄の絶頂期のユダヤ人議会ヴァアド、そしてポーランド人によるウクライナ農民の徹底的な搾取や酷使に対するコサックの頭領ボフダン・フミェルニツキのポーランド貴族とユダヤ人に対する襲撃と暴虐の十年間とその後のスウェーデン人の侵入、ロシアの急襲などによるポーランド国家の衰退、十八世紀の国家再建の試み、そのあとにやってきたポーランド分割、そしてこの「ポーランド分割」とともに、「ポーランド人とユダヤ人は三つの異なる大国の法律に支配されることになり、彼らの関係はいっそう複雑で、不幸な、と言ってよい局面に入った」ことに言及される。著者によれば「ブランスクのユダヤ人の歴史が本当に始まったのは、まさにこの瞬間においてであった」。

引き続く諸章と「エピローグ」では、主として先に挙げた『イズコル書』と「年代記《ピンカス》」の記述を縦横に引用しながら、ブランスク・シュテットルの暮らしと習俗、宗教生活とその変化、そしてシュテットルの隣人であるポーランド人との「分離と共存」の関係と変化、時代の奔流に巻き込まれてゆくポーランド人とユダヤ人の社会が描き出される。

第三章「諸外国のあいだで」は、ポーランド人のあいだでの排外主義的なナショナリズムの出現、ポーランド人とユダヤ人のあいだの分離状態への流れの強まり、世俗的ユダヤ人のポーランド人社会への同化の流れ、ユダヤ人の宗教共同体の動揺、伝統的な正統派ユダヤ教の厳格さへの反撥から生まれたフランク主義の流れを汲む神秘主義運動であるハシディズム、社会主義と共産主義の運動の浸透、一九〇五年と一九一七年のロシアでの革命、ピウスツキによる権力掌握など、あまりにも複雑で重層的なためにややもすれば単純化し、単調な学術論文集になりかねないテーマを、著者はここでも読者を一時も飽きさせない見事な筆致で問題の本質を解明してゆく。

第四章「両大戦間期」では、一二五年間に及ぶ分割のあと、ポーランド社会の最も重要なテーマとなったアイデンティティの問題へのこだわりが生み出した政党であるエンデツィアの排外主義的な民族主義、以前とは異なる政治的・イデオロギー的な「ユダヤ人問題」、無数の分派に分裂していたとはいえ、パレスチナへの移住が唯一の選択だと信じていたシオニストたちの運動、「真のアイデンティティはディアスポラの中で最もよく達成することができると信じていたすべての政党のあいだに」生じた亀裂、「ディアスポラのユダヤ人が本物の生活を営み、さまざまな問題に立ち会ってきた「ドゥ（du）」、すなわち〈他ならぬここで〉問題を解決できると信じていた」社会主義政党ブンド、ピウスツキの死後に広がったユダヤ人をポーランドの生活領域から追放することを意図したエンデツィアの反ユダヤ主義、ユダヤ人商店に対するボイコット、ドイツの宣戦布告なしのポーランドへの侵入、と両大戦間期の膨大な情報が巧みに整理されて、ポーランドのユダヤ人の過去、現在、未来の物語が紡がれる力量には圧倒されるばかりである。

第五章「ショア」では、ソ連支配下の、次いでナチス支配下のブランスクで幸運に恵まれてかろうじて生き延びながら、一九四八年までにアメリカ合衆国とイスラエルに移住したシャピロ一家とジャック・ルービンの運命を軸に、ユダヤ人を手助けしたポーランド人農民と「公衆の面前で迫害され、辱しめられ、殺されていたユダヤ人を目にして（…）ユダヤ人に対しては何をしてもよい、すべて許されるという明解な認識に」至ったポーランドの農民についての考察は、あのランズマン監督の九時間に及ぶ長大な映画『ショア』に登場する農民にも当てはまる。ナチス・ドイツに抵抗したポーランド人の最大のレジスタンス勢力であった国内軍の、おそらくは極右グループによるユダヤ人襲撃・殺戮と、ゲットーのユダヤ人がそこを逃げ出し、アーリア人側に身を隠すのを手助けした同じ国内軍が創設したユダヤ人支援評議会、通称ジェゴタについても言及する。ロマン・ポランスキ監督の映画『戦場のピアニスト』でも描かれる抵抗組織のメンバーたちである。

「エピローグ」は「ブランスクのユダヤ人の物語、ホロコーストの期間のポーランド人とユダヤ人の物語、そして戦争中のポーランドの物語は、どんな基準に照らして見ても、すさまじい物語である」「もし熟考し、分析することを選ぶとしたら、そのことをどう判断したらよいだろうか、どう解釈したらよいだろうか」という著者の自問から始まる。「殺人者や密告者というのは逸脱であり、ナチスの無法の風潮の中であっさり犯罪に駆り立てられた、お定まりの周縁部の人々であった」と考えるズヴィシェクに代表されるポーランド人とは違って、「(ユダヤ人の)生存者たちの考えは正反対だった。彼らは、反ユダヤ主義的な憎しみがポーランド人の規範であり、戦争中は、すべてのポーランド人の中に潜んでいた反ユダヤ主義が表に出て、真の毒性を見せつけたのだ」と考えているとし、著者は「今日、なおも二つの社会を分け隔てている溝は両者の共通の歴史の中で最も持続的な事実であり、ことによるとまさにこの溝にこそ、ポーランド人の行動の連続性を探すべきかも知れない」と論じる。あとで触れる「ホロコースト後の死(その一)――ヴォイドフスキの自死が語りかけるもの」とボグダン・ヴォイドフスキの論文「運命としてのユダヤ教」とも共通する認識と思われる。

多文化共生社会の実験の地

「ポーランド人とユダヤ人の共存についての長く、魅惑的な物語には、結局のところ、何か私たちに伝えるべき今日的なものがあるのかも知れない。ホロコーストはナチスの反ユダヤ主義の最も極端な形態の、考えられる限り最も極端な結果であった。ある意味では、あの大惨事から引き出されるべき結論は単純明快である。人種差別主義的偏見は容認しがたい感情形態であり、そこに陥らないように私たちはたえず用心し、自己鍛錬しなければならない」

「ポーランド人とユダヤ人の歴史から導き出すことができるより希望に満ちた教訓は、利害の衝突が激しくも極端でもなかったとき、狂信的な考えが意図的に煽り立てられていないときには、偏見の本能と同様に基本的なものである寛容の本能が息つく場所を見出すことができるということかも知れない」

おそらくこれが「シュテットル」の過去への旅から導き出された著者の結論なのであろう。そこで、あらためて次のような「序文」の問題提起を再確認すべきであろう。

遠い昔、ポーランドという語が「異郷の地の〈ここで休め〉という意味のヘブライ語である〈ポリン polin〉と同義語だと信じていた時代が、とりわけルネサンス期にあった。言い換えれば、そういうポーランドは一種の〈約束の地〉であった」。

「およそ六百年間ポーランドは、ユダヤ人の生活の、世界で最も重要な中心地のひとつだったのである。(…)ポーランド人とユダヤ人の関係の特徴は例外的なものであった。ユダヤ人が通常わずかな数のマイノリティであり（現代ドイツでは人口の二パーセント以下）、そのために、たいていは想像上の「他者」であった西ヨーロッパ諸国とは異なり、ポーランドでは、ユダヤ人共同体は彼ら自身の権利と問題と権限を持った正真正銘の民族的マイノリティであった」。したがって「ポーランド人とユダヤ人の共存の歴史は、この用語が現れる以前の多文化性の長い実験とみなすことができるかも知れない。(…)今日から見ると、東ヨーロッパ史の局面は今日の状況を先取りしているように見え始めているし、それどころか、現代の発展した社会が苦闘しているいくつかのジレンマの先触れとなろうとし始めている。このことはとりわけ多元主義と民族共存の問題についてあてはまる。ポーランドの実験はこの面ではきわめて興味深い先例と見なされうる。なぜならまさにポーランドはその歴史の多くの時期を通じて、真の多文化社会だったからである」という。

訳者の留学時代

訳者のポーランドのユダヤ人の歴史へのアプローチについていえば、オシフィエンチム＝アウシュヴィッツやマイダネク、トレブリンカ等の強制収容所＝絶滅収容所におけるユダヤ人虐殺、ホロコーストの象徴的な現場で何が行われたかの探究から始まった。七年余のポーランドへの留学中に、日本で開催されることになった「アウシュビッツ展」のカタログと展示品の翻訳のためにアウシュヴィッツ収容所に泊まり込んで作業にあたった時期のことだ。

次いでポーランドのウクライナとの国境に近いビェシュチャディ山地を夏休みに何日かかけて歩き回っていたときに発見した、牛の放牧地の牛糞にまみれた、奇妙な文字が書かれた数々の石、そこが今はまったく姿を消したユダヤ人たちが住んでいた集落の墓地だとあとで知ることになる。あのズブィシェク・ロマニュクがブランスクで見つけたものと同じユダヤ人の墓石だった（今ではウクライナの各地にある旧ポーランドのユダヤ人墓地の墓石を磨いて歩くボランティア活動に携わる日本人までいる。ネット上のいわば仮想空間にかつてのシュテットルがあふれかえっていることも付記しておきたい）。著者も本書で言及しているように、この地は戦後、ウクライナの民族主義集団のＵＰＡとナチスの残党が立てこもってポーランドの社会主義新政権と一九五〇年代まで内戦を繰り広げ、無人の地と化した一帯で、さて今、あの墓石はどうなっているだろうか。

クラクフに近い広大な敷地を持つマイダネク収容所とビャウィストクにも近い、ワルシャワ・ゲットーのユダヤ人を運んで虐殺したトレブリンカの強制収容所も何度か訪ねた。

一九七五年の帰国の前から取り組んだ、ワルシャワ・ゲットーの悲惨を自伝的小説にしたボグダン・ヴォイドフスキの長編『死者に投げられたパン』（一九七六年刊、恒文社）の翻訳。ワルシャワ・ゲットー撤収とゲットー蜂起の鎮圧を指揮したナチス親衛隊将校ユルゲン・シュトロープの〝謀殺〟を考えたことがある国内軍の指導的人物であったカジミェシュ・モチャルスキがシュトロープと一時期同じ監房に収監されていた際に交わした会話の記憶をもとに書かれた『死刑執行人との対話』（一九八三年刊、同）の翻訳。

だがまだシュテットルについてはほとんど何も知らない。とは言え、一九八七年には、三百万人ともいわれるゲットーや絶滅収容所で殺されていったユダヤ人に対するポーランド人の責任やポーランドの反ユダヤ主義をめぐって新聞紙上で繰り広げられていた二つの論争を整理、翻訳した資料集を作成したが、二〇〇一年に繰り広げられたイェドヴァブネの共産主義政権による官製ユダヤ人虐殺をめぐる論争は資料があまりに厖大で手がつかないままだ。

その後、東京外国語大学海外事情研究所の『*Quadrante*』no.1にポーランドの反ユダヤ主義の現状についての論文「ホロコースト後の死（その一）――ヴォイドフスキの自死が語りかけるもの」を発表、二〇一一年には、前述の論文の続編のつもりで『西スラヴ学論集』第十四号にボグダン・ヴォイドフスキの論文「運命としてのユダヤ教」とアリナ・モリサクの論文「『シルドボロヴィアンカ』の文学

ビェシュチャディ山地のユダヤ人墓地跡．1960年代末

的レポート――場所と人々」を翻訳掲載し、解題「『絶滅』を生き延びた最後のポーランド・ユダヤ人たちの戦後とポーランド文化のアイデンティティ」を添えた。本書の問題提起とわずかなりとも重なり合うところがあるかもしれない。明らかなのは、訳者のユダヤ人の世界へのアプローチはホロコーストから始まり、さらに遠い過去へと遡行したことである。

しかし過去と現在は、歴史の重要な物語が紡がれた場所では思いも寄らない齟齬を生じさせる。訳者の留学時代のポーランドの友人たち（今やほとんど高齢者だが）にはホロコーストの生き残りの子供だった人が多い。ユダヤ人の場合、父親の姓が自分のものとは違っていたとか、あるいは母親と思っていた人が生き残ることができた実の母の妹だったとか、父親の葬儀にアメリカからやってきた叔父を名乗る人から実は父親がヴィルノのゲットーから逃げ出して生き延び、名字をわずかに変えて戦後の社会主義ポーランドの大学で教鞭をとり、学長まで務めたユダヤ人であったことを知ったとかいう事例に事欠かない。ワルシャワのキュリー夫人の生家の斜め向かいに出来たユダヤ・レストランにはかつて東ヨーロッパからエルサレムに移住した正統派のユダヤ人が住む一画で見たのと同じユダヤ教のラビの肖像画が飾られていたが、その前の小広場は、ナチスに対する抵抗闘争の主勢力であった国内軍の極右勢力によってユダヤ人が虐殺されたといわれる場所だった、等々である。

シュテットルとは

ところで、書名ともなっている「シュテットル」という言葉は、日本の読者にはまだそれほどなじみのないことばだろうか。近年シュテットルの日常語であり、世界のユダヤ人が用いた言語の中で唯一独自の文学語となったイディッシュ語で書かれたユダヤ文学が次々と直接邦訳されるようになった。ショレム・アレイヘムやイツホク・レイブシュ・ペレツ、イツホク・バシェヴィス・ジンゲル（シンガー）らの文学作品が代表的である。さらにはショレム・アレイヘム原作のハリウッドのミュージカル『屋根の上のバイオリン弾き』（この作品は日本でも一九六七年に帝国劇場で舞台化され、主人公テヴィエを森繁久彌が演じて以来ロングランとなり、多くの観客を引きつけたことでも知られる）、同じ作者の作品に基づく一九三五年の映画『牛乳屋テヴィエ *Tewje The Milkman*』（原作のイディッシュ語からの邦訳は西成彦訳、岩波文庫、二〇一二年）、一九三七年のミハウ・ヴァシンスキ監督の映画『ディブック *Dybuk*』（S・アン＝スキ原作、赤尾光春による邦訳は未知谷刊、二〇一五年）、ポーランド人監督のヤン・ノヴィナ＝プシブィルスキの映画『ユーデルがバイオリンを弾く *Judet gra na skrzypcach, Jidl mitn Fidl*』などのイディッシュ映画や演劇もある。シャガールの絵画の舞台となった牧歌的・幻想的な片田舎の飛び地、「ユダヤ人が土地の住民と一緒に暮らしていた」（本書、序文から）小さな町や村がシュテットルである。

しかしポーランド国家の没落とともにポグロムの、次いでホロコーストの残虐に見舞われて歴史の闇に没した東ヨーロッパのシュテットルが本書の探究の舞台である。

「かつてのポーランド・リトアニア両民族共和国（のちにはロシアによる分割占領地のユダヤ人定住地域、ポーランド王国、ガリツィア）領内ならびにザカルパチア・ルーシ〈ウクライナ西部〉、ブコヴィナ、スロヴァキアの小都市集住地を指す。そこではユダヤ人社会が住民の大部分で、個人生活および集団生活の、他に類をみない社会・文化モデルを作り出した。この最後のファクターがシュテットルの本質をなす。なぜならシュテットルの大きさは住民数が数百人から（クレインシュテットゥ klejnsztetł ＝小さな小都市）二万人超までも幅があったからである。シュテットルの独特の構造はポーランド・リトアニア国家の領内に、とりわけ都市民との衝突が激化し、大都市で（主に王領都市で）ユダヤ人の法的制約が強まり始めた時から誕生していった」

（『ポーランド・ユダイカ辞典』*Polski słownik judaistyczny*, tom 2, Prószyński i S-ka, 2003）

そして、シュテットルは「第二次世界大戦中のポーランド人とユダヤ人の関係の例として、最も極端なシナリオを提供した。村や町はユダヤ人もポーランド人も最も危険にさらされ、無防備だった場所であり、継続中の政治紛争が最も激烈な場所であった。そこに住んでいたユダヤ人が自らの隣人から最も直接的な残虐行為と、そしてまた最も直接的な寛大な行為を体験した場所であった。ホロコーストの暗い年月には、シュテットルは、通常のモラルが試され、時に非人間的な情況によってゆがめられた、典型的な例となった」（本書、序文）場所でもある。

もはや存在しない世界

訳者が最初に出会い、将来の出版も念頭に〝抽斗用〟に訳して、ポーランドのユダヤ人についてのエッセーを書く際に何かと使わせてもらった、ポーランドのユダヤ人の歴史、文化についてのおそらく戦後最初の本格的な啓蒙書、一九八二年、ポーランドのインタープレス出版社（この出版社は一九八九年の体制転換の後、社会主義時代に大きな役割を果たしてきた多くの他の出版社とともに消滅した）から刊行された、写真と当時の中心的な研究者であったマリアン・フックス、ズィグムント・ホフマン、マウルィツィ・ホルン、イェジ・トマシェフスキの論文・解説を収めた大部の『ポーランドのユダヤ人　歴史と文化』(*Żydzi polscy. Dzieje i kultura*. Wydawnictwo Interpress, Warszawa, 1982) の「序」には、以下のような記述がある。

「ここに読者の皆さんの手に、めったに見られない珍しい本をお届けする。それはもはや存在しない世界の文化について書かれた本だからである。私たちのあいだにはまだこの世界を記憶している人々がいるとはいえ――それは第二次世界大戦の悲劇的な出来事によって破壊されてしまった過去に属している。しかしこの過去は、跡形もなく消え去ってしまったわけではない――豊かな文化の記念品と財宝を残したのであった」そしてこう続ける。

「ポーランド・ユダヤ人！　ポーランド・ユダヤ人は世界八十か国に離散したユダヤ人のあいだで過去において特殊な位置を占めていたし、今も占めている。ともあれ、そのすべてのアスペクト、発現、ニュアンスにおいて独特な、他に類を見ないこのユダヤ文化が――その宗教文化と世俗文化が――形づくられたのは東ヨーロッパにおいて、とりわけポーランド領内においてであったからである。(…)ポーランド・ユダヤ人！　この言い方はほとんど全世界のユダヤ人の文化に、いやそれどころかユダヤ人の精神構造にまで影響を与えた一種独特の社会集団の指標として世界中のユダヤ人が用いているものである。地球上には今日約一五〇〇万人のユダヤ人が暮らしており、すべての大陸に居住している。この一五〇〇万人のうち――少なくとも半分のユダヤ人をポーランドのユダヤ人との感情的な絆が結びつけていると言ってもおそらく過言ではないであろう」

この本は「序」に続けて、「十八世紀末までのポーランドのユダヤ住民」「十八世紀末までのポーランド・ユダヤ人の文化」（言語と文学、世俗的学問、神秘主義・カバラ・メシアニズム運動、美術、学校制度、習俗と家庭生活・服装、病気と葬儀）、「十九、二十世紀のポーランドのユダヤ人の歴史」（印刷業者・出版人・書店主、文学、演劇、音楽、絵画、新聞・雑誌、学校制度）、「占領期」「終わりに」と詳細な記述が続く。ここからはノーベル文学賞を受賞した『農民』の執筆をヴワディスワフ・レイモントに依頼したり、ステファン・ジェロムスキの『家なき人々』やオジェシュコヴァに高額の稿料を払って執筆を勧めたユダヤ人出版人の活動についても知ることができる。

一九八八年だったと思うが、「音楽」の項目を担当した著者の一人、本書の「参考文献」の「書籍」の項にも挙げられているマリアン・フックスにお会いして、翻訳したい旨を伝え、ついては本書にはないユダヤ映画の稿を付け加えてもらえないだろうかと依頼したことがあった。その後ポーランドは戒厳令、円卓会議、体制転換と目まぐるしい変動の時期に入って、フックスとの連絡も途絶え、出版には至らなかった。

その後、ナタン・グロス著の『ポーランドのユダヤ映画』（Natan Gross, *Film żydowski w Polsce*, Kraków 2002, Rabid）が出版された。エヴァ・ホフマンは先に触れたようにポーランドに住んでいたときの生活の拠点がクラクフであったせいか、ワルシャワが中心であったポーランドのユダヤ人の演劇とユダヤ映画にはあまり言及していないが、これはないものねだりであろうか。

訳者が本書の翻訳を思いついたのは、二〇〇一年に出版されたミハウ・ロニキェル（Michał Ronikier）によるポーランド語訳 Eva Hoffman, *Sztetl. Świat Żydów polskich* を朝日カルチャーセンターのポーランド語講座の課外授業（？）で読み始めた時からである（この本からは多くの示唆をもらったことに感謝したい）。受講者の鈴川典世さんが整理してくれた訳文をもとに完成原稿が出来上がったが、そのあとで英語版原書を入手し、やはり原語から訳出することが必要と考え、あらためて英語から訳し始めたためにほぼ十年越しの仕事となった。英語からの翻訳を専門にしていない訳者には、荷の重い仕事だったが、現役で英語を勉強中の同じ鈴川典世さんに全体にわたってチェックしてもらい、また編集部や校正担当者、その他の多くの方にもチェックしていただき、未熟さを数多残していることは自覚しながらも、ともあれ完成させることができてほっとしている。そんなわけで本書は何年間かにわたって一緒にポーランド語版を読んできた他の受講生を含めての共同作業であった。まずもって、読書会に参加した全員に心から感謝したい。長い間、訳稿の完成を待っていただいたみすず書房、とりわけ編集部の川崎万里さんにも心からの感謝の言葉を述べたい。

体制転換直後の一九九一年、ボグダン・ヴォイドフスキは自ら発行した季刊誌『マサダ』秋季号に論文「ショア世代の作家たちへの公開状」を掲載し、「ショア世代作家会議」の開催を全世界に向かって呼びかけた。そのなかで「ひとつの頭を切り落としてもすぐにもうひとつの頭が再び生えてくる」ポーランドの「風土病的なアンティセミティズムのヒュドラが息を吹き返した」と書いたが、二〇一九年、本書が、ポーランドでの反ユダヤ主義の復活・蔓延が報じられるさなかの出版となったのは運命のいたずらでもあろうか。

二〇一九年　新春

小原雅俊

参考文献

但し書きとポーランド語関連の表記のみ和訳を付した．
邦訳のある文献は［　］内に記した．

文書

Trus, Alter, and Julius Kohen. *Brańsk: Pomnik Poległym*. New York: New York Brańsk Relief Committee, 1948. アルテル・トルスおよびユリウス・コーエン『ブランスク——戦没者に捧ぐ記念碑』ニューヨーク・ブランスク救済委員会，1948年．英訳が Bransk, Book of Memories (Brańsk, Poland): Translation of *Bransk, sefer hazikaron* として https://www.jewishgen.org/yizkor/Bransk/Bransk.html に公開されている（2019年1月現在）

Archieves of the Wojewódzka Żydowska Komisja Historyczna, Białystok: ビャウィストク県ユダヤ歴史委員会文書．

MII/B294, Zeznanie Prybuta Arie-Lejba, Białystok, January 3, 1947. プルィブト・アリエ＝レイブの証言，ビャウィストク，1947年1月3日．

MII/B329, Zeznanie Kamienia Mejsze, Białystok, January 26, 1947. カミェイン・メイシェの証言，同上，1947年1月26日．

MII/B307, Podanie Trusa Altera, Białystok, January 22, 1947. アルテル・トルスの請願書，同上，1947年1月22日．

MII/B300, Zeznanie Rubina Jankiela, Białystok, January 9, 1947. ルービン・ヤンキェルの証言，同上，1947年1月9日．

MII/B304, Zeznanie Trusa Lejba, Białystok, January 13, 1947. トルス・レイブの証言，同上，1947年1月13日．

回想録

Broida, Józef. *W lasach Brańska. Pamiętniki partyzanta żydowskiego*. ユゼフ・ブロイダ『ブランスクの森で。ユダヤ人パルチザンの回想録』イツハク・アルペロヴィチ Ichak Alperowicz 編.

Goldman, Grace. *A Family Saga: A Gathering of Memories*. 未刊.

A History of the Horowitz and Trus Families from Brańsk, Poland. Susan Horowitz Cartun Compil ed., November 1992.

Kaplan, Nathan. *A letter to the Unknown*. 未刊. 著者とズビグニェフ・ロマニュク Zbigniew Romaniuk 間の書簡を含む. 短い断片が英語で *Search* II, no.2 (1991), pp. 12-16 に掲載された.

書 籍

Adelson, Józef, et al. *Najnowsze dzieje Żydów w Polsce*. Warszawa: Wydawnictwo Naukowe, PWN, 1993. ユゼフ・アデルソン他『ポーランドのユダヤ人の最新の歴史』ワルシャワ，学術出版社（PWN）.

Alejchem, Sholem. *Z jarmarku*. Wrocław: Wydawnictwo Dolnośląskie, 1989. ショレム・アレイヘム『市場から』ヴロツワフ，下シロンスク出版社，1989 年.［鴻巣要介訳，大阪府立大学英米言語文化研究会『英米言語文化研究』No. 48，2000 年 pp. 177-202．No. 49，2001 年 pp. 87-108］

Alejchem, Sholem. *Dzieje Tewji Mleczarza*. Wrocław: Wydawnictwo Dolnośląskie, 1989. ショレム・アレイヘム『牛乳屋テヴィエ（の物語）』ヴロツワフ，下シロンスク出版社.［『牛乳屋テヴィエ』西成彦訳，岩波文庫，2012 年］

Bauman, Zygmunt. *Modernity and the Holocaust*. Cambridge, England: Polity Press, 1989.

Ben-Cion, Pinchuk. *Shtetl Jews under Soviet Rule. Eastern Poland on the Eve of the Holocaust*. London: Basil Blackwell, 1990.

Borzymińska, Zofia. *Dzieje Żydów w Polsce, XIX Wiek: Wybór tekstów źródłowych*. Warszawa: Żydowski Instytut Historyczny, 1994. ゾフィア・ボジミンスカ『ポーランドのユダヤ人の歴史　19 世紀――史料文献集』ワルシャワ，ユダヤ歴史研究所.

Buber, Martin. *Opowieści chasydów*. Poznań: W Drodze, 1986. マルティン・ブーバー『ハシドの物語』ポズナン，ヴ・ドロゼ.

Cohen, A. *Everyman's Talmud*. London: J. M. Dent, 1961.

Cohen, Chester G. *Shtetl Finder*. Bowie, Maryland: Heritage Books, 1989.

Davies, Norman. *God's Playground: A History of Poland*, vols. 1 and 2. Oxford: Clarendon Press, 1981.

Davies Norman. *Heart of Europe: A Short History of Poland*. New York: Oxford University Press, 1986.

Dec, Dorota, et al. *Żydzi Polscy: Czerwień-Sierpień, 1989*. Kraków: Muzeum Narodowe w Krakowie, 1989. ドロタ・デク他『ポーランドのユダヤ人――1989年7-8月』クラクフ，クラコフ国立美術館，1989年.

Ficowski, Jerzy, ed. *Rodzyńki z migdałami: Antologia poezji ludowej Żydów polskich w przekładach*. Wrocław, Warszawa: Zakład Narodowy im. Ossolińskich, 1988. イェジ・フィツォフスキ編『アーモンド入りの干しブドウ――ポーランドのユダヤ人の民衆詩アンソロジー（翻訳）』ヴロツワフ，ワルシャワ，オッソリンスキ家記念国民出版社.

Fijałkowski, Paweł. *Dzieje Żydów w Polsce, XI-XVIII Wiek: Wybór tekstów źródłowych*. Warszawa: Żydowski Instytut Historyczny, 1993. パヴェウ・フィヤウコフスキ『ポーランドのユダヤ人の歴史 11-18世紀――史料文献集』ワルシャワ，ユダヤ歴史研究所.

Finkielkraut, Alain. *The Imaginary Jew*. Lincoln and London: University of Nebraska Press, 1994.

Fishman, David E. *Embers Plucked from the Fire: The Rescue of Jewish Cultural Treasures in Vilna*. New York: YIVO Institute for Jewish Research, 1996.

Fogelman, Eva. *Conscience and Courage: Rescuers of Jews During the Holocaust*. London: Victor Gollancz, 1995.

Fuks, Marian. *Żydzi w Warszawie: Życie codzienne, wydarzenia, ludzie*. Poznań, Daszewice: Sorus, 1992. マリアン・フックス『ワルシャワのユダヤ人――日常生活，事件，人々』ポズナン，ダシェヴィツェ，ソルス.

Goldhagen, Daniel Jonah. *Hitler's Willing Executioners: Ordinary Germans and the Holocaust*. London: Little, Brown, 1996.［ダニエル・ジョナ・ゴールドハーゲン『普通のドイツ人とホロコースト――ヒトラーの自発的死刑執行人たち』望田幸男・北村浩・土井浩・高橋博子訳，ミネルヴァ書房，2007年］

Grynberg, Henryk. *Dziedzictwo*. Londyn: Aneks, 1993. ヘンルィク・グルィンベルク『遺産』ロンドン，アネクス.

Grynberg, Henryk. *Żydowska wojna*. Warszawa: Czytelnik, 1989. ヘンルィク，グルィンベルク『ユダヤ人の戦争』ワルシャワ，チテルニク.

Gutman, Israel, et al., eds. *The Jews of Poland Between Two World Wars*. Hanover, N. H., and London: University Press of New England, 1989.

Hertz, Aleksander. *The Jews in Polish Culture*. Evanston, Ill.: Northwestern University Press, 1988.

Horn, Maurycy. *Regesty dokumentów i ekscerpty z metryki koronnej do historii Żydów w Polsce 1697-1795*, vol. 2, part 1. Wrocław: Zakład Narodowy Im. Ossolińskich, 1984. ホルン・マウルィツィ『ポーランドのユダヤ人の歴史のための記録文書摘要およびポーランド王国戸籍簿抄録 1697-1795 年』第二巻, 第一部. ヴロツワフ, オッソリンスキ家記念国民出版社

Kersten, Krystyna. *Polacy Żydzi Komunizm: Anatomia półprawd, 1939-1968*. Warszawa: Niezależna Oficyna Wydawnicza, 1992. クルィスティナ・ケルステン『ポーランドのユダヤ人, 共産主義, 半真実の解剖学 1939-1968 年』ワルシャワ, 独立出版社.

Krymlicka, Will, ed. *The Rights of Minority Cultures*. Oxford: Oxford University Press, 1955.

Kugelmass, Jack, and Jonathan Boyarin, eds. *From a Ruined Garden: The Memorial Books of Polish Jewry*. New York: Schocken Books, 1983.

Lewin, Isaac. *The Jewish Community in Poland*. New York, 1985.

Maimon, Solomon. *An Autobiography*. New York: Schocken Books, 1967. [『一放浪哲学者の生涯——サロモン・マイモン自伝』小林登訳, 筑摩書房, 1951 年]

Maurer, Jadwiga. *"Z matki obcej..." Szkice o powiązaniach Mickiewicza ze światem Żydów*. Londyn: Polska Fundacja Kulturalna, 1990. ヤドヴィガ・マウレル『「よその母から……」ミツキェヴィチとユダヤ人の世界との結びつきに関するメモ』ロンドン, ポーランド文化基金.

Mścisławski, T. *Wojsko Polskie a Żydzi*. Warszawa: Rozwój, 1923. T・ムシチスワフスキ『ポーランド軍とユダヤ人』ワルシャワ, ロズヴイ（発展）出版社.

Newman, Louis I. *Hasidic Anthology: Tales and Teaching of the Hasidim*. New York: Schocken Books, 1963.

Paluch, Andrzej K., ed. *The Jews in Poland*, vol. 1. Kraków: Jagiellonian University, 1992.

Polonsky, Antony, ed. *From Shtetl to Socialism: Studies from Polin*. London and Washington, D.C.: Littman Library of Jewish Civilization, 1993.

Richmond, Theo. *Konin: A Quest*. London: Jonathan Cape, 1995.

Roskies, David G. *Against the Apocalypse: Responses to Catastrophe in Modern*

Jewish Culture. Cambridge, Mass.: Harvard University Press, 1984.

Scharf, Rafael F. *Co mnie i tobie Polsko…Eseje bez uprzedzeń*. Kraków: Fundacja Judaica, 1996. ラフェエル・シャルフ『ポーランドよ，何をわたしに，そしてあなたに……先入見なしのエッセイ』クラクフ，ユダイカ財団.

Siedlecki, Jan. *Brańsk Bogusławа Radziwiłła, 1653-1669*. Białystok, 1991. ヤン・シェドリツキ『ボグスワフ・ラジヴィウのブランスク 1653-1669 年』ビャウィストク.

Singer, Isaac Bashevis. *Sztukmistrz z Lublina*. Warszawa: Państwowy Instytut Wydawniczy, 1990. ワルシャワ，国立出版研究所（PIW）［アイザック・バシェヴィス・シンガー『ルブリンの魔術師』大崎ふみ子訳，吉夏社，2000 年］

Singer, Isaac Bashevis. *The Seance and Other Stories*. Middlesex, England: Penguin Books, 1974.［「降霊術」は邦高忠二訳『短い金曜日』（原題 *Short Friday and Other Stories*）所収，晶文社，1971 年］

Steinlauf, Michael C. *Bondage to the Dead: Poland and the Memory of the Holocaust*. Syracuse, N. Y.: Syracuse University Press, 1996.

Stryjkowski, Julian. *Austeria*. Warszawa: Czytelnik, 1979. ユリアン・ストルィイコフスキ『宿屋』ワルシャワ，チテルニク［『還らぬ時』坂倉千鶴訳，恒文社，1997 年］

Stryjkowski, Julian. *Echo*. Warszawa: Czytelnik, 1988. ユリアン・ストルィイコフスキ『こだま』ワルシャワ，チテルニク.

Tazbir, Janusz. *Świat Panów Pasków*. Łódź, Wydawnictwo Łódzkie. 1986. ヤヌシュ・タズビル『パン・パセクたちの世界』ウーチ．ウーチ出版社.

Todorov, Tzvetan. *Facing the Extreme: Moral Life in the Concentration Camps*. New York: Metropolitan Books, 1996.［ツヴェタン・トドロフ『極限に面して――強制収容所考』宇京頼三訳，法政大学出版局，1992 年］

Trzeciak, Stanisław. *Talmud o gojach a kwestia żydowska*. Druk Braci Albertów, 1939. スタニスワフ・チシェチャク『非ユダヤ人に関するタルムードと「ユダヤ人問題」』アルベルト修道会.

Weinryb, Bernard D. *The Jews of Poland: A Social and Economic History of the Jewish Community in Poland from 1100 to 1800*. Philadelphia, 1973.

Wiśniewski, Tomasz. *Bóżnice Białostocczyzny. Heartland of the Jewish Life: Synagogues and Jewish Communities in the Białystok Region*. Białystok: David, 1992. トマシュ・ヴィシニェフスキ『ビャウィストク地方のユダヤ教会堂』ビャウィストク，ダヴィド.

Wisse, Ruth R., ed. *The I. L. Peretz Reader*. New York: Schocken Books, 1990.

Yiddish Songs: Andre Ochodło Sings Mordechaj Gebirtig and Ewa Kornecka. Sopot: Fundacja ART 2000.

Zamoyski, Adam. *The Polish Way: A Thousand-Year History of the Poles and Their Culture*. New York and Toronto: Franklin Watts, 1988.

Zawisza, M. C. *Jak Żydzi rujnowali Polskę*. Warszawa: Rozwój, 1928. M. C. ザヴィシャ『ユダヤ人はいかにしてポーランドを破滅させたか』ワルシャワ，ロズヴイ（発展）出版社.

Zborowski, Mark, and Elizabeth Herzog. *Life Is with People: The Culture of the Shtetl*. New York: Schocken Books, 1971.

Żebrowski, Rafał. *Dzieje Żydów w Polsce. Wybór tekstów źródłowych, 1918-1939*. Warszawa: Żydowski Instytut Historyczny, 1993. ラファウ・ジェブロフスキ『ポーランドのユダヤ人の歴史——史料文献集，1918-1939』ワルシャワ，ユダヤ歴史研究所.

ジャーナル

Ziemia Brańska. Edited by Zbigniew Romaniuk. Vol. 1, 1989; vols. 2 and 3, 1990-91; vol. 4, 1993; vol. 5, 1994; vol. 6, 1995. ズビグニェフ・ロマニュク編『ブランスクの地』

記 事

Bartal, Israel. "Loyalty to the Crown or Polish Patriotism? The Metamorphoses of an Anti-Polish Story of the 1863 Insurrection." *Polin* 1, 1986.

Bartal, Israel. "Non-Jews and Gentile Society in East European Hebrew and Yiddish Literature, 1856-1914." *Polin* 4, 1989.

Bartoszewski, Władysław T. "Somne Thoughts on Polish-Jewish Relations." *Polin* 1, 1986.

Bartoszewski, Władysław T. "Poles and Jews as the 'Other.'" *Polin* 4, 1989.

Berberysz, Ewa. "Guilt by Neglect." In Antony Polonsky, ed. *My Brother's Keeper?* Oxford: Routledge, 1990, 69-71.

Biale, David. "Love Against Marriage in the East European Jewish Enlightenment." *Polin* 1, 1986.

Bryk, Andrzej. "The Hidden Complex of the Polish Mind: Polish-Jewish Relations During the Holocaust." In Antony Polonsky, ed. *My Brother's Keeper?* 161-183.

Cała, Alina. "The Question of the Assimilation of Jews in the Polish Kingdom (1864-1897): An Interpretive Essay." *Polin* 1, 1986.

Cichy, Michał, and Adam Michnik. "Polacy-Żydzi: Czarne karty powstania." *Gazeta Wyborcza*, January 29-30, 1994. このテーマに関する議論の続篇は以下に収載. *Gazeta Wyborcza*: Febrary 12-13 and April 16-17, 1994. [ミハウ・チフィ, アダム・ミフニク「ポーランド人・ユダヤ人――ワルシャワ蜂起の暗黒のページ」pp. 36-44『ガゼタ・ヴィボルチャ』1994年1月29-30日,『〈資料集〉論争・ポーランド現代史の中の反ユダヤ主義』小原雅俊・松家仁共編訳, 東京外国語大学海外事情研究所, 1997年]

Eisenbach, Artur. "Sejm Czteroletni a Żydzi." In *Żydzi w Dawnej Rzeczypospolitej. Materiały z Konferencji "Autonomia Żydów w Rzeczypospolitej"* Wrocław, Warszawa: Zakład Narodowy Im. Ossolińskich, 1991, 180-192. アルトゥル・エイセンバフ「四年議会とユダヤ人」『旧共和国におけるユダヤ人の自治――学会会議「共和国におけるユダヤ人の自治」資料集』収録. ヴロツワフ, ワルシャワ, オッソリンスキ家記念国民出版社.

Ettinger, Shmuel. "Sejm Czterech Ziemi." In *Żydzi w Dawnej Rzeczypospolitej. Materiały z Konferencji "Autonomia Żydów w Rzeczypospolitej*, 34-44. シュムエル・エッティンゲル「四地方議会」, 同上『資料集』に収録.

Gieysztor, Aleksander. "The Beginnings of Jewish Settlement in Poland." In Chimen Abramsky, Maciej Jachimczyk, and Antony Polonsky, eds. *The Jews of Poland*. Oxford, 1986, 15-22.

Goldberg, Jacob. "The Changes in the Attitude of Polish Society Towards the Jews in the Eighteenth Century." *Polin* 1, 1986.

Hundert, Gershon David. "Some Basic Characteristics of the Jewish Experience in Poland." *Polin* 1, 1986.

Kersten, Krystyna, and Jerzy Szapiro. "The Contexts of So-called Jewish Question in Poland after World War II." *Polin* 4, 1989.

Kieniewicz, Stefan. "Polish Society and the Jewish Problem in the Nineteenth Century." In Chimen Abramsky, Maciej Jachimczyk, and Antony Polonsky, eds. *The Jews of Poland*. 70-78.

Klier, John D. "The Polish Revolt of 1863 and the Birth of Rusification: Bad for the Jews?" *Polin* 1, 1986.

Kołakowski, Leszek. "National Stereotypes." *Polin* 4, 1989.

Korzec, Paweł, and Jean-Charles Szurek. "Jews and Poles under Soviet Occupation (1939-1941): Conflicting Interests." *Polin* 4, 1989.

Mendelsohn, Ezra. "The Dilemma of Jewish Politics in Poland: Four Responses." In Bela Vago and George L. Mosse, eds. *Jews and Non-Jews in Eastern Europe, 1918-1945*. New York, 1974.

Mishinsky, Moshe. "A Turning Point in the History of Polish Socialism and Its Attitude Towards the Jewish Question." *Polin* 1, 1986.

Monkiewicz, Waldemar, and Józef Kowalczyk. "Pomoc Żydom w regionie białostockim podczas II wojny światowej." ヴァルデマル・モンキェヴィチおよびユゼフ・コヴァルチク「第二次世界大戦中のビャウィストク地方におけるユダヤ人支援」出典不明.

Opalska, Magdalena. "Polish-Jewish Relations and the January Uprising: The Polish Perspective." *Polin* 1, 1986.

Polonsky, Antony. "Polish-Jewish Relations and the Holocaust." *Polin* 4, 1989.

Pritsak, Omeljan. "The Pre-Ashkenazic Jews of Eastern Europe in Relation to the Khazars, the Rus, and the Lithuanians." *Polin* 7, 1993, 3-21.

Prokopówna, Eugenia. "The Image of the Shtetl in Polish Literature." *Polin* 4, 1989.

Rosman, M. J. "Jewish Perceptions of Insecurity and Powerlessness in 16th-18th Century Poland." *Polin* 1, 1986.

Shmeruk, Chone. "Jews and Poles in Yiddish Literature in Poland Between the Two World Wars." *Polin* 1, 1986.

Siedlecki, Jan. "Sejmiki szlachty ziemi bielskiej w Brańsku w XVI-XVIII wieku." *Przegląd Historyczny*, 80, no. 2, 1989. ヤン・シェドレツキ「16-18世紀のブランスクにおけるビェルスク地方のシュラフタの地方議会」『歴史評論』

Tazbir, Janusz. "Images of the Jew in the Polish Commonwealth." *Polin* 4, 1989.

Tec, Nechama. "Of Help, Understanding, and Hope: Righteous Rescuers and Polish Jews." *Polin* 4, 1989.

Turniansky, Chava. "Yiddish 'Historical' Songs as Sources for the History of the Jews in Pre-Partition Poland." *Polin* 4, 1989.

Wexler, Paul. "The Reconstruction of Pre-Ashkenazic Jewish Settlements in the Slavic Lands in the Light of Linguistic Sources." *Polin* 1, 1986.

Wiślicki, Wacław. "Uwagi o sytuacjii gospodarczej ludności żydowskiej w Polsce" (part 4). *Biuletyn ŻIH*, no. 1-2, 1988. ヴァツワフ・ヴィシリツキ

「ポーランドにおけるユダヤ人住民の経済状態に関する所見（第四部）」『ユダヤ歴史研究所紀要』

Wróbel, Piotr. “Żydzi Białegostoku w latach, 1918–1939.” *Przegląd Historyczny* 79, no. 2, 1988. ピョトル・ブルベル「1918-1939年のビャウィストクのユダヤ人」『歴史評論』

典拠リスト

項頭の頁は本書の該当箇所を示す.
とくに説明がなければ，ポーランド語からの英語表記化は著者による.

1 頁：Antoni Słonimski, “Elegy for the Jewish Villages”, Aleksander Hertz, *The Jews in Polish Culture*, p. 6 からの引用．翻訳はアレクサンデル・ヘルツによるものと思われる．〔ただし、本書では原詩から直接訳出した．Elegia miasteczek żydowskich, *Nowe wiersze*, 1959〕

36-38 頁：カリシュ身分法（Statut Kaliski, The Statute of Kalisz）. *Dzieje Żydów w Polsce, XI-XVIII Wiek: Wybór tekstów źródłowych*『ポーランドのユダヤ人の歴史 11-18 世紀――史料文献集』pp.15-19.

51 頁：中世の都市民作家．Janusz Tazbir, *Świat Panów Pasków*. ヤヌシュ・タズビル『パン・パセクたちの世界』〔「パン」は貴族，領主等に対する尊称〕から引用．p. 219.

58 頁：フランチェスコ・ジョヴァンニ・コメンドーニ（Francesco Giovanni Commendoni）は『ポーランドのユダヤ人の歴史 11-18 世紀――史料文献集』*Dzieje Żydów w Polsce, XI-XVIII Wiek: Wybór tekstów źródłowych* に引用されている．pp. 69-70.

59 頁：ピエトロ・ドゥオド（Pietro Duodo）．同上，p. 70.

61 頁：トロキのイツハク（ Itzhak z Trok）〔Itzhak はヘブライ語ではイザーク Izaak〕．同上，p. 86-87.

71 頁：シュチェブジェシンのメイル（Meir of Szczebrzeszyn）．M. J. Rosman, “A Minority Views the Majority” に引用．*Polin*『ポリン』vol. 4, p. 32.

76 頁：ラビ・レヴィ・イツハク（Rabbi Levi Itzhak）．同上，p. 35.

78-81 頁：マテウシュ・ブトルィモヴィチ（Mateusz Butrymowicz）．『ポーランドのユダヤ人の歴史 11-18 世紀――史料文献集』pp. 100-103.

79-80 頁：ヘルシェル・ユゼフォヴィチ（Herszel Józefowicz）．同上，pp. 103-106.

81 頁：ヴィルノのサロモン（Salomon z Wilna）．同上，pp. 106-108.

83-84 頁：タデウシュ・コシチュシュコ（Tadeusz Kościuszko）．Isaak Lewin, *The Jewish Community in Poland* 中に引用されている．翻訳もイサーク・レヴィン．p. 23.

84 頁：ベレク・ヨセレヴィチ（Berek Joselewicz）．同上，p. 25.

117 頁：ボレフフのベル（Ber of Bolechów）．"The Role of Jews in Polish Foreign Trade, 1648-1764" 中にヤニナ・ビェニャジュヴナ（Janina Bieniarzówna）によって引用されている．*The Jews in Poland*, vol. 1, p. 105.

120 頁：ショレム・アレイヘム『市場から』Sholem Aleichem, *Z jarmarku*. ミハウ・フリードマン（Michał Friedman）によるイディッシュ語からポーランド語への翻訳．pp. 135-136.

127 頁：ショレム・アレイヘム．同上，p. 200.

131-134 頁：農民の信仰にかんする記述はアリナ・ツァワ（Alina Cała）による『ポーランド民俗文化の中のユダヤ人像』*Wizerunek Żyda w polskiej kulturze ludowej* より．

134 頁：サロモン・マイモンの自伝．Solomon Maimon, *An autobiography*. クラーク・マーレイ（J. J. Clark Murray）によるドイツ語からの翻訳．p. 7.

135-136 頁：ポーランド王国国家会議（Rada Stanu Królestwa Polskiego）声明．*Dzieje Żydów w Polsce, XIX Wiek: Wybór tekstów źródłowych*『ポーランドのユダヤ人の歴史 19 世紀——史料文献集』p. 34；ワルシャワ管区ユダヤ教会堂会議（Dozór Bożniczy Okręgów Warszawskich）．同上，p. 36；ラビ・ベル・マイセルス．同上，p. 89.

156-157 頁：サムエル・ツヴィ・ペルティン（Samuel Zwi Peltyn）．同上，p. 93.

161 頁：イグナツィ・クラシェフスキ（Ignacy Kraszewski）．エウゲニヤ・プロコプブナ（Eugenia Prokopówna），"The image of the Shtetle in Polish Literature"，*Polin*『ポリン』vol. 4，p. 133.

178-179 頁：エリザ・オジェシュコヴァ（Eliza Orzeszkowa）．『ポーランドのユダヤ人の歴史 19 世紀——史料文献集』p. 86 に引用されている．

179-180 頁：ユゼフ・ハイム・ヘフトマン（Józef Chaim Heftman）．『イズコル書』に引用されている．

214-215 頁：歌は以下に収録されている．*Yiddish Songs: Andre Ochodło Sings Mordechaj Gebirtig and Eva Kornecka*『アンドレ・オホドウォがモルデハイ・ゲビルティグとエヴァ・コルネツカを歌う』pp. 36, 40.

235-236 頁：グレイス・ゴールドマンの回想録．Grace Goldman, *A Family Saga: A Gathering of Memories*, pp. 32-36.

著者略歴

（Eva Hoffman）

1945年，ユダヤ人の両親のもとにポーランドのクラクフに生まれる．13歳でカナダに移住．アメリカのライス大学で英文学を学び，ハーバード大学大学院で博士号を取得．1979年より1990年まで『ニューヨーク・タイムズ』の編集者として活躍．1989年にノンフィクションとして高い評価を得た自伝 *Lost in Translation: A Life in a New Language*（『アメリカに生きる私——二つの言語，二つの文化の間で』木村博江訳，新宿書房，1992）を出版し，作家生活に入る．代表作の *After Such Knowledge: A Meditation on the Aftermath of the Holocaust*（2004，『記憶を和解のために——第二世代に託されたホロコーストの遺産』早川敦子訳，みすず書房，2011）のほか，小説 *The Secret*（2001），エッセイ *Exit Into History: A Journey through the New Eastern Europe*（1993），*Illuminations*（2007），*Time*（2009），'The School of Life' シリーズの一冊として書かれた *How to Be Bored*（2016），東日本大震災後に日本を訪れ，メッセージを託した『希望の鎮魂歌——ホロコースト第二世代が訪れた広島，長崎，福島』（早川敦子編訳，岩波書店，2017）など．現在イギリスに在住．

訳者略歴

小原雅俊〈こはら・まさとし〉1940年，福島県生まれ．ポーランド文学者．東京外国語大学名誉教授．著書に『白水社ポーランド語辞典』（共編，白水社），『ポーランド語基礎1500語』（大学書林），訳書にボグダン・ヴォイドフスキ『死者に投げられたパン』（恒文社），カジミェシュ・モチャルスキ『死刑執行人との対話』（恒文社），ヘンリック・パナス『ユダによれば——外典』（恒文社），スタニスワフ・レム『エデン』（早川書房），『文学の贈物——東中欧文学アンソロジー』（編訳，未知谷），『ポケットのなかの東欧文学——ルネッサンスから現代まで』（共編訳，成文社），アンナ・ヴェジビツカ『アンナ先生の言語学入門』（共訳，東京外国語大学出版会）など．

エヴァ・ホフマン

シュテットル

ポーランド・ユダヤ人の世界

小原雅俊訳

2019年3月8日　第1刷発行

発行所　株式会社 みすず書房
〒113-0033 東京都文京区本郷2丁目20-7
電話 03-3814-0131(営業) 03-3815-9181(編集)
www.msz.co.jp

本文組版 プログレス
本文印刷・製本所 中央精版印刷
扉・表紙・カバー印刷所 リヒトプランニング

ISBN 978-4-622-07792-3
[シュテットル]